인권교육
새로고침

별도의 표시가 없는 한 교육공동체 벗이 생산한 저작물은 크리에이티브 커먼즈
[저작자표시-비영리-변경금지 4.0 국제 라이선스]에 따라 이용하실 수 있습니다.
http://creativecommons.org/licenses/by-nc-nd/4.0

인권교육 새로고침
ⓒ 인권교육센터 들, 2018
2018년 10월 16일 처음 펴냄
2022년 3월 28일 초판 3쇄 찍음

글쓴이	인권교육센터 들
편집	이진주, 설원민, 김기언, 공현
출판자문위원	이상대, 박진환
디자인	DNC www.thednc.co.kr
종이	화인페이퍼
제작	세종 PNP
펴낸이	김기언
펴낸곳	교육공동체 벗
이사장	최은숙
사무국	최승훈, 이진주, 서경, 설원민, 김기언, 공현
출판등록	제2011-000022호(2011년 1월 14일)
주소	(03971) 서울시 마포구 성미산로1길 30 2층
전화	02-332-0712
전송	0505-115-0712
홈페이지	communebut.com
카페	cafe.daum.net/communebut
ISBN	978-89-6880-105-1 03300

인권교육 새로고침

인권에 대한, 인권을 통한, 인권을 위한 교육을 다시 말하다

인권교육

새로고침

1부
인권에 대한 교육

14
인간의 존엄을 어떻게 말할 것인가?
평등한 존엄, 인간에 대한 아주 특별한 생각

28
갈림길 앞에서 인권의 선택은 어디로?
인권을 짓는 다섯 가지 열쇳말

58
인간의 권리를 낱개로 쪼갤 수 있을까?
권리들의 고유성과 통합성

84
차이를 인정하면 차별이 멈출까?
반차별교육이 도전하는 장벽들

128
당신이 말하는 그 가치는 무엇입니까?
가치의 격돌, 인권의 재구성

2부
인권을 통한 교육

172
참여형 교육이 따로 있나?

인권교육 방법론, 기법에서 철학으로

190
좋은 프로그램은 어떻게 만들어지는가?

활동 프로그램을 엮어 내는 마음들

210
왜 '질문'을 질문하는가?

질문이 빚어내는 인권교육의 세계

238
서사가 살아 있는 교육이란 무엇인가?

인권교육과 서사적 상상력

254
구멍 없는 교육안이 가능한가요?

인권교육 기획에서 놓치지 말아야 할 것들

3부
인권을 위한 교육

290
우리는 왜 인권교육에 이끌리나요?

인권교육을 빚어내는 마음들

312
인권교육가는 무엇을 하는 사람인가?

'수업'에서 '실천'으로

인권 감수성은
어디에서 오나요?

여는 글

인권교육의 '새로 고침'을 위한 질문들

"엄마는 왜 학교 선생님한테 하는 말투랑 경비 아저씨한테 하는 말투가 달라?" 한 동료가 초등학생 자녀로부터 이런 질문을 받고 화들짝 놀랐던 경험을 들려준 적 있습니다. 질문을 받는 순간, 동료의 머릿속에는 누구는 선생님이고 누구는 아저씨로 분류했던 자연스런 호칭의 습관들, 누구에게는 조심하고 누구에게는 조심하지 않았던 일상의 여러 장면들이 파노라마처럼 스쳐 지나갔다고 합니다. '얘는 다르긴 뭐가 다르다고 그러니?'라며 부인하지 않고, '그럼, 선생님하고 경비 아저씨하고 다르지, 같아?'라며 뭉개지 않고, 동료는 그날의 기억을 마음에 꾹 눌러 저장했습니다. 인권 감수성이라는 게 끊임없는 연습이 필요함을 환기한 순간, '생각하는 것'과 '생각하는 대로 삶을 일치시키는 것' 사이의 간극을 절감한 순간, 어린 자녀로부터 배운 순간으로 말입니다. 그의 이야기를 들은 우리들도 무지했거나 무신경했던 일상의 순간들이 덩달아 떠올랐습니다. 이어진 고백들과 맞장구로 그날의 대화는 아주 오래도록 이어졌습니다.

인권교육을 하는 사람이라면, 누구나 인권 감수성에 대한 갈증을 느낄 겁니다. 나의 인권 감수성이 부족한 순간들을 마주할 때가 많고, 어떻게 하면 참여자의 인권 감수성을 일깨울까 늘 고민일 테니까요. 철학자 우치다 다쓰루의 말이 어쩌면 약간의 위로가 될지도 모르겠습니다. "우리는 늘 어떤 시대, 어떤 지역, 어떤 사회 집단에 속해 있으며 그 조건이 우리의 견해나 느끼고 생각하는 방식을 기본적으로 결정한다. (……) 대부분의 경우 자기가 속한 사회 집단이 수용한 것만을 선택적으로 보거나 느끼거나 생각하기 마련이다. 그리고 그 집단이 무의식적으로 배제하고 있는 것은 애초부터 우리의 시야에 들어올 일이 없고, 우리의 감수성과 부딪치거나 우리가 하는 사색의 주제가 될 일도 없다."* 인권은 지금껏 우리 사회에서 수용되지 않았거나 수용되는 시늉에만 머물러 왔던 가치 체계였습니다. 그러하기에 인권 감수성은 새롭게 배우고 꾸준히 익혀야 할 사회적 감각일 수밖에 없습니다. 우치다 다쓰루의 표현을 빌자면, 인권교육은 '사회가 무의식적으로 배제하고 있는 것을 우리의 시야 안으로 초대하고 사색의 주제로 만듦으로써 인권적 감수성을 빚어내는 일'이라고 할 수 있습니다. 인권교육이 사회 곳곳에서 더 폭넓게 펼쳐져야 할 이유이고, 인권교육가에게도 꾸준한 인권 감수성 훈련이 필요한 이유입니다.

인권 감수성을 어떻게 정의할 수 있을까요? 인권 감수성이라는 말은 1990년대 초·중반까지만 하더라도 한국 사회에서 거의 사용되지 않던 용어였습니다. 인권 담론의 확장과 인권교육의 확산으로 지금은

---

* 우치다 다쓰루, 이경덕 옮김(2010), 《푸코, 바르트, 레비스트로스, 라캉 쉽게 읽기 - 교양인을 위한 구조주의 강의》, 갈라파고스, 27~28쪽.

널리 쓰이게 되었지만, 아직까지 공식적인 정의는 확정되지 않았습니다. 인권 감수성을 거칠게 정의하자면, '인권 문제 또는 그 징후를 감지感知하고 그에 응답하는 민감성'이라 말할 수 있습니다. 부당 해고 이후 고단한 삶을 이어 왔던 한 해고 노동자의 자살 소식이 들려옵니다. 한 '불행한 개인'의 안타까운 생의 종말로 해석하는 사람에게는 연민의 감정이 주로 찾아들겠지만, 사회적 부정의가 낳은 타살로 감지한 사람에게는 그의 삶에 들이닥친 고통이 상상되면서 그 고통에 대한 공감과 아울러 사회의 '가해-공범 구조'에 대한 분노, 문제를 서둘러 해결하지 못했다는 죄책감까지 복잡한 감정이 함께 일어날 겁니다. 마음이 흔들린 그 순간은 기존의 삶을 흔들어 어떤 변화로 이어지기도 합니다. 기억으로 자기 몸에 저장하든, 누군가에게 그 소식을 전하든, 관련 문제를 더 탐구하든, 사건의 현장으로 달려가든, 해결을 촉구하는 목소리에 힘을 보태든, 자기 삶을 어떤 방향으로 이동시키는 것입니다. '이때의 나'는 '이전까지의 나'와는 다른 '나'가 됩니다. 이처럼 인권 감수성은 '감수성'의 사전적 정의처럼 외부 세계의 자극을 그저 피동적으로 받아들이는 게 아니라, 알아차리고 마음이 움직이며 그에 응답하는 것을 모두 포함하는 적극적 개념이라고 볼 수 있습니다. 그런 의미에서 '감수성感受性'보다는 '감응성感應性'이라는 표현이 어쩌면 더 적합한 말일지도 모릅니다. 작든 크든, 이 뒤따르는 행위들이 모이고 모여 인권은 '선언'이 아닌 '현실'로 자리 잡아 왔으니까요.

'인권 감수성은 어디에서 오는가? 인권 감수성의 향상을 촉진하려면 교육을 어떻게 구성해야 할까?' 이 질문을 붙들고 인권교육을 해 오는 동안 크고 작은 발견들이 있었습니다. 하지만 우리의 해답은 여전히 미완성입니다. 참여자의 사회적 위치나 인권에 관한 경험, 참여자가 지켜 내고자 하는 서사 등에 따라 인권 감수성이 꽃피는 경로는 다를 수밖에 없습니다. 우리의 인권교육 경험 역시 아직 충분히 쌓이지 않았고, 교육 바깥의 경험이 참여자의 감수성에 더 큰 변수로 작용하기도 하니까요. 교육을 하면 할수록 '인권을 어떻게 말해야 하는가'라는 질문 앞에 우리는 자꾸만 서게 되었습니다.

그러는 사이, 우리는 또 다른 질문을 마주하게 되었습니다. 온라인 강좌와 가정 통신문이 인권교육의 자리를 대체하는 한편 인권교육 프로그램이 도구적으로만 유통되는 시대, '인권은 어떻게 교육될 수 있는가'라는 질문이 새로운 중요성을 지니게 된 것입니다. 인권을 교육한다는 것은 무엇일까요? 인권교육이 재미난 프로그램과 잘 디자인된 프레젠테이션 자료, 관련 정보의 '합'으로 완성될 수 있는 것일까요? 동료들과 머리를 맞대며 길어 올린 지혜들도 있었지만, 이 역시 해답은 미완성입니다.

인권교육이 처한 시대적 조건의 변화도 우리에게 도전적 질문들을 던지고 있습니다. 1990년대 한국 사회에서 인권교육이 처음 태동했을 무렵과 지금을 비교하면 인권교육은 상당한 변화를 겪었습니다. 인권교육이 폭발적으로 늘어났고, 인권교육가의 배경도 다양해졌으며, 의무교육으로 인권의 언어를 처음 만나는 참여자도 많아졌습니다. 같은 인권교육이라는 간판을 달고 있지만 인권을 말하는 방식이 다르거나 부딪히는 교육도 늘어났고, 인권에 대한 부정적 감정을 갖고 교육장에 들어오는 이들도 늘었습니다.

예전에는 '인권에 대해 알리는 것만으로도 의미가 있던 시대'였다면,

지금은 '어떤 인권을 어떻게 교육하는가가 중요한 시대'가 된 셈입니다. 그만큼 우리의 인권교육이 해야 할 말을 제대로 하고 있는지, 우리 스스로 인권의 가치를 축소하거나 왜곡하고 있지는 않은지 점검하는 것이 중요해졌습니다. 그렇다면 무엇을 점검의 기준으로 삼아야 하는 것일까요?

인권교육의 '새로 고침'을 요청하는 이 질문들은 인권교육에 대한 익숙한 정의 앞으로 우리를 다시 데려갔습니다. '인권교육은 인권에 대한, 인권을 통한, 인권을 위한 교육이(어야 한)다.' 인권교육가들은 지금, 인권교육의 정의에 담긴 이 한마디 한마디를 어떻게 해석해야 할까요? 인권을 안다고 말하지만 제대로 인권의 의미와 조우한 적 없는 이들이 늘어난 시대에서 인권교육은 인권을 어떻게 말해야 하는지, 배제와 혐오가 넘쳐나는 시대에서 '밀어내기'가 아닌 '연결되기'를 돕는 인권교육이 되려면 무엇을 고민해야 하는지가 1부 '인권에 대한 교육'이 다루는 주요 고민입니다. 다양한 형태의 인권교육이 폭발적으로 늘어나고 있는 시대, 인권의 가치에 맞는 인권교육의 '과정'을 구성하기 위해서는 인권교육 방법론을 '기법'이 아닌 '철학'으로 다시 위치시켜야 한다는 고민의 결실이 2부 '인권을 통한 교육'에 담겼습니다. 인권교육이 '인권 문제 없음'의 알리바이가 되기 쉬운 시대에서 인권교육이 품어온 꿈을 더 큰 목소리로, 더 많은 사람들과 나누기 위해 인권교육가들이 어디에 힘을 쏟아야 하는가를 3부 '인권을 위한 교육'에서 모색했습니다. 분명한 해답을 발견했다기보다는 고민의 방향이 좀 더 선명해졌고, 질문의 내용이 더욱 풍성해졌습니다.

인권의 언어에 매료된 사람들, 인권 감수성이 공기마냥 일상에 흐르는 세상을 꿈꾸는 사람들, 인권과 교육의 만남이 빚어내는 이야기가 궁금한 사람들, 때로는 신나게 때로는 고단하게 인권교육의 발걸음을 옮기고 있는 사람들과 함께, 인권교육의 새로 고침을 위한 이야기를 지금부터 시작합니다.

인권교육 새로고침

1부
인권에 대한 교육

오늘날에는 국제 인권 기준이나 각국의 헌법에서 인권이 공식적으로는 부정하기 힘든 규범의 자리로 올라섰습니다. 그러나 여전히 인권은 구체적 삶이나 공간으로 침투하지 않고 추상적이고 선언적 가치의 차원에 머물 때만 지지받곤 합니다. 인권교육의 현장에서도 마찬가지입니다.

인간의 존엄을 어떻게 말할 것인가?
평등한 존엄, 인간에 대한 아주 특별한 생각

갈림길 앞에서 인권의 선택은 어디로?
인권을 짓는 다섯 가지 열쇳말

인간의 권리를 낱개로 쪼갤 수 있을까?
권리들의 고유성과 통합성

차이를 인정하면 차별이 멈출까?
반차별교육이 도전하는 장벽들

당신이 말하는 그 가치는 무엇입니까?
가치의 격돌, 인권의 재구성

인간의 존엄을
어떻게
말할 것인가?

평등한 존엄,
인간에 대한 아주 특별한 생각

"인간의 존엄은 인권의 출발인데 그걸 어떻게 설명하면 좋을지가 제일 어려워요."

"참여자들 중에 인권 침해에는 반대하면서 인권을 부정하는 의견을 말하는 경우가 많잖아요. 그럴 때 어떤 말을 들려주면 좋을지 난감해요."

"사회적 약자들과 만날 때면 '인간은 누구나 소중하다'는 말을 하는 게 교과서에나 있는, 현실과는 너무 거리가 먼 말처럼 들릴까 봐 마음이 무거워집니다."

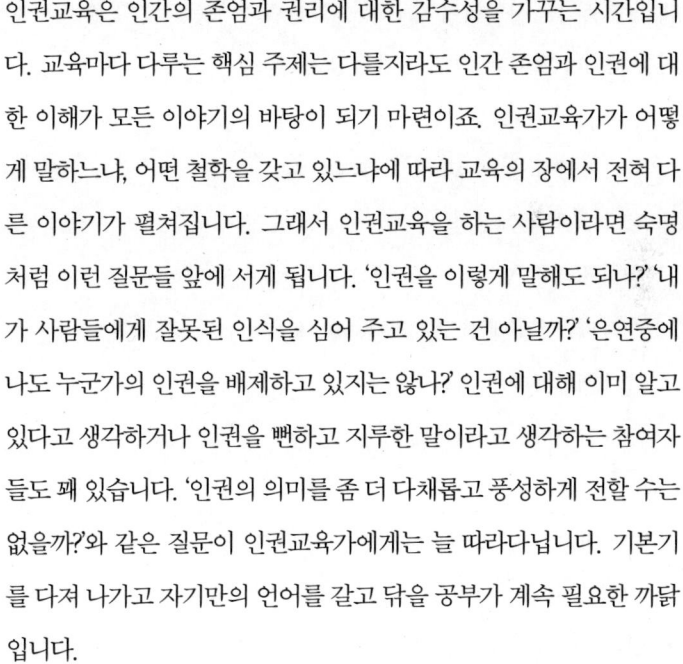

인권교육은 인간의 존엄과 권리에 대한 감수성을 가꾸는 시간입니다. 교육마다 다루는 핵심 주제는 다를지라도 인간 존엄과 인권에 대한 이해가 모든 이야기의 바탕이 되기 마련이죠. 인권교육가가 어떻게 말하느냐, 어떤 철학을 갖고 있느냐에 따라 교육의 장에서 전혀 다른 이야기가 펼쳐집니다. 그래서 인권교육을 하는 사람이라면 숙명처럼 이런 질문들 앞에 서게 됩니다. '인권을 이렇게 말해도 되나?' '내가 사람들에게 잘못된 인식을 심어 주고 있는 건 아닐까?' '은연중에 나도 누군가의 인권을 배제하고 있지는 않나?' 인권에 대해 이미 알고 있다고 생각하거나 인권을 뻔하고 지루한 말이라고 생각하는 참여자들도 꽤 있습니다. '인권의 의미를 좀 더 다채롭고 풍성하게 전할 수는 없을까?'와 같은 질문이 인권교육가에게는 늘 따라다닙니다. 기본기를 다져 나가고 자기만의 언어를 갈고 닦을 공부가 계속 필요한 까닭입니다.

인권 감수성 교육 시간에 참여자들에게 "인권이란 ○○과의 싸움이다"라는 자기만의 문장을 완성시켜 보라고 요청해 보곤 합니다.

빈칸에 적히는 말들이 다채롭습니다. 차별, 불평등, 부정의, 독재와 같은 예상되는 말들에서부터 무사유, 질문하지 않는 게으름, 꼰대, 고정 관념/통념, 나 자신, 상식 등과 같은 흥미로운 언어도 등장합니다. 이런 질문을 던지는 것은 인권이 왜 우리들의 삶에 필요한지를 드러내는 문장들을 참여자들과 함께 찾기 위함입니다. 그 말들을 엮다 보면 인간의 존엄과 인권의 역사가 펼쳐지기 마련이죠.

꼰대의 철학과 인권의 철학

온라인에 떠도는 이야기 가운데 '꼰대 육하원칙'이 있습니다. 흔히 '꼰대'라 분류되는 사람들이 자주 쓰는 말을 모아 놓은 것인데, 어디서 한 번쯤 듣거나 뱉어 본 적 있는 말들일 겁니다.

> 내가 누군지 알아? (Who)
> 네가 뭔데? (What)
> 어디서 감히! (Where)
> 우리 때는(왕년에는) 말야. (When)
> 네가 어떻게 나한테! (How)
> 내가 그걸 왜? (Why)

흔히 '꼰대'라 하면 특정 연령대의 사람들을 떠올리는 경향이 있습니다. 그런데 꼰대 육하원칙을 짚어 보다 보면 어떤 나이에 이르러 꼰대가 되는 것이 아니라 사람을 어떻게 바라보느냐는 철학의 문제임을 알 수 있습니다. 시댁과 며느리, 부모와 자녀, 직장 상사와 부하 직원, 선배와 후배, 사장과 노동자, 정치인과 보좌관, 교사와 학생, 장교와 일반 병사 등 다양한 관계에 이 말을 적용해 보면 사람에 대한 철학의 문제임이 명확해집니다. 나이 어린 사람이라고 해서 꼰대가 되지 않으리란 보장은 없죠. 꼰대성의 핵심은 '나는 너보다 높은 위치에 있고 나의 기준/경험/힘이 너보다 우월하다'는 생각에 있습니다. 나는 '누구'인데 너는 '무엇'으로 표현하는 것도 흥미롭습니다. 사람을 낮추어 대한다는 건 기본적으로 사람을 인간이 아닌 사물로 대하는 것임을 잘 보여 주는 어법입니다.

꼰대성에 기초한 생각은 인간의 역사에서 신분제, 노예제, 성차별주의, 인종차별주의, 계급 착취, 식민주의, 나이주의, 온갖 종류의 위계^{hierarchy} 등 다양한 제도로 변주되면서 이어져 왔고 인간의 삶과 사고방식에 강력한 영향력을 발휘해 왔습니다. 인간의 역사는 인간 사이에 위아래가 있음을 자연의 질서마냥 당연시하도록 만들어 왔습니다. 이런 인간의 역사에서 모든 인간의 존엄, 평등한 존엄 또는 모든 인간의 동등한 권리$^{human\ rights}$를 주장한다는 건 인간과 세상의 질서를 대하는 아주 이례적이고도 특별한, 그래서 누군가에겐 위험하거나 불편한 생각일 수밖에 없습니다.

'누구나의 존엄'을 택하다

오래전부터 어느 문화권에서나 인간의 존엄에 대한 생각과 감각은 존재해 왔습니다. 하지만 그 존엄은 고귀한 신분으로 태어난, 특별한 덕을 지닌, 신의 형상을 닮은 또는 다른 특별한 이유가 있는 이들에게만 한정적으로 헌사된 것이었죠. 존엄을 뜻하는 영어 단어 dignity의 라틴어 어원인 dignitas는 사회의 위계 속에서 높고 특별한 지위를 가진 이의 존귀함을 가리키는 개념이었고, dignitas의 명사형인

decus는 '꾸밈, 구별, 명예, 영광'과 같은 뜻을 지녔다고 합니다. 뭇사람들과 구별되는 극소수의 사람들만이 존귀한 존재가 될 수 있다고 본 셈입니다. 그러나 인권의 시대에서는 '모든 인간의 존엄'을 이야기합니다. 인간의 존엄이라는 뿌리에서 뻗어 나온 구체적 권리들의 총합이자 사회 구성의 원리가 바로 인권입니다. 인권은 하늘/신이 주신 선물(천부 인권)도, 국가가 허용한 권리(실정법상의 권리)도 아닙니다. 특별한 누군가의 존엄이 아니라 누구나의 존엄, 자격을 요하지 않는 평등한 존엄을 '택한' 사람들이 늘어나면서 탄생한 역사적 산물입니다. '법 앞에서' 또는 '법을 통해서'가 아니라 '법 이전'에 이미 존엄하다고 믿기를 선택한 사람들이 투쟁을 통해 이끌어 낸 사회적 약속이죠. 그런 의미에서 인간의 존엄은 증명의 대상이 아니라 '선택' 또는 '믿음'의 문제인 셈입니다.

  인간이라면 누구나 존귀하며 존엄을 위해 결코 빼앗겨서는 안 될 권리가 있다는 생각은 인간의 역사에서 듣도 보도 못한 해괴한 소리이거나 위험천만한 이야기로 취급당했습니다. 오늘날에는 국제 인권 기준이나 각국의 헌법에서 인권이 공식적으로는 부정하기 힘든 규범의 자리로 올라섰습니다. 그러나 여전히 인권은 구체적 삶이나 공간으로 침투하지 않고 추상적이고 선언적 가치의 차원에 머물 때만 지지받곤 합니다. 인권 침해에 반대하고 차별해선 안 된다고 말하는 이들은 많습니다. 그런데 막상 무엇이 인권 침해이고 차별인지를 두고서는 엄청난 논쟁과 격돌이 펼쳐지죠. 인권교육의 현장에서도 마찬가지입니다. 그런 까닭에 인간의 '평등한 존엄'을 옹호하려는 인권교육가들은 진땀을 빼야 할 처지에 놓일 때가 많습니다.

인간이 고작 사물이 될 때

인간의 존엄이 무엇인지 한마디로 이야기하기란 여전히 어렵습니다. 우리가 어떨 때 존엄을 빼앗겼다고 느끼는지를 이야기하기가 좀 더 쉽습니다. 누군가는 폭군(아버지든 교사든 경찰이든)의 존재를 떠올릴 수 있고, 누군가는 출근하던 길에 문자로 받은 해고 통보를 떠올릴 수 있습니다. 오늘날에도 남아 있는 무수한 '현대판 노예 제도'를 떠올리는 이도, 잘못하지 않았다고 생각하면서도 용서를 빌어야 했던 순간을 떠올리는 이도, 나를 한낱 벌레에 비유하며 떠들어 대는 잔혹한 말들 앞에서 느꼈던 모멸감을 떠올리는 이도 있겠지요. 인권철학자 마사 누스바움은 〈객체화^{Objectification}〉라는 논문에서 인간을 객체 또는 사물로 대하는 일곱 가지 유형을 제시한 바 있습니다. 우리는 사랑하는 사람에게서 사랑의 대상^{object}이 되기를 갈구합니다. 때문에 모든 객체화, 대상화가 나쁘다고 할 수는 없지요. 그런데 '비^{非}인간' 또는 사물로서 사람을 대하는 객체화는 분명 차이가 있습니다.

객체화의 유형

① 도구성^{instrumentality} : 사람을, 객체화하려는 자의 목적을 위한 도구로 대하는 것

② 자율성의 부정$^{denial\ of\ autonomy}$: 자율성, 자기 결정권이 없는 것으로 대하는 것

③ 비활성^{inertness} : 사람을 행위 주체성^{agency}이 없는, 어쩌면 활동^{activity}조차 없는 것으로 대하는 것

④ 대체 가능성^{fungibility} : 사람을 같거나 다른 형태의 객체와 교환 가능한 것으로 대하는 것

⑤ 신체 경계선의 침범 가능성. 가침성^{violability} : 사람을 신체 경계선에 따른 온전성$^{boundary\text{-}integrity}$이 결여된 것으로, 파괴하거나 침탈하거나 침입할 수 있는 대상으로 대하는 것

⑥ 소유^{ownership} : 사람을 다른 이가 소유할 수 있는 것(사거나 팔 수 있는 등의 것)으로 대하는 것

⑦ 주체성의 부정$^{denial\ of\ subjectivity}$: 그 사람의 경험이나 감정을 (경험이나 감정이 있을지라도) 고려할 필요가 없는 것으로 대하는 것

'비인간화'의 대표적인 예가 노예라고 볼 수 있습니다. 노예는 그가 가진 노동력 때문에 노예로서의 요긴함이 있기에 '비활성'이라는 항목에는 꼭 들어맞지 않지만, 그 외의 모든 항목을 충족시킵니다. 1975년부터 1987년까지 '부랑인'으로 잡아들인 사람들에게 온갖 폭력과 강제 노동을 행사했던 형제복지원의 현실을 들여다보면 '한국판 아우슈비츠'라는 이름이 과장이 아님을 알게 됩니다. "84-10-3618." 1984년 10월의 3,618번째 입소자라는 뜻입니다. 당시 여덟 살에 누이와 함께 끌려갔던 한종선 씨에게 붙여진 숫자입니다. "숫자가 아니라 이름으로 불리고 싶다"는 생존자들의 절규에는 숫자 혹은 비인간으로 취급당했던 고통이 절절하게 묻어 있습니다. 폭력의 경험이 인간에게 깊은 상흔을 남기는 이유는 그것이 비인간으로 취급당하는 경험이기 때문일 겁니다. 한 토론회에서 만난 청소년은 "학교는 일 시킬 때만 학생을 학교의 주인이라고 부릅니다"라고 이야기했습니다. 이 말 속에는 도구가 되기를 거부하고 자기 인생의 '주인', 학교의 진짜 '주인'이 되고 싶은 열망이 담겨 있습니다. 누스바움이 제시한 이 일곱 가지 유형은 인간의 존엄을 모욕하는 장면들을 떠올리는 데 유효한 나침반이 됩니다.

'평등한 존엄'을 둘러싼 격돌들

구체적인 권리에 대해 말할 때도 인간의 존엄을 모욕하고 축소시키는 일은 없는지 세심한 주의가 필요합니다. 인권은 권리의 주체, 권리의 구체적 내용, 그리고 그 권리를 보장해야 할 책무를 진 대상이라는 3요소로 구성되어 있습니다. 이 3요소를 어떻게 해석하느냐에 따라 전혀 다른 인권 이야기가 만들어지고 인권의 경계도 달라집니다.

"나/우리는 왜 포함되어 있지 않나요?"

먼저 인권의 주인 또는 권리의 주체를 누구로 볼 것인가의 문제가 있습니다. 이 질문은 얼핏 모순적으로 들립니다. 인권이라면 당연히 모든 인간이 권리의 주인이 되어야 하니까요. 그런데 현실에선 자격이나 우선순위를 가려 인권의 주인 자리에서 밀어내는 일이 자주 일어납니다. 정치에 참여할 권리는 인권으로 분류되지만, 현실에서 어린이와 청소년은 '비유권자'로서 예외로 밀려나 있습니다. 사회 보장을 누릴 권리 역시 인권으로 분류되지만, 이주민이나 난민 신청자에게 사회 복지를 제공할라치면 "국민의 혈세를 왜 낭비하나 국민이 먼저다"라는 비난이 빗발칩니다. 인권의 역사는 바로 이 예외와 배제에 맞선 싸움, '비인간'으로 분류하는 기준에 맞선 싸움의 역사였습니다. 인권이 최초로 선언된 시기부터 지금까지 모든 인간이 인권의 주인으로 인정받은 시기는 없었습니다. "나/우리는 왜 사람이 아닌가요?" "당신이 말하는 그 인간에 왜 나/우리는 포함되어 있지 않나요?" 이런 외침을 통해 노예, 여성, 흑인, 노동자, 어린이와 청소년, 성소수자, 이주민, 난민과 같은 '예외적 존재들'이 인권의 무대에 등장했습니다. 예외로 밀려나 있거나 밀려나고 있는 존재들에 대한 관심, 이들을 예외로 밀어내면서 사용된 논리들을 비판적으로 다룰 수 있는 힘이 인권교육가에게 요청되는 이유입니다.

"이것이 인간다운 삶인가요?"

존엄한 삶이란 무엇인가, 인간답다는 것은 무엇인가, 인간 존엄을 보장하기 위해 기본적이고 필수적인 것을 무엇으로 보느냐에 따라 인권의 범주와 목록이 달라집니다. "이것이 과연 인간다운 삶인가요?" 이런 외침을 통해 인간 존엄의 의미가 확장되어 왔습니다. 인권교육을 따로 받지 않더라도 아이들은 자라면서 자기만의 세계와 결정권을 확보하고자 무던히 애를 씁니다. 인간의 성장 과정은 마치 존엄을 향한 기나긴 여정과 같습니다. 총알이 난무하는 전쟁터에서도 죽음을 무릅쓰고 시신을 수습해 마지막 예를 갖추는 사람이 있습니다. 죽은 자에게도 존엄이 있다고 믿는 까닭이겠죠. 폭력 트라우마에 관한 연구들은 피해자뿐 아니라 잔혹한 행위의 가해자나 목격자도 지독한 상흔을 입는다는 것을 보여 줍니다. 존엄을 해하는 일은 가해자의 존엄까지 뒤흔드는 모양입니다. 이런 예들을 떠올리다 보면 인간 존엄에 대한 감각은 어쩌면 타고나는 것일지도 모르겠다는 생각이 들기도 합니다. 반대로 인간 존엄에 대한 감각은 부단한 학습과 연습이 요구되는 것임을 말해 주는 순간들도 많습니다. 누군가의 절실한 외침이 다른 누군가에게는 가당치도 않은 요구나 위험한 소리처럼 들리기도 하니까요.

"재워 주고 입혀 주고 심지어 맛있는 밥까지 주는데, 왜 굳이 위험하게 시설에서 나가려고 하죠?" 이런 주장 앞에서 인간의 존엄은 그저 육체적 생존의 문제로만 축소됩니다. 사회 속에서 의미 있게 존재하는 것이 존엄한 삶이라는 외침 덕분에 '시설 수용'에서 '탈시설'로 장애인 정책이 바뀌어 왔습니다. "사회적 루저[loser]들을 왜 국민 혈세를 들여 도와줘?" 이런 주장은 인간의 존엄을 보장하려는 사회적 시도들을 자원의 낭비 또는 포퓰리즘이 낳은 부산물로 매도합니다. 반면 '평등한 시작'을 가로막아 온 차별적 현실에 주목하고 사회의 책임을 놓치지 않으려 한 사람들은 '기여의 대가'가 아니라 '모두의 존엄을 위한 보편적 복지' 제도들을 확대해 왔습니다. "노동자의 권리를 기업의 자유에 우선한다고 보는 것은 헌정 질서에 위배된다." 이런 주장 앞에서 인간의 존엄은 이윤 추구의 권리 또는 영업의 자유보다도 못한 후순위로 밀려납니다. 기업의 자유는 노동자의 존엄을 침해하지 않는다는 전제 하에서만 허용된다고 믿는 사람들이 존엄한 일터를 만드는 권리들을 확장시켜 왔습니다. "반말이 무슨 인권 침해냐." "어쨌거나 애들은 부모 밑에서 크는 게 제일 좋지." "공무원이 국민의 머슴이지 무슨 권리냐." "애들이 공부나 해야지 무슨 알바냐." 사회 곳곳에서 쏟아지는 아우성들 속에서 인권을 방어하기 위해서는 존엄한 삶이란 무엇인가에 대한 고민을 계속 이어 나가지 않을 수 없습니다.

"이곳은 왜 예외인가요?"

인권 보장의 책무를 누구에게 둘 것인가를 두고서도 격론이 벌어집니다. 오늘날 별 이견 없이 받아들여지는 '국가의 인권 보장 책임'이라는 말도 자리 잡히기까지 무수한 피의 역사를 거쳐야 했습니다. 오늘날에는 인권 보장의 책무를 지는 국가의 범위가 중앙 정부뿐 아니라 지방 정부, 교육청, 공공 기관, 위탁 기관 등으로 확대되고 있습니다. 기업이나 법인, 개인도 인권 보장의 책무를 갖는가, 군대나 감옥 같은 특수 기관은 예외적 공간으로 봐야 하는가 아닌가를 두고도 논쟁이 팽팽합니다. 이 문제는 누구를 인권의 주체로 보느냐, 무엇을 인간 존엄에 대한 위협으로 보느냐에 따라 달라지는 문제입니다. 기업은 영업의 자유를 내세워, 군대는 특수 권력관계를 내세워, 학교나 가족은 사적 영역임을 내세워 인권 보장의 책무로부터 벗어나고자 안간힘을 써 왔습니다. 반면 노동자, 군인, 학생, 아내, 자녀에게도 인권이 있다고 생각한다면, 당연히 기업도, 군대도, 학교도, 가족도 인권 보장의 책무를 져야 합니다. 차별의 문제는 노동, 복지, 교육, 언론, 주거, 정치, 교통, 소비, 환경 등 인간의 모든 삶의 무대에서 펼쳐지고 있기도 합니다. 인권 침해와 차별의 피해자가 다른 맥락에선 가해자의 위치에 올라서는 경우도 있죠. 언론의 자유를 외치는 언론인이 방송작가들의 노동과 존엄에 대해서는 무관심하다거나 부당한 노동 환경에서 하루를 힘들게 보낸 노동자가 소비의 공간에선 또다른 서비스직 노동자에게 '갑질'을 행하는 경우도 있으니까요. 다른 사람의 존엄을 침해할 자유는 누구에게도 없습니다. 모든 사람이 인권 보장의 책임을 나눠 가져야 하고, 타인의 인권을 옹호할 권리를 보장받아야 할 이유입니다. "이곳은 왜 인권의 예외 지대입니까?" "당신은 왜 책임지지 않습니까?" 이런 외침을 통해 인간의 존엄을 옹호할 자유와 책임이 함께 확대되어 왔습니다.

존엄을 빼앗을 수 있는가

인간 존엄에 대한 가장 주의 깊은 관찰자는 어떻게 하면 인간을 망가뜨릴 수 있는지, 어떻게 하면 인간을 '비인간'으로 격하시켜 모욕할 수 있는지, 그리하여 인간을 무력화시키고 조종할 수 있는지를 찾아내려고 골몰했던 악랄한 기획자들일지도 모릅니다. 그들은 때로 히틀러와 아이히만, 고문 경관 이근안과 같은 개별 인간의 모습으로 등장하기도 하지만, 모든 존엄을 집어삼키는 전쟁이나 폭력의 모습으로, 오랜 식민 지배나 가부장제처럼 벗어날 수 없을 것 같은 사회 체제로, 합리적 외양을 띤 차별적인 정책으로, '금수저 vs. 흙수저'로 비유되곤 하는 불평등한 자원 배분의 구조로, '명예 살인'과 같은 오래된 관습으로, 오히려 피해자를 비난하는 사회적 통념으로 등장하기도 합니다. 인간의 존엄을 짓밟는 사건들이 매일 곳곳에서 일어납니다. 그렇다면 존엄을 짓밟힌 인간은 더 이상 존엄하지 않게 되는 것일까요? 궁극적으로 인간의 존엄은 빼앗을 수 있는 것일까요?

나치 수용소의 생존자, 프리모 레비는 《이것이 인간인가》에서 이름도, 명예도 없이 날마다 구타당하며 비인간적 처지를 강요당해야 했던 수용소의 현실을 고발했습니다. "이것이 인간인가"라는 탄식은 수용소에 갇힌 이들이 존엄한 인간이 아니었다는 이야기가 아니라, 누구도 그런 취급을 당해서는 안 되었다는 분노에 찬 항변이었습니다. 존엄을 공격당할 때 사람들이 느끼는 모욕감과 분노는 결국 그 사람이 존엄하다는 역설적 증거는 아닐까요. 모욕감을 느낀다는 사실이 우리가 존엄한 존재임을, 우리가 그런 취급을 당해서는 안 되는 존재임을 말해 주는 것은 아닐까요. 결국 누구도, 어떤 잔혹한 현실도 인간 존재로부터 존엄을 원천 제거할 수 없다는 것은 아닐까요. 존엄을 공격당하는 현실 앞에서도 존엄에 대한 믿음을 끝내 포기하지 않는다면 말이지요. 굶주림은 인간 존엄을 위협하는 요인이지만, 때로 인간은 굶주림을 스스로 택하여 존엄을 지키는 싸움을 이어 나갑니다. 불법 구금과 고문으로 존엄을 위협당하는 수감자가 끝끝내 고문에 굴복하지 않고 자기의 양심과 존엄을 지켜 내기도 합니다. 세상이 수군거려도 내 잘못이 아니라는 다짐과 다짐 끝에 피해자들이 사람들 앞에 나와 증언합니다. "잘못했다고 말 안 해?"라는 어른의 위협 앞에서도 어린아이는 끝내 침묵함으로써 거짓 고백을 하지 않기도 합니다. 미국 남부의 인종 분리 정책에 맞서 1년이 넘도록 이어진 버스 승차 거부 운동에 참여했던 72세의 여성은 이렇게 말했다죠. "내 두 발은 지쳤지만 내 영혼은 평안하다." 그리고 우리는 나를 존엄하게 대해 주는 사람이 있기에 나의 존엄에 대한 확신을 갖게 됩니다. 탈시설 장애인들의 이야기를 담은 《나, 함께 산다》에서 장애인 신경수 씨는 사랑하는 그녀에 대해 이렇게 씁니다. "그녀는 사랑이다 / 장애인도 사람이다 / 나를 인간으로 만든 사람이다."[1] 그녀의 사랑이 있어 내가 사람이 된다는 말은 인간의 존엄에 대한 이야기이기도 하다는 생각이 듭니다. '당신이 나의 존엄을 믿어 주기에 내가 존엄해진다'는 말. 그런 의미에서 인간의 존엄은 인간다운 삶의 조건에 도달한 '상태'를 의미함과 동시에, 인간은 존엄해야 한다는 '선택'이기도 하며, 우리가 나와 타인의 존엄을 포기하지 않을 때 비로소 존엄해진다는 '행동'의 개념을 함께 품고 있는 말입니다.

인권교육 중 만난 한 여성이 있습니다. 나이가 일흔 언저리쯤 될까 싶었던 그녀가 말했습니다. 자기에게 인권은 '생존'과의 싸움이었다고 말문을 엽니다. 아버지가 빨갱이로 몰려 끌려간 뒤 일곱 살 어린 나이 때부터 정신을 놓은 어머니를 보살피며 못 먹고 못 배우고 갖은 고생을 다 하며 살았다고 했습니다. 갖은 수고 끝에 아버지 사건에 대해 재심을 청구했는데 받아들여지지 않았다고 합니다. 이른바 '사법농단'이라고 불린 양승태 대법원장 밑에서 일어난 일입니다. 평생을 가난과 싸우고, 빨갱이란 멸시와 싸우고, 국가와 싸우고, 법과 싸워 온 그녀는 인권이란 말에 이끌려 시민 강좌에 참여했던 모양입니다. 그런 그녀가 '젊은 사람들 사이에서 내가 괜히 방해되는 건 아닌가' 눈치가 보인다고 했습

---

[1] 서중원(2018), 《나, 함께 산다》, 오월의봄, 106쪽.

니다. 나이에 걸맞은 자리가 있다는 통념의 압박과 싸우며 그녀가 배움의 현장에 나와 있었습니다. 강좌에 참여한 사람들은 그녀의 이야기에 고요히 귀를 기울였고 그녀의 말이 끝나자 가만히 박수를 보냈습니다. '포기하지 않고 여기까지 와 주셔서 감사해요.' 누가 말하지 않아도 그녀도 느낍니다. 인간 존엄의 의미를 함께 깨우친 순간입니다.

갈림길 앞에서
인권의
선택은 어디로?

인권을 짓는
다섯 가지 열쇳말

"인권이 뭐냐는 질문에 답하기가 가장 어려워요. '인권이란 모든 인간이
누려야 할 필수적인 권리다.' 이런 설명은 너무 간략한 것 같고.
인권을 좀 더 풍성하게 말할 방법은 없을까요?"

"인권이 상호 충돌할 때 무엇이 우선되어야 하느냐는 질문을 종종 받게 되는데,
어떻게 답해야 할지 혼란스러울 때가 있어요."

"그딴 놈들한테 인권은 무슨 인권이냐고, 인권이 마치 가해자를 위해서만
존재하는 것처럼 말하는 분들을 만날 때면 난감해요."

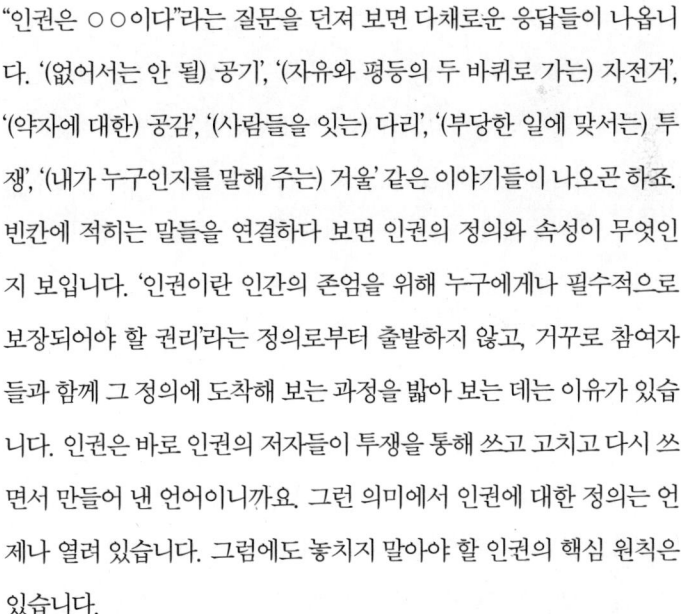

"인권은 ○○이다"라는 질문을 던져 보면 다채로운 응답들이 나옵니다. '(없어서는 안 될) 공기', '(자유와 평등의 두 바퀴로 가는) 자전거', '(약자에 대한) 공감', '(사람들을 잇는) 다리', '(부당한 일에 맞서는) 투쟁', '(내가 누구인지를 말해 주는) 거울' 같은 이야기들이 나오곤 하죠. 빈칸에 적히는 말들을 연결하다 보면 인권의 정의와 속성이 무엇인지 보입니다. '인권이란 인간의 존엄을 위해 누구에게나 필수적으로 보장되어야 할 권리'라는 정의로부터 출발하지 않고, 거꾸로 참여자들과 함께 그 정의에 도착해 보는 과정을 밟아 보는 데는 이유가 있습니다. 인권은 바로 인권의 저자들이 투쟁을 통해 쓰고 고치고 다시 쓰면서 만들어 낸 언어이니까요. 그런 의미에서 인권에 대한 정의는 언제나 열려 있습니다. 그럼에도 놓치지 말아야 할 인권의 핵심 원칙은 있습니다.

인권의 의미를 정의한 책이나 국제 인권 문서들에 어김없이 등

장하는 표현들이 있습니다. '인권이란 인간의 존엄으로부터 비롯되는 모든 인간의 평등하고도 양도할 수 없는 권리다(①보편성+②기본성). 공포와 궁핍으로부터 자유로운 세상을 만들려면 인권에 통합적으로 접근하지 않으면 안 된다(③상호 불가분성). 사람과 사람, 권리와 권리가 서로 기대어 있음을 놓쳐서는 안 된다(④상호 의존성). 이를 위해서는 폭정과 억압에 대항하여 인권이 보장되는 질서를 만들고 법에 의한 보장을 요구할 권리가 필요하다(⑤저항성).' 다양한 종교와 역사와 사회적 조건을 지닌 나라의 대표들이 모여 오랜 기간 논의 끝에 마련된 〈세계 인권 선언〉(1948년 유엔 총회 채택)의 전문前文에도 이 다섯 가지 이야기가 담겨 있습니다. 〈세계 인권 선언〉은 2차 세계 대전이 빚어낸 참상에 대한 반성으로부터 출발하여 "인권이 전 세계 자유와 정의와 평화의 기초"임을 확인한 문서로서, 이후에 등장하는 국제 인권 규범과 각국 헌법의 모태 역할을 해 왔습니다. 〈세계 인권 선언〉에서부터 누누이 강조되어 온 이 다섯 가지 열쇳말은 인권에 대한 판단의 갈림길 앞에 우리가 놓일 때마다 나침반의 역할을 해 줍니다. 인권의 관점에서는 이 문제를 어떻게 판단해야 하나, 인간의 존엄은 어떻게 지켜지는가, 어떤 상태가 인간 존엄에 위협적인가를 밝히는 데도 큰 도움을 주는 원칙들입니다.

첫 번째 열쇳말 : 누구나, 예외 없이

인권이 내게로 온 첫 순간, 그 만남을 따뜻하게 또는 신선한 충격으로 기억하고 있는 사람들은 말합니다. "내가 그저 나라는 이유만으로 소중하다는 생각을 살면서 한 번도 해 본 적이 없었어요." "우리 같은 사람에게도 인권이 있었군요!" "인권은 저기 멀리 있는 문제지, 내 문제,

이웃의 문제라고 생각해 본 적이 없었어요." "세상을 저렇게 볼 수도 있구나! 한 사람 한 사람의 이야기가 살아나는 기분이었어요." 장애인이니까, 가난하니까, 못 배웠으니까, 어리니까, 여성이니까, 흑인이니까, 너희 나라가 아니니까, 당신 잘못이니까, '아랫사람'이니까, 고용되었으니까, 외국인이니까 등 갖가지 이유로 평등한 존엄을 부정당해 온 사람들을 인권은 '누구나 예외 없이'라는 원칙으로 응원합니다. 모든 인간의 존엄이 실현된 사회는 이제껏 없었기에 이런 이야기는 그저 듣기 좋은 꽃노래나 허황된 이야기처럼 들리기도 합니다. 그런데 바로 이 원칙으로 인해 인권은 존엄을 위협당하는 이들을 "나는 왜 인간이 아니란 말인가?"라는 질문으로 이끌었고, 불평등과 억압에 맞서는 흐름들을 위력적으로 조직해 왔습니다.

예외에 맞선 사람들

'근대 인권 혁명'이라고 불리는 프랑스 혁명이 터진 지 2년 후, 올랭프 드 구즈라는 여성은 혁명이 무너뜨리고자 했던 구체제에 여성 억압은 포함되어 있지 않음을 간파하고 이렇게 물었습니다. 당신들이 말하는 인권에서 인간은 과연 누구냐고. 여성들에게는 왜 남성들처럼 '연단에 오를 권리'가 주어지지 않느냐고. 여성을 예외로 한 인권의 시대는 또 다른 '특권의 시대'라고 일갈한 올랭프 드 구즈의 외침은 수많은 여성들의 저항으로 이어졌습니다. "여성의 권리는 인권이다"라고 외치면서 말이죠. 오늘날에도 여성들은 여전히 묻고 있습니다. "당신들이 말하는 그 '우리'는 누구인가요? 거기에 우리 여성의 자리는 있습니까?"

여성뿐 아니라 수많은 인권의 주인공들이 예외 지대를 박차고 나와 '누구나'의 이름으로 인권의 무대에 올라섰습니다. 대표적으로 어린이와 청소년이 인권의 주체라는 생각은 20세기에 들어서야 비로소 등장했고, 한 세기가량이 지나서야 국제 협약(1989년의 〈유엔 아동 권리 협약〉)이 만들어지게 됩니다. 한국 사회에서 어린이와 청소년의 인권이 미약하게나마 법률에 명시되기 시작한 것은 1990년대 후반의 일입니다. 어린이와 청소년도 예외 없이 모든 인간의 권리를 보장받아야 한다는 전제가 명확해야 무엇이 문제인지를 제대로 정의할 수 있습니다. 학생의 인권을 침해하는 생활 지도는 '교육'이 아닌 '폭력'이라 부를 수 있게 되고, 각종 나이 제한 규정이 과연 타당한 것인지, 아니면 어린이·청소년에 대한 차별인지를 분별할 수 있습니다.

헌법이 보장하는 기본권과 인권이 많은 부분 겹치지만, 분명히 구분되는 지점 역시 바로 '누구나'에 있습니다. 헌법의 기본권이 대개 '국민'에게만 보장되는 한정된 권리라면, 인권은 국경, 국적, 체류 기간, 체류자의 신분 등을 넘어 인간이라면 누구에게나 보장해야 할 권리입니다. 대표적인 예로 체류 비자가 없는 미등록 외국인도 신고와 강제 출국의 두려움 없이 치료를 받을 수 있어야 하는 게 인권의 원칙입니다. 강제 출국될까 두려워 치료를 포기한 채 죽어 간 수많은 이주 노동자의 고통을 지켜본 이들은 바로 이 인권의 원칙에 따라 문제의 해결을 촉구했습니다. 그 결과, 보건 의료 기관에 종사하는 공무원들에게는 치료 과정에서 미등록 외국인을 발견하더라도 출입국사무소에 신고할 의무가 면제되었습니다. 〈국가인권위원회법〉을 만들 때도 인권의 주체를 대한민국 국민으로 할 것인지, 아니면 더 넓혀 그냥 '인간'이라고 할지를 두고 논쟁이 있었습니다. '누구나 예외 없이'의 원칙에 따라 〈국가인권위원회법〉은 대한민국에 거주하는 외국인도 포함하여 보호하고 있습니다.

예외 없이 열악하게?

'누구나 예외 없이'라는 말은 형평성과 동일한 의미로 해석되는 경우가 많은데 이 둘은 같은 의미로 보기는 힘듭니다. 백정들의 해방 운동 이름이 '형평衡平운동'이었던 것처럼, 백정의 존엄도 양반의 존엄의 무게와 같다는 의미에서 보자면 형평성은 인권과 동일한 의미입니다. 그렇다고 저울의 기울어짐 없이 동일하게 대한다고 해서 곧 인권이 보장되는 것은 아닙니다. 2017년 한국 역사상 최초로 탄핵 결정을 받고 수감된 박근혜 전 대통령의 감방 시설을 두고 논란이 인 적 있습니다. 탄핵된 대통령이 온수와 세면대, 문이 달린 화장실이 갖추어져 있으며 일반 감방보다 넓은 감방을 제공받은 것은 특권이라는 비판이었죠. 일반 수용자는 받기 힘든 대접을 받았으니 특권임은 분명합니다. 그런데 그를 일반 수용자와 똑같은 감방에 수용한다면 형평성의 문제는 해소될지언정 인권의 문제는 사라지지 않습니다. 사실 전직 대통령이 받은 예외적인 대접은 모든 수용자에게 제공되었어야 했던 것이니까요. 수용자라도 따뜻한 물로 씻고 시선에 노출되지 않은 채 화장실을 이용할 수 있어야 하며 일정한 넓이의 개인 공간을 제공받을 수 있어야 한다는 게 인권의 원칙입니다. 문제의 주범은 수용자의 인권을 보장하지 못했던 감옥 정책이었습니다. 모든 사람을 예외 없이 열악하게 대하는 것이 아니라, 모든 사람의 인권을 예외 없이 보장하는 것이 필요합니다. 존엄을 보장하는 방향으로 형평성을 추구할 때 '누구나 예외 없이'라는 인권의 원칙이 실현됩니다.

동등성과 '역차별'

존엄의 동등성을 이야기하다 보면 이런 반응을 자주 접하게 됩니다. 청소년도 동등한 인간이라고 말하니 "그럼 부모에게 받은 양육비를 토해 내라"고 한다거나, 여성을 동등하게 대하자고 하니 "그럼 여자도 군대 가라"라고 한다거나, 장애인을 동등하게 대하자고 하니 "세금도 내지 않는 장애인을 우대하는 것은 역차별이다"라고 주장하는 것이 대표적이죠. 지금껏 축적되어 온 불평등한 조건을 고려하지 않은 채 획일적으로 똑같이 대하는 것을 동등한 대접이라고 볼 수 있을까요. 시각 장애를 가진 학생에게 비장애 학생과 똑같은 교재, 똑같은 교육 방식, 똑같은 시험 시간을 부여하는 것은 패배가 예정된 경주를 치르게 하는 꼴입니다. 마찬가지로 일자리를 구하기 힘들고 경제 활동이 아예 어려운 조건의 청소년에게 양육비를 토해 내라고 요구하는 것이 부모-자녀 사이의 동등성은 아닐 겁니다. 물론 아동의 양육을 개별 가족이 아닌 사회가 책임지는 곳이었다면 애초 이런 반응도 없었을 테지만요. 여성이 군대를 간다고 해서 성차별이 사라지는 것도 아니고, 징집 제도나 성차별적 군대 문화가 한국 사회와 남성 권력에서 차지해 온 역할을 모르쇠 한 채 여성을 그 안에 편입시킨다고 평등이 완성되지도 않습니다. 상급 학교에 진학할 기회도 없었고 어딜 가면 화장실을 이용할 수나 있나 걱정부터 해야 하고 일자리를 구하기도 힘든 장애인에게 비장애인과 똑같은 능력과 기여를 요구하는 것은 잔혹하기 짝이 없습니다. 그런 의미에서 역사적으로 누적된 불평등을 시정하기 위해 마련된 '적극적 차별 시정 조치$^{affirmative\ action}$'는 '우대' 정책이 아니라 '평등' 정책이라고 불러야 합니다. 차별적 조건을 고려하지 않고 똑같은 조건을 부과하는 것은 결국 차별을 공고하게 만들 뿐이니까요.

'그런 놈들'한테도

'누구나 예외 없이'라는 인권의 원칙이 가장 도전받는 지점은 '인간 같지 않은 자들', '흉악범', '잔혹한 고문 기술자', '테러리스트' 등으로 분류되는 이들에게도 인권이 있는가라는 질문 앞에서입니다. 인간은 자격을 요하지 않는다고 믿는 사람들도 '저런 인간들에게까지 과연 인권을 보장해 주어야 하는가'라는 생각이 들 때가 있을 겁니다. 고통스럽지만 예외 없음을 택할 것인가, 아니면 어쩔 수 없는 예외는 있다고 인정할 것인가. 선택의 갈림길 앞에 선 사람들이라면 다음 네 가지를 고민해 볼 필요가 있습니다.

첫째, 인권을 보장한다는 말은 죄를 가볍게 대하고 책임을 묻지 않는다는 말과 같은 말일까. "그런 놈들에게도 인권은 있습니다"라는 말은 잘못에 대한 책임을 묻지 말자는 말이 아니라, 책임을 지우더라도 기본적 인권에 대한 보장이 수반되어야 한다는 뜻입니다.

둘째, 누군가에게 예외를 인정하는 순간, 그 예외가 더 많은 이들에게로 확장되지 않을까. 나치의 제노사이드(집단 학살)는 '유대인 문제'로부터 출발했지만, 한 집단을 예외로 삼자 다른 집단에 대한 추방, 강제 수용, 말살도 허용하는 길을 터 주게 되었습니다. 지금은 여성도 인권의 주체라는 게 당연해 보이지만, 여성 인권에 대한 외침이 등장할 당시만 해도 여성은 남자 인간에 비해 모자란, 하나의 독자적 인격체로 보기엔 열등한 존재로 취급되었습니다. '예외가 당연하다'는 생각부터 의심해 볼 필요가 있는 것입니다.

셋째, 엄격한 책임을 묻는 일과 잔혹하게 처우하는 일은 같은 말일까. 흉악범이나 테러리스트에게는 '당한 대로 돌려주어야 한다'거나 '피해자가 당한 고통보다 몇 곱절은 더 괴롭혀야 한다'고 생각하는 이들이 많습니다. 범죄자나 그 가족의 신상까지 파헤쳐 얼굴을 공개하거나 어떤 이유로든 감형은 안 된다고 주장하거나 종국에는 사형에 처해야 한다는 주장으로 이어지기도 합니다. 죄를 가벼이 여겨 처벌하지 않거나 엄벌하지 않는 것은 문제지만, 자유를 빼앗는 형을 살도록 하는 것 이외의 육체적·정신적 고통까지 주어야 하는 것일까요? 그 고통은 누구의 위안을 위한 것일까요? 자유를 빼앗기고 사회로부터 고립되어 살아야 하는 것만으로 이미 형벌을 받고 있는 것은 아닐까요? 자유를 빼앗는 것만으로는 불충분하고 '더 당해 봐야 안다'고 여기는 사회는 그만큼 자유의 가치를 낮게 보는 사회는 아닐까요? 응징의 깃발을 치켜들고 전쟁터에 나가는 젊은이들을 바라보며 교사이자 페미니스트이자 가수이기도 한 홀리 니어는 〈어리석은 관념Foolish Notion〉이란 노래에서 이런 이야기를 건넵니다. "우리는 살인이 나쁘다는 것을 보여 주기 위해 왜 살인하는 사람을 살인하는가?" 죄의 대가라는 명분으로 우리도 혹 동일한 잘못을 되풀이하게 되지는 않을까요? 강간범에 대한 응징으로 강간하는 일은 정당화될 수 있을까요? '누구나 예외 없이'란 원칙을 붙들고 질문하다 보면 책임을 정확하게 묻는 새로운 길을 발견할 수 있게 됩니다.

마지막은 '인간 같지 않은 자들'을 잔혹하게 대한다고 해서 사회 정의가 확보되는가 하는 문제입니다. 대표적으로 잔혹한 살인범에 대한 사회적 응징으로 여겨지는 사형 제도는 정의를 실현하는 제도처럼 보이지만, '국가에 의한 살인'을 합법화하는 바람에 정치적으로 무수히 악용되었습니다. 또 다른 부정의가 생긴 꼴입니다. 사형 제도가 흉악 범죄율을 낮추는 데 기여한다는 명확한 통계도 없습니다. 잔혹한 처벌에 골몰하다 보니 정작 범죄를 낳는 사회 문제를 해결하거나 피해자나 피해자 가족에 대한 지원은 뒷전으로 밀려나기도 합니다. '가장 좋은 형사 정책은 사회 정책'이라는 말처럼, 범죄를 파생시킨 구조와 문화를 손질하고 피해자의 회복을 지원하는 일이야말로 정의를 회복하는 또 다른 방법은 아닐까요?

두 번째 열쇳말 : 존엄을 위한 '기본'

인권은 인간의 존엄을 보장하기 위한 기본적 토대입니다. 인권을 빼앗는다는 것은 사람이 딛고 선 삶의 토대를 무너뜨리는 일이기에 중대하고 긴급한 상황으로 간주됩니다. 난민으로 공식 인정을 받기 전이라도 피난처를 구하는 사람에게 집과 식량을 우선 제공하는 이유입니다. 그래서 존엄에는 '나중에'란 있을 수 없습니다. 기본이기에 비필수적인 권리들에 우선하여 보장됩니다. 구급차가 먼저 지나가도록 다른 차들이 길을 내주어야 하는 것과 같은 이치입니다. 만약 이 기본적 토대를 제공받지 못하거나 공격받고 있는 누군가가 있다면, 누구나 예외 없이 인권의 주인이 되어야 한다는 보편성을 환기하게 됩니다. 보편성과 기본성은 서로의 실현 정도를 비춰 주는 거울입니다.

직권職權/이권利權과 인권

간혹 인권과 다른 권리들이 부딪힐 때 '상호 양보'란 말로 문제의 본질이 희석되는 경우가 있습니다. 대표적인 예가 '학교 생활 지도' 과정에서 학생 인권과 교권이 충돌한다고 이야기되는 경우입니다. 대개 이런 문제는 동등한 인권이 상호 충돌하는 문제가 아닌데도 그렇게 이야기되는 경우가 많습니다. 먼저 이때 말하는 '교권'이 무엇인지부터 살펴볼 필요가 있겠지요. '교권'이 교사 인권의 줄임말이라면 당연히 존중되어야 합니다. 교사에게도 양심의 자유, 차별받지 않을 권리, 부당한 업무를 강요받지 않을 권리 등이 보장되어야 하고, 학생 인권이 교사의 인권을 침해할 자유를 주장하는 것은 아닙니다. 강제 야간 자율 학습은 교사의 야간 노동이나 강제적 노동 없이는 성사될 수 없음을 고려하면 학생 인권은 교사 인권과 오히려 서로 기대어 있습니다.

'교권'이 교사의 교육권을 뜻하는 경우도 있습니다. 학생 인권은 교사 교육권의 행사 범위와 한계를 정해 줍니다. 학생은 교육 기회에 대한 권리, 학습 과정에서 존중받을 권리, 인권과 민주주의, 평화에 대한 역량을 기르는 데 도움이 되는 배움을 제공받을 권리와 같은 교육권의 주체입니다. 교육과정의 설계, 교재 선택, 수업, 평가, 생활교육 등에서 교사에게 주어지는 권리는 직권職權(직무에 따른 권리)으로서 학생 인권에 우선할 수 없습니다. 학생 인권은 처벌, 강제, 폭력을 동반한 '생활 지도'처럼 잘못된 교육권의 행사를 제한하는 것이지, 교사의 정당한 교육권을 부정하지 않습니다. 역사 교과서 국정화 파동에서도 보듯, 교사가 편향된 교과서를 거부할 수 있는 권리를 가지는 것은 정치적으로 독립된 교육을 제공받을 학생의 인권을 방어하는 데도 중요합니다.

'교권'이 교사의 권위의 줄임말이라면, 권위라는 모호한 기준이 인권을 제약할 명분이 될 수 없습니다. '교권'이 교사의 권력을 의미하는 것이라면, 그 권력의 남용을 막기 위해서라도 학생 인권은 더욱 튼튼히 지켜질 필요가 있겠지요. 지위 권력을 이용하여 학생에게 폭력·성폭력을 가하거나 차별을 선동하는 일은 있어서는 안 되니까요. 무엇이 인간 존엄을 위한 필수인지를 잘 헤아리는 일은 직권이나 권력의 남용을 막는 중요한 잣대가 됩니다.

이권利權 역시 인권의 우선적 보장이라는 전제 위에서만 인정되어야 합니다. 소유권, 영업의 자유, 이윤을 얻을 권리 등은 법과 제도에 의해 창설되는 2차적 권리인 반면, 생명권과 같은 인권은 본원적이고 기본적인 권리이기 때문이지요. 예를 들어 주택이나 상가 소유주가 건물을 팔거나 재건축함으로써 이윤을 얻을 권리는 세입자의 주거권과 생존권을 무시하면서 행사되어서는 안 되겠죠. 이윤을 위해 노동자의 건강과 생명을 앗아가는 일은 정당화될 수 없습니다. 현행 〈근로기준법〉이 4인 이하의 사업장에 몇몇 조항의 적용을 배제하는 것은 노동자의 존엄보다 '영세' 사업주의 이익을 우선시하기 때문인데, 인권의 기본성을 생각한다면 모든 사업체에 〈근로기준법〉을 전면 적용해야 마땅합니다. 의약품에 높은 가격을 매겨 이윤을 챙기는 제약회사의 특허권보다 우선되어야 하는 권리는 환자의 생명권입니다. 생명 유지에 결정적인 필수 의약품에 대한 배타적 독점권을 아무런 제한 없이 인정한다면 생명권은 부자들만이 누릴 수 있는 특권이 될 수밖에 없으니까요. "이윤보다 생명이 먼저다"라는 국제적 외침이 일구어 낸 보완적 제도가 바로 '강제 실시 제도'입니다. 특허권자의 의사에 관계없이 공익적 목적을 위해 제3자가 복제 약품을 제조할 수 있도록 한 것이지요.

'나중'은 없다, 바로 지금

인권은 기본적이기에 사회적 상황이나 관습, 나이, 정체성 등을 이유로 유예되어서는 안 됩니다. 고무줄마냥 늘였다 줄였다 하는 거래의 대상이 되어서도 안 됩니다. 주제 사라마구의 소설 《눈먼 자들의 도시》에는 이런 문장이 나옵니다. "인간의 존엄성이란 값으로 매길 수 있는 것이 아니며, 조금씩 양보하기 시작하면, 결국 인생이 모든 의미를 잃게" 됩니다.❶ 이 '기본'을 보장받기 위해 누군가는 너무나 오랫동안 간절하게 기다려야 했습니다. 그럼에도 인권 보장의 외침이 '집단 이기주의'나 '생떼질'과 같은 편파적인 언어로 폄하되는 경우가 잦습니다. "아직은 시기상조다", "사회적 합의가 무르익지 않았다", "좀만 기다리면 나중에!"라는 식의 답변이 돌아오기도 합니다. 존엄의 토대가 흔들리는

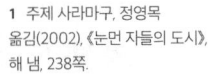

1 주제 사라마구, 정영목 옮김(2002), 《눈먼 자들의 도시》, 해 냄, 238쪽.

고통을 겪어 보지 못한 사람들이 기다리라고 말하긴 쉽습니다. 어쩌면 그렇게 말할 수 있는 위치에 있다는 것 자체가 특권 아닐까요. 미국의 흑인인권운동의 과정에서 제창된 유명한 구호가 있습니다. "지연된 정의는 부인된 정의다Justice Delayed, Justice Denied." 지금 말고 나중에, 경제부터 살리고 나면, 군사적 긴장이 완화되고 나면, 선거가 끝나고 나면, 사회적 합의가 무르익고 나면 그 후에! 이런 약속을 믿는 건, 버스 정류장에서 노선에도 없는 버스를 마냥 기다리는 일과 같습니다. 누구의 존엄도 대기실에 유폐되어서는 안 됩니다.

'선線'의 싸움 : 최저선인가, 존엄선인가

존엄의 기본적 토대를 말할 때 무엇을 기본을 정하는 선으로 삼을지를 둘러싸고 사회적 각축이 맹렬하게 전개되곤 합니다. "옛날에 비하면 여자들이 살기 좋아졌지." "이 정도면 장애인들 살기 편한 세상이지." 누군가에겐 아직도 목마른 현실이 누군가에겐 그만하면 충분한 현실로 여겨집니다. "자립할 집을 달라고? 집 나온 애들 집으로 돌려보내거나 쉼터에 보내면 되는데 왜? 그건 너무 과한 요구지." 누군가에겐 간절한 것이 누군가에겐 과잉으로 여겨집니다. 근로 기준, 최저 주거 기준, 최저 임금, 최저 생계비와 같은 기준들에 대해서도 존엄을 보장하기에는 턱없이 낮은 수준이라거나 그 기준의 적용에서조차 누군가는 배제되고 있다는 비판이 자주 제기됩니다. 최저 임금을 지키는 사업장이라고 해서 최선의 일자리를 제공한다고 볼 수도 없습니다.

무엇을 존엄을 위한 기본적 토대로 보느냐, 무엇을 기준으로 기본을 정하느냐는 그 사회의 인간 존엄에 대한 감각을 가늠하는 척도가 됩니다. '살 만한 집'이라고 하면 대개 볕이 잘 들고 물이 잘 나오고 접근이 용이한 정도를 떠올립니다. 반면 유엔이 정한 주거권 지표에는 점유의 안정성, 문화의 존중과 같은 척도도 포함되어 있습니다. 그곳에 사는 사람의 숨결, 감정, 정체성, 역사도 함께 고려하는 것입니다. 우리 사회에서 최저 임금은 최소한의 생계가 유지되는 정도를 가늠하여 결정됩니다. 반면 어떤 나라는 평균 임금 소득 대비 어느 정도를 보장해야 적정한가를 기준으로 삼습니다. '생존 가능선'이 아니라 '사회적 평등선'에 얼마나 가까운가가 존엄을 판단하는 기준이 되는 셈입니다. 고령자에게 친화적인 도시를 설계할 때 대개 이동권이나 의료 시설, 주거 편의 시설과 같은 것들을 주로 고려합니다. '병들고 아픈 몸'을 중심으로 고령자의 삶을 바라보기 때문입니다. 세계보건기구^{WHO}가 제시한 '고령자 친화 도시 척도'에는 사회 참여나 사회적 존중이라는 척도가 포함되어 있습니다. 동등한 시민으로 대우받느냐도 고령자의 존엄을 위한 토대라고 본 것입니다. 중요한 것은 최저선이 아니라 존엄선을 확보하는 일입니다. 아울러 존엄을 보장하기에 적절한 수준에 도달하기 위해서는 가용성^{availability}, 경제적·물리적·정보적 접근성, 지속 가능성, 차별 없음, 문화적 수용성^{acceptability}, 법적 보장 등의 원칙이 충족되는 것이 중요합니다.

세 번째 열쇳말 : 자유로울수록 평등하고 평등할수록 자유로운

생명권, 신체의 자유, 표현의 자유, 노동권, 건강권, 교육권 등 인권에는 다양한 권리들이 포함되어 있습니다. 인간의 존엄이라는 심오한 세계에 현미경을 들이대어 그 의미를 다각적으로 드러내기 위해 필요한 개념들입니다. 각각의 권리는 그 자체의 고유한 의미를 지니지만, 그렇다고 다른 권리들과 분리되어 존재하지는 않습니다. 각 신체 기관이 낱개로 존재하지 않는 것처럼, 하나의 권리가 지닌 의미와 본질을 잘 이해하기 위해서도 서로 기대어 선 다른 권리들과의 연결성, 통합성을 고려해야 합니다. 이것을 인권의 '상호 불가분성'이라고 부릅니다. 이 상호 불가분성이라는 원칙은 흔히 자유권이라 불리는 시민·정치적 권리들과 사회권이라 불리는 경제·사회·문화적 권리들을 별개의 것인 양 접근하는 태도에 경종을 울리고자 등장한 것이기도 합니다.

낱개의 권리

권리들이 서로 유기적으로 연결되어 있음을 보여 주는 대표적인 사례가 바로 장애인의 이동권입니다. 장애인 이동권이라 하면 대개 교통수단이나 편의 시설 부족으로 장애인이 한 장소에서 다른 장소로 이동하는 데 겪는 어려움을 떠올립니다. 이동에 어려움이 있으면 학교에도, 직장에도, 약속 장소에도, 투표장에도 가기 어렵죠. 그런데 이동만 가능해지면 충분할까요? 모든 이동에는 나름의 목표가 있습니다. 학교까지 이동은 가능해졌지만, 학교에서 배우고 살아갈 수 있을까의 문제는 여전히 남습니다. 투표장까지 이동은 가능해졌지만 투표 용지가 나의 장애를 고려하지 않은 채 설계된 것이라면? 카페까지 이동은 가능해졌지만 만날 사람이 없다면? 아무리 교통·편의 시설이 잘 갖추어져 있더라도 오래도록 누적된 고립으로 만날 사람이나 갈 곳이 없어진 장애인에게는 무용지물이겠지요. 이처럼 이동권은 교육, 노동, 관계, 정치 참여 등 삶의 전반에 영향을 미치는 권리입니다. 활동 지원을 받을 권리, 정보 접근권과 같은 다른 권리들이 있어야 빛을 발하는 권리입니다. 이동 불가능성이 사회생활을 가로막고, 활동 지원 없음이 이동을 무력화시키고, 자유 없음이 이동에 접근하지 못하도록 만듭니다. 이처럼 하나의 장면이나 사건을 분석할 때,

인권의 상호 불가분성을 기억하면서 통합적으로 접근할 필요가 있습니다. 사건의 특징을 보여 주는 대표적 문제를 중심으로 무슨 권리가 침해된 사건으로 명명하더라도, 그 권리의 박탈이 인간 존엄의 토대를 어떻게 총체적으로 흔들었는지에 관심을 기울여야 합니다. 하나의 권리가 무너지면 다른 권리들도 무너집니다. 낱개의 권리만 침해하는 인권 문제는 있을 수 없습니다.

자유와 평등의 두 기둥

자유권과 사회권이라는 두 권리 꾸러미에 접근할 때도 마찬가지로 통합적 접근이 필요합니다. '3.8 세계 여성의 날'의 상징과도 같은 '빵과 장미의 파업'이 있습니다. 20세기 초 미국 섬유 산업 여성 노동자들이 일구어 낸 파업 투쟁의 구호에서 유래된 명칭입니다. "우리는 빵을 원한다. 그러나 장미도 원한다." 인간의 존엄이란 빵(생존)이라는 육체의 양식만으로는 완성되지 않으며, 장미(자유)가 없이는 빵(사회 경제적 존엄)도 얻어 낼 수 없음을 간파한 구호다 싶습니다. 아무리 높은 임금을 받는다고 해도 노동자의 하루가 사업주의 명령에 복종하고 성실히 일만 하는 시간으로 꽉 차 있다면 과연 존엄한 삶이라고 볼 수 있을까요. 부당한 조건을 거절할 자유 없이는 존엄한 삶의 조건도 얻어 내거나 지켜 낼 수 없습니다. 흔히 사회권으로 분류되는 노동권에 단결권, 단체 행동권, 일터 내 폭력으로부터의 자유처럼 자유권에 해당하는 내용이 포함되어 있는 까닭입니다.

가정폭력에 시달리면서도 남편으로부터 벗어나기를 망설이는 여성의 삶을 떠올려 보아도 마찬가지입니다. 독립된 주거 공간을 얻거나 아이를 홀로 키울 경제력이 없거나 '이혼녀'라는 딱지가 결정적인 삶의 걸림돌로 작용한다면, 폭력 남편을 벗어나는 선택을 하기는 쉽지 않을 겁니다. 사회 복지 시설이나 정신병원에서 '재활^{rehabilitation}'이라는 이름으로 장애인이나 환자에게 무보수 강제 노동을 강요하는 일이 되풀이되는 이유도 그 시설이 폐쇄적으로 운영되고 거주인에게 자유가 없기 때문입니다. 선택의 자유도, 이동할 자유도, 바깥의 다양한 자원에 접근할 자유도 허락되지 않은 이들이 시설장이나 종사자들과 평등한 관계를 형성하기란 힘듭니다. 이 권력의 차이가 다시 강제 노동과 같은 인권 침해로 이어지는 악순환을 만들어 내죠. 이처럼 자유와 평등, 자유권과 사회권은 대립하거나 분리되어 있는 것이 아니라 긴밀하게 연결되어 있습니다. 더 많이 자유로울수록 더 많이 평등해질 수 있고 더 많이 평등해질수록 더 많이 자유로워질 수 있습니다.

네 번째 열쇳말 : 기대어 선 우리

인간은 누구도 나 홀로, 외따로 존재할 수 없습니다. 인간 존재의 양식 가운데 어떤 부분도 사회적 영향에서 독립되어 있지 않습니다. 독립적이고 개인적인 시공간을 간절히 바라면서도 동시에 생각을 나누고 보살핌을 주고 받기를 소망하는 것도 인간이죠. 사람의 정체성도 타인과의 관계 속에서 형성되죠. 바로 이 '인간'의 실존이 지니는 상호 의존성으로부터 '인권'의 상호 의존성이라는 열쇳말이 출현합니다. 존재와 존재가 연결되어 있기에 인권은 상호 의존을 통해서만 꽃필 수 있습니다.

사회로부터 독립된 개인?

'개인적인 것이 정치적이다.' 여성인권운동의 오랜 외침입니다. 사적 공간에서 벌어지는 아주 개인적인 일이라 여겨지는 일도 매우 공적인 여성 억압의 문제이며, 바로 그 억압을 드러내는 것이야말로 정치적인 일이라는 뜻을 담고 있습니다. 어떤 개인도, 어떤 사건도, 어떤 공간도 사회로부터 독립하여 존재하지 않습니다. 일례로 여성은 남성보다 일반적으로 키가 작은데요. 남아 선호가 강해 아들에게만 좋은 음식을 챙겨 주는 사회에서는 여성과 남성의 키 차이가 더욱 벌어질 겁니다. 아이를 버리는 '비정한 모성'은 결코 개인의 인성 문제가 아닙니다. 비혼모를 비난하는 데는 부지런하되, 그 여성이 아이를 책임지고 양육할 수 있도록 지원하는 데는 인색한 사회가 만든 결과입니다. 학업 성적도 나쁘고 무엇 하나 의욕이 없어 보이는 학생에게 사회는 쉽게 '학교 부적응'이라는 딱지를 붙입니다. 그런데 바로 그 학생이 다른 공간에 가면 놀라운 호기심과 주도성을 보이기도 하죠. 학생이 학교에 부적응한 것인지, 아니면 학교가 그 학생에게 맞지 않는 것인지 질문이 필요한 순간입니다. 이처럼 개인의 삶에 영향을 미치는 '사회적인 것들'에 대한 발견으로부터 '인권의 상호 의존성'이 출발합니다. 어떤 선택과 결정에서 개인의 책임을 완전히 지울 수는 없습니다. 그러나 누군가의 인간다운 선택을 돕기 위해 이 사회는 충분히 인간적이었는지를 함께 물어야 합니다.

  우리들 또한 사회의 일부입니다. 도저히 살아갈 자신이 없어 자살을 택하는 사람들의 소식을 접할 때, 여성이나 아동이 학대와 살해를 당할 때, 노동자들이 일터에서 난데없는 죽음을 당할 때, 인근 장애인 시설에서 오랜 세월 자행된 가혹 행위가 발견될 때, 성소수자들이 침묵을 강요당할 때, 피해자들에게 '피해가 벼슬이냐'는 비난이 쏟아질 때, 우리는 사회 구성원으로서 어떤 아픔이나 책임감을 느낍니다. 철학자 지그문트 바우만은 "자유는, 속박되어 있는 다른 사람들이 존재하는 한에서, 권력이다. (……) 자유는 특권이자 권력이다"[8]라고 일갈한 바 있습니다. 누군가의 부자유를 용인하면서 나의 자유에만 만족했던 것, 누군가의 인권에 무관심했던 것이 그 상황에 일조한 것은 아니었을까 하는 감각이 상호 의존성에 대한 감각의 시작입니다.

빚을 지고 사는 우리

우리는 타인의 고단한 싸움에 빚을 진 채 살아가고 있기도 합니다. 오늘날 우리가 누리는 아주 자그마한 자유도 자유를 억압해 온 권력이나 체제에 맞서 싸운 이전 세대가 남겨 준 유산입니다. 오늘날 인권 친화적인 학교로의 변화 움직임은 징계 위협을 무릅쓰고 문제를 제기한 청소년들의 싸움이 일구어 낸 결실입니다. 오늘날 비장애인이 누리는 전철 편의 시설은 장애인들이 벌금과 구속까지 감내하면서 벌인 이동권 싸움에 빚지고 있습니다. 대다수 전철역에 설치된 엘리베이터는 장애인은 물론 몸이 불편한 교통 약자뿐 아니라 무거운 짐을 옮기는 사람들, 피곤에 지쳐 제 몸이 짐짝처럼 여겨지는 사람들까지 모든 사람이 편히 이용할 수 있는 시설입니다. "장애인에게 편하면 모두에게 편하다"는 장애인권운동의 구호를 외면했던 이들도 그 운동이 만들어 낸 결실을 누리고 있습니다. 이처럼 나와 상관없는 사람처럼 보이는 이들, 지금과는 상관없는 과거의 일처럼 보이는 역사에 빚져 오늘 나의 삶이 구성되어 있습니다. 내가 어려울 때 나를 위해 발언해 준 사람들을 기억하며, 많은 피해자들이 또 다른 피해자들을 위해 발언하고 두 팔을 걷어붙이는 일도 자주 목격할 수 있습니다. 다른 이들에게 진 '역사적인 빚', '사회적인 빚'을 잊지 않은 이들이 이 사회의 인권을 한 걸음 더 나아가게 만듭니다. 어쩌면 내가 오늘 벌이고 있는 싸움도 누군가의 자유를 위한 밑거름이 될지도 모릅니다.

2 지그문트 바우만, 문성원 옮김(2002), 《자유》, 49~59쪽.

타인의 인권이 무너질 때

"나치가 처음 공산주의자들에게 왔을 때 나는 침묵했다. 나는 공산주의자가 아니었기에. 이어서 그들이 사회민주당원에게 왔을 때, 나는 침묵했다. 나는 사회민주당원이 아니었기에. 이어서 그들이 노동조합원들에게 왔을 때, 나는 침묵했다. 나는 노동조합원이 아니었기에. 이어서 그들이 유대인을 덮쳤을 때, 나는 침묵했다. 나는 유대인이 아니었기에. 이어서 그들이 내게 왔을 때, 그때는 더 이상 나를 위해 말해 줄 이가 아무도 남아 있지 않았다." 마틴 니뮐러라는 신학자의 〈그들이 내게 왔을 때〉는 인권 관련 문서에서 자주 등장하는 글입니다. 처음에 정치적 반대자들을 몰아내는 일부터 시작했던 히틀러 정권은 그 폭정의 망치를 유대인, 동성애자, 장애인, 점령지의 시민에게도 휘둘렀습니다. 이 글은 내가 표적이 아니라는 이유로 침묵한다면, 다른 집단을 겨누었던 그 망치가 결국 나를 향해 돌아오게 됨을 경고하고 있습니다. 한 사람을 함부로 잡아 가둘 수 있는 사회는 누구라도 함부로 잡아 가둘 수 있는 사회라는 것, 타인의 인권이 무너질 때 결국 나의 인권도 무너진다는 발견은 인권의 상호 의존성을 말하는 주요한 근거가 됩니다.

오늘날에도 인권의 상호 의존성을 보여 주는 장면들은 무수히 많습니다. 비장애인 아동이 부모나 교사로부터 인격체로 존중받지 않는 사회에서 장애를 가진 아동이 인격적인 대우를 받기는 더 어렵습니다. 학생들이 버젓이 모욕당하고 폭력에 노출되는 학교에서는 교사들에 대한 대접도 엉망입니다. 후배 의사나 간호사에게 폭력과 폭언을 자행하는 의사는 환자에게도 고압적입니다. 그런 의사를 비호하는 병원 조직은 비싼 '고객'에 대한 서비스는 신경 쓸지 몰라도 '차별 없는 진료'를 고민하기는 힘들 겁니다. 2018년 양승태 대법원장이 박근혜 정권과 재판 거래를 시도한 일이 알려져 큰 충격을 주었습니다. 대법원이 정권에 유리한 재판 결과를 제공하면서 자신의 이익과 거래하기 위해 제일 먼저 한 일은 법원 내부에 다른 의견을 가진 판사들의 자유를 빼앗는 일이었습니다. 물론 아무런 견제도 받지 않는 판사들의 자유는 시민의 권리를 침해하는 권력이 될 수도 있습니다. 하지만 권력자의 이익을 위해 판사들의 자유를 빼앗는 것은 시민의 권리를 더욱 위태롭게 만듭니다. 그런 의미에서 이른바 '사법 농단 사건'은 판사들의 자유가 공정하고 성실한 재판에 대한 시민의 권리를 보장하는 충분조건은 아니지만 최소한 필요조건임은 분명히 확인시켜 준 사건이었습니다.

당신은 바로 나다

때로 그 타인은 '확장된 나'이기도 합니다. 2016년 발생한 강남역 여성 살해 사건에서 많은 여성들이 피해자와 처지를 공유하면서 "나는 운 좋게 살아남았다"는 포스트잇 메모를 남겼습니다. '거울'에 근조 리본을 단 채 벌인 추모 행진은 살해된 피해자가 어떤 특별한 이유나 잘못이 있어서가 아니라 '여성'이라는 이유로 살해되었으며 나도, 거울에 비친 당신도 바로 그 여성이라는 메시지를 사회에 전했습니다. 같은 해 구의역에서 스크린도어 수리를 하던 젊은 노동자가 숨진 현장에도 "너는 나다"라는 글귀가 남겨졌습니다. 노동자이기에, 그것도 하청 노동자이기에 죽임을 당했고 그 죽음은 '언젠가의 나의 죽음'이기도 하다는 마음이 글귀 안에 담겨 있었습니다. 많은 청소년들이 세월호 사건을 마치 자기 일처럼 느끼고 진실 규명에 나선 이유도 그 바다에서 버림받은 희생자들이 국가나 사회로부터 버림받은 자신의 처지와 겹쳐졌기 때문일지도 모릅니다. "당신은 바로 나다"라는 선언은 단지 나와 너의 삶이 영향을 주고 받는 정도를 훌쩍 뛰어넘어 공통의 처지로 연결되어 있다는 자각에서 비롯됩니다. 철학자 마사 누스바움은 인간이 타인이 겪는 고통에 공감^{compassion}하는 원리들 가운데 하나로 바로 이 '유사한 가능성'을 지목합니다. 나도 겪을 수 있는 일이라는 자각은 타인의 고통에 대한 공감의 깊이를 더하고 긴급한 해결의 필요성을 상기시킵니다. 사회적 약자들도 살 수 있는 세상은 그런 처지에 놓일 수 있는 누구라도 살 수 있는 세상이 될 테니까요.

당신의 존엄이 내게로 와

타인이 겪는 인권 침해를 방치한다면 결국 내 인권도 침해될 수 있다는 말로만 그친다면, 인권의 상호 의존성을 생각해야 하는 이유가 자칫 나의 이득을 얻기 위해서나 나의 피해를 줄이기 위해서라는 의미에 그칠 수가 있습니다. 그런데 나에게 당장 혹은 어쩌면 영원히 닥치지 않을 일일지라도 타인의 불행이나 고통에 관심을 갖고 행동하는 사람들이 있습니다. 흑인 차별에 반대하여 함께 싸운 백인들, 일본군 '위안부'와 강제 징용 문제의 해결을 위해 자기 나라의 책임을 일깨우는 일본인들, 청소년 인권을 외치는 비청소년들, 장애인의 인권을 위해 함께 싸우는 비장애인들, 성소수자 인권을 지지하는 이성애자들, 팔레스타인 해방을 위해 연대하는 이스라엘 사람들, 우리나라를 찾아온 난민들의 손을 기꺼이 잡아 주는 사람들이 대표적이죠. 마사 누스바움은 타인의 고통에 공감하는 또 하나의 원리로 '행복주의적 판단'을 언급하면서, 인간에게는 타인의 고통이 나의 행복과 상관있다고 여기는 감각, 누군가의 비참을 나를 포함한 온 사회의 비참으로 여기는 사람들이 있음을 환기시킵니다. 남아프리카공화국의 알비 삭스 판사는 노숙인의 주거 문제에 대해 이렇게 말했다고 합니다. "노숙인들이 길거리를 헤맬 때 노숙인의 존엄성만 훼손되는 것이 아니라 사회 전체가 다 함께 비참해진다." 인권이 말하는 상호 의존성 역시 '계산'이나 '거래'를 넘어서는, 새로운 '상호 의존'의 의미를 만들어 내고자 합니다.

내가 아닌 타인의 존재에 동물이나 식물도 포함될 수 있을까요? 누스바움은 인간 이외의 종^{species}과 어떻게 공존할 것인지를 고민하는 것은 인간을 인간답게 만드는 중요한 역량이라고 덧붙입니다. 인간이 인간이 아닌 종이 될 가능성은 없겠죠. 하지만, 지구라는 생태계의 일부로서 다른 종들과 어떻게 공존할 것인지는 인간의 행복에도 영향을 끼칠 수밖에 없습니다. 반려 동물과 함께 사는 이들이 늘어나고 있는 현실도 간과할 수는 없죠. 인간이 동물을 대하는 태도는 인간 사회의 사회적 약자를 대하는 태도와 긴밀히 연결되어 있기도 합니다. 어린이와 여성을 폭력적으로 대하는 사람은 인간이 아닌 종들을 폭력적으로 대할 가능성이 높습니다. 어떤 가치가 나를 더 인간답게 만드는가, 그리고 나는 어떤 가치에 기반한 사회에 살고 싶은가에 따라 우리가 안부를 묻는 존재들의 범위는 더욱 넓고 깊어질 테지요.

다섯 번째 열쇳말 : 저항으로 쓴 인권의 역사

인권의 역사는 곧 저항의 역사입니다. 인간의 존엄을 억압하는 권력, 체제, 법률, 관습, 통념 등에 맞서 싸워 온 사람들이 인권의 역사를 발로 쓴 주인공이었습니다. 저항이란 부정의한 체제와 그 체제를 옹호하는 국가 권력에 맞선 거대한 항쟁만을 의미하지는 않습니다. 일상의 작은 저항들도 인권이 존중되는 사회를 만들어 내는 밑거름이 됩니다.

저항으로 밀어 올린 새로운 권리들

인권은 끊임없이 확장되고 재구성되어 왔습니다. 새로운 인권의 주인공들이 등장하기고 하고, 과거에는 미처 권리라고 여기지 못했던 것들이 인권의 목록으로 새롭게 등장하기도 했습니다. 인권의 역사성은 인권의 저항성과 동전의 양면입니다. 양심에 따른 병역거부자나 성소수자, 군인, 공무원, 수형자, 지적 장애인, 어린이·청소년과 같은 존재들의 인권이 새롭게 주목받게 된 것도 주체들의 저항이 이어진 결과입니다. 시대의 변화로 새로운 권리의 보장 필요성을 제기하는 목소리도 커져 왔습니다. 정보 사회가 발전하면서 정보의 집적이나 유출로 인한 피해가 급증함에 따라 '정보 인권'이라는 새로운 권리가 등장하게 되었죠. 예전에는 당연한 공유 자원이었던 물이 사유화되면서 '물에 대한 권리'를 인권으로서 보호해야 할 필요 또한 늘어났습니다. 예전에는 특수학교 설립이 장애 학생의 교육권을 보장하는 길이라고 생각했지만, 오늘날에는 장애인과 비장애인의 분리가 오히려 차별일 수 있다는 인식에 따라 통합교육에 대한 권리가 강조되고 있습니다. 장애인의 존엄한 삶에 대한 고민이 확장되면서 몇몇 '문제 시설'이 아니라 '시설 자체가 문제'라는 인식에 도달했고, 그 결과 장애인이 지역 사회에서 함께 살 권리 보장으로 정책의 방향이 옮겨 가고 있습니다.

불의를 바로잡을 권리와 책임

불의한 봉건 체제에 맞선 근대 시민 혁명을 통해 인권은 근대 정치의 핵심 원리이자 이념으로 등장했습니다. 이와 같이 불의한 체제나 법제도에 맞선 저항은 인권의 역사를 밀어 온 힘이었습니다. 우리 헌법도 4.19 혁명의 저항 정신을 헌법 정신의 하나로 언급하고 있죠.

법철학자인 로베트로 M. 웅거는 《주체의 각성》에서 '역사는 본디 시민들의 지속적인 저항을 통해서 발전해 왔으므로 불복종과 저항은 정치의 원칙이지 민주주의의 예외적인 보충물이 아니다'라고 주장합니다.[3] 저항은 권리이면서 동시에 책임이기도 합니다. 시민 불복종 정신을 주창한 사상가 헨리 데이비드 소로는 "우리는 국민이기 이전에 먼저 사람이어야 한다"고 말했습니다. 국가가 부여한 의무에 순종하는 것보다 국가 권력의 정당성을 묻는 게 먼저라는 뜻입니다. 시민이 국가를 위해서가 아니라 국가가 시민을 위해 존재하기 때문이죠. 역사상 존재했던 수많은 부정의는 평범한 사람들의 침묵과 동조에 의해 유지되어 왔습니다. 마틴 루터 킹의 말마따나 "이 사회적 전환기의 최대 비극은 악한 사람들의 아우성이 아니라 선한 사람들의 소름끼치는 침묵"이었던 역사적 순간들을 우리는 수없이 떠올릴 수 있습니다. 우리에게는 인권을 옹호할 권리, 그리고 동료 시민의 인권을 옹호할 책임이 동시에 있습니다.

국가의 3대 인권 보장 의무

2017년 대통령 탄핵 촛불 집회가 타오르는 과정에서 촛불을 든 시민들을 향해 배후설이 제기된 바 있습니다. 그러자 누군가가 이렇게 맞받았습니다. "촛불의 진짜 배후는 박근혜다." 시민들이 촛불을 들거나 저항하는 이유는 국가가 제 의무를 다하지 않기 때문이라는 것이지요. 인권은 국가 권력의 정당성을 심판하는 기준으로 작용합니다. 근대 시민 혁명의 정신을 담은 인권 선언들도 시민에게는 인권을 침해하는 국가를 폐절하고 심판할 권리가 있음을 선언하고 있죠. 국가의 인권 보장 의무는 크게 존중, 보호, 실현의 세 가지로

3 이재승(2014), 〈불복종, 저항 그리고 민주주의〉, 《민주법학》 제55호.

구분됩니다. 고문이나 불법 구금, 강제 철거처럼 국가가 직접 가해자가 되어 인권을 침해해서는 안 된다는 '존중의 의무', 산업 재해나 사인私人 간의 차별처럼 제3자에 의한 인권 침해를 예방해야 할 '보호의 의무', 그리고 무상 교육 확대나 사회 복지 증진처럼 인권 수준을 끌어올리기 위해 구체적 일정을 정하고 지속적·적극적 조치를 취해야 할 '실현의 의무'가 그러합니다. 인권을 존중해야 할 책임은 국가뿐 아니라 모든 사람에게 있습니다. 그러나 시민들이 그 책임을 다할 수 있도록 문화와 시스템을 구축할 책무는 국가에 있습니다. 그렇기에 국가의 의무는 일반 시민의 책임보다 더욱 무겁습니다.

법 앞에 사람 vs. 법 이전에 사람

국가가 인권 보장 의무를 다하기 위해서는 입법적, 행정적, 사법적 노력이 동시에 요구됩니다. 이때 중요한 논점으로 등장하는 것이 바로 '법'과 인권의 상관관계죠. 법과 인권의 상관관계를 어떻게 보는가에 따라 저항에 대한 관점과 선택도 달라지게 마련입니다. 인권이 성문화된 법을 통해 구체적으로 확인되고 보장되는 일은 중요합니다. 그러나 인권을 억압하는 도구나 부당한 정치권력을 유지하는 수단으로 법이 활용되는 사례도 많죠. 악명 높았던 남아프리카공화국의 아파르트헤이트(흑백 분리·차별 정책)도, 나치 정권의 학살도, 한국의 민주화운동 탄압도 당시에는 모두 법의 이름으로 자행된 '합법적 인권 침해'였습니다. 법이 인권을 보장하기에는 턱없이 부족한 경우도 비일비재합니다. 대표적인 예로 〈국민기초생활 보장법〉은 그 이름과는 달리 국민의 기초 생활을 보장하기에는 턱없이 부족하죠. 가난한 사람은 질병에 노출될 위험이 더 크고 병에 걸려도 치료조차 못 받는 일이 허다한데, 국민의 건강권을 보장해야 할 국가의 손길은 그에 미치지 못합니다. 가정폭력, 성폭력, 스토킹 범죄, 아동학대처럼 과거에는 법률로 금지되지 않았던 행위라고 해서 그 일이 인권 침해가 아니었던 것도 아닙니다. 실정법에 보장된 만큼만 인권이라고 수용할 수 없는 이유지요. 법을 만드는 이들은 사회적 강자이고, 당연히도 법은 강자들에게 유리한 방식으로 작동해 왔습니다. 저항을 통해 법의 한계가 개선되고 강자들도 지켜야 할 마지노선을 정하는 법들이 생겨나고 있지만, 현실의 법은 언제나 인권이 지향하는 바를 부분적으로 담고 있을 뿐입니다. 현실의 법이 지닌 한계에 도전하는 행위들은 대개 '불법'이라는 비난과 불이익을 감수해야 합니다. 그러하기에 '법 이전에 사람'이 있고, 사람이 '법 앞에서' 비로소 평등해지는 것이 아니라 '법 이전'에 이미 존엄하고 평등하며, 실정법보다 인권이 상위에 있음을 인식하는 것이 중요합니다.

법학에서도 '법의 지배'the rule of the law와 '법에 의한 지배'the rule by the law'를 구분하여 실정법 중심의 법치주의를 경계하고 있습니다. '법의 지배'는 권력자에 의한 자의적 지배를 금지하고 법의 원칙과 이념에 따라 통치가 이루어져야 함을 의미합니다. 이때의 법은 법률의 정당성을 판단할 수 있는 '더 높은' 법(헌법 이념, 법의 정신, 인권, 민주주의 등)을 의미합니다. 반면 '법에 의한 지배'는 실정법에 의한 통치를 뜻합니다. 인권 침해의 책임을 묻는 현장에서 흔히 등장하는 말이 '법대로 했을 뿐이다'라는 변명이고, '법대로 합시다'라는 말의 끝에는 대개 권력에 의한 폭력이 기다리고 있는 경우가 많습니다. '법의 지배' 정신은 법이 강자들의 이익에만 봉사하고 사회적 약자들의 인권을 억압하거나 침묵한다면, 실정법을 준수하는 의무보다 더 큰 책임은 법의 정당성을 확보하는 데 있다는 생각입니다. 1987년 민주화 항쟁을 거쳐 탄생한 새로운 헌법이 헌법재판소를 두어 인권과 민주주의라는 헌법 정신에 위배되는 실정법의 폐지나 개정을 판단할 수 있도록 한 것도 '법의 지배'를 구현하기 위한 하나의 방안이었죠. 헌법재판소가 실제로 그 역할을 잘 수행해 왔는지에 대해서는 이견이 있지만요. 때로는 사법부가 인권을 침해하는 실정법이 무효임을 선언하는 경우도 있습니다. 〈병역법〉 위반으로 수십 년간 징역형을 선고받아야 했던 양심에 따른 병역거부자들에게 최근 법원에서도 무죄가 선고되는 경우가 점차 많아졌습니다. 그 결과 2018년 6월, 헌법재판소가 대체 복무를 허용하지 않은 현행 〈병역법〉이 인권을 침해해 왔음을 인정하면서 대체 복무제 도입을 촉구하게 되었습니다.

이와 같은 원칙에 비추어 본다면, 법률뿐 아니라 학칙이나 사규, 각종 계약서 등도 인권을 침해하고 있는지 아닌지를 따져 유/무효를 판단해야 마땅합니다. 대표적인 예로 오랫동안 학교는 이미 정해진 학칙이라는 이유로, 학교 구성원들이 '합의'했다는 이유로, 아직 배움의 과정에 있는 학생에게는 통제가 불가피하다는 이유로 학칙에 의한 인권 침해를 정당화해 왔습니다. 학칙 제정권을 학교장에게만 쥐어 준 채 학생의 인권에 대해서는 침묵해 온 실정법이 학칙에 의한 인권 침해를 뒷받침하고 있는 셈입니다. 학생의 인권은 법에 의해 언급할 가치조차 없는 존재로 취급될 만큼 변방의 권리였습니다. 〈초·중등교육법〉에 학생의 인권이라는 개념이 선언적인 수준이지만 포함된 것이 2007년의 일입니다. 그러나 학생의 인권을 침해하는 학칙이 그대로 방치된 경우가 많습니다. 학생 인권의 기준을 구체화하고 실효성을 높일 수 있는 법률 개정이 필요하다는 주장이 지금껏 이어지는 이유입니다.

다시, 인권을 짓다

이 다섯 가지 열쇳말을 중심으로 인권에 대한 자기만의 정의를 내려 볼 수 있을 겁니다. 어떤 이는 인권을 '대통령과 나를 동등하게 만들어 주는 언어'로 풀이할 수 있고, 어떤 이는 '한 사람 한 사람의 고유성과 대체 불가능성을 보장하기 위한 사회적 약속'으로 풀이할 수도 있을 겁니다. 또 어떤 이는 '사회적 약자의 시선으로 진실을 드러낼 수 있는 프리즘', '분노의 번지수를 제대로 찾게 만들어 주는 내비게이션', '내 탓이오에서 벗어날 수 있도록 도와준 세계관', '우리가 서로 연결된 존재임을 일깨우는 언어'로 풀이할 수도 있을 겁니다. 이런 풀이들을 통해 우리는 인권의 존재 의미를 더욱 깊고 풍성하게 나눌 수 있게 됩니다. 하나의 사건이나 사회 문제를 분석하거나 사회적 쟁점에 대한 응답을 요구받을 때도 이 다섯 가지 열쇳말의 도움을 받을 수 있습니다. 누군가 묻습니다. "헌법을 다시 쓴다면 그 주어는 '국민'이어야 하나요, 아니면 '인간'이어야 하나요?" 누군가 묻습니다. "일하지 않는 사람에게도 국가가 기본소득을 제공해야 한다니 말이 됩니까?" 또 누군가 묻습니다. "언제까지 과거사에 매달려 있을 겁니까? 미래를 위한 투자에 국가의 에너지와 자원을 쓰는 게 더 바람직하지 않습니까?" 여러분의 대답은 무엇인가요?

갈림길 앞에서 인권의 선택은 어디로?

인간의 권리를
낱개로
쪼갤 수 있을까?

권리들의 고유성과
통합성

"인권교육 요청이 들어와도 주로 인권 감수성이나 차별에 관한 교육 요청이 많잖아요. 게다가 단시간 일회성 교육이 많고. 그러다 보니 개별 권리 하나하나를 심도 있게 뜯어볼 기회가 부족한 것 같아요. 인권의 목록을 범주화해서 체계적으로 소개할 방법은 없을까요?"

"흔히 자유권, 사회권으로 인권의 목록을 나누어 설명하는 경우가 많잖아요. 그렇게만 나누는 게 괜찮은 건지, 그 두 가지로 인권을 모두 설명할 수 있는지 의문이에요."

"장애인, 청소년, 노인 등 소수자 권리를 중심으로 교육하다 보면 사건이나 장면 사례를 자주 사용하게 되는데, 내가 풍성한 분석을 하고 있나, 놓친 건 없나 되돌아볼 때가 많아요."

"요즘은 인권운동이나 인권교육이 전문화되는 경향이 있잖아요. 노동인권교육은 노동 기준만 주로 다루고, 성폭력예방교육은 성폭력 문제만 주로 다루고. 그러다 보니 내용이 풍성하지도 않고, 인간의 존엄에 대한 통합적 접근이 아쉽다는 생각이 들곤 해요."

●

인권교육에서 '나 또는 누군가에게 꼭 필요한 권리'를 떠올려 이야기를 나눠 보는 시간을 갖곤 합니다. '다 내팽개치고 여행을 떠날 권리'를 말하는 전업주부도 있고, '학원을 3개에서 1개로 줄일 권리'를 말하는 초등학생, '두 발 뻗고 편히 쉴 권리'를 떠올리는 노동자, '비장애인을 보호자가 아닌 친구/이웃으로 만날 권리'를 말하는 장애인, '내 존재 그대로 인정받을 수 있는 권리'를 외치는 성소수자도 있습니다. 참여자들이 말한 이 권리들은 〈세계 인권 선언〉이나 국제 인권 협약, 헌법과 같은 인권 문서에서는 등장하지 않는 권리의 목록이지만, 인권에 대한 살아 있는 외침이 담겨 있습니다. 그 과정에서 참여자들이 놓인 인권의 현주소가 드러나기도 하고, 인간의 존엄이 삶에서 어떤 의미를 지니는지가 참여자들의 생생한 입말로 정리되기도 합니다.

통합적이면서도 고유한

전업주부가 말한 '다 내팽개치고 여행을 떠날 권리'에는 어떤 이야기가 담겨 있을까요? 이 말을 잘 듣고 인권의 언어로 헤아리려면 전업주부의 삶에 대한 관심과 이해가 필수적입니다. 또한 인권교육가가 그 말에 담긴 의미를 얼마나 풍부하게 해석하느냐에 따라 교육의 질이 달라지기도 합니다. 인권교육가가 이 말을 그저 이동권 또는 이동의 자유로만 번역하면 그 말에 담긴 의미가 축소되거나 달라져 버립니다. 그의 외침에는 복합적인 이야기들이 담겨 있습니다. 다양한 권리의 뒷받침을 통해서만 그 외침은 실현될 수 있기도 하지요. 다 내팽개치고 여행을 떠나려면 이동의 자유뿐 아니라 여행을 선택할 수 있는 시간 주권, 경제적 권리, 폭력의 위험으로부터 안전할 권리 등이 함께 필요하니까요. 건강권만 해도 그렇습니다. 건강권을 실현하려면 의료 환경뿐 아니라 건강을 위협하는 먹을거리, 주거, 노동, 실업, 교통, 복지, 폭력, 고립된 인간관계 등의 문제를 모두 살펴야 합니다. 어떤 권리도 다른 권리들과 무관하게 외따로 존재할 수 없고, 낱개의 권리로는 인간의 존엄이 온전히 실현될 수 없는 법이니까요. 인권교육에서 인권의 목록들을 통합적으로 꿰어 접근하려는 태도가 필요한 이유입니다. 예를 들면 최저 임금, 휴게 시간, 주휴 수당 등 법적 노동 기준만 알려줄 뿐, 단결할 자유에 대한 언급은 삭제한 채 이루어지는 노동인권교육은 한계를 지닐 수밖에 없습니다. 노동자의 쉴 권리조차 단결할 자유 없이는 실현되기 힘드니까요.

그럼에도 개별 권리들의 이름이 따로 존재하는 이유도 있습니다. 하나의 지점에 현미경을 들이댈 때 문제의 핵심이 좀 더 선명하게 드러나고 인간의 존엄에 대해 더 깊이 숙고하게 될 때도 있으니까요. 예를 들어, 중·고등학생들이 학내에 붙인 대자보(벽보)는 붙이자마자 뜯기는 경우가 다반사입니다. 이와 같은 사건은 '학교 안에서 학생에게 표현의 자유가 왜, 어떻게, 어디까지 보장되어야 하는가?'라는 중요한 질문을 던집니다. 답을 궁리하다 보면 학교 안에서 학생들이 놓인 사회적 위치, 자기 생각을 자유롭게 표현할 기회가 갖는 의미, 어떤 표현은 금지되고 어떤 표현만 허락되는 기준의 자의성, 표현의 다양한 방법, 교육 기관의 표현의 자유 보장 책무 등에 대해서도 논의하게 됩니다. 또 학생들의 '집단행동'을 징계 대상으로 규정하고 있는 학교 생활 규정을 고치려면 '집회·결사의 자유'에 초점을 맞춰 그 규정의 정당성을 따져 보아야 합니다. 이처럼 신체의 자유, 노동권, 교육권, 정보 인권 등 개별 권리들에는 각각의 고유한 존재 의미와 쟁점들이 담겨 있습니다.

이처럼 권리들의 고유성을 놓치지 않으면서도 통합적으로 접근하기 위해서는 권리들을 꾸러미로 묶어 체계적으로 이해할 필요가 있습니다. 인권교육 현장에서 다루게 되는 다양한 존재들과 사건들, 쟁점들에 대한 통합적 분석이 가능하려면 일종의 마중물 역할을 하는 열쇳말을 기억해 두는 것이 효과적일 때가 많습니다.

인권의 꾸러미를 나누는 방법들

가장 대표적인 구분법은 '자유권'과 '사회권'이라는 두 가지 꾸러미입니다. 1948년 〈세계 인권 선언〉이 유엔에서 채택된 이후, 선언의 구속력을 높이기 위해 1966년 〈시민·정치적 권리에 관한 국제 규약〉(일명 〈자유권 규약〉)과 〈경제·사회·문화적 권리에 관한 국제 규약〉(일명 〈사회권 규약〉)이 나뉘어 채택되면서 만들어진 구분법입니다. 그 이후 인권의 목록들은 주로 자유권과 사회권이라는 두 범주로 나뉘어 설명되고 두 개의 권리는 다르다고 설명하는 경향이 생겼습니다. 자유권 규약과 사회권 규약이 별개의 규약으로 만들어지는 과정에서도 사회권은 자유권과는 다른 성질의 권리라는 주장이 펼쳐졌습니다. 자유권은 국가의 불간섭을 요청하는 반면 사회권은 국가의 적극적 간섭을 통해서만 실현될 수 있고, 자유권은 사법적 판단이 가능한 반면 사회권은 사법부가 아니라 국가 정책을 통해서 실현 가능한 만큼 사법적 구제 가능성이 없다는 식이지요. 그러나 오늘날 이와 같은 구분법은 점차 정당성을 잃어 가고 있습니다. 최저 임금을 위반한 사업주에 대해서도 사법적 책임을 물을 수 있고, 한국과는 달리 노동 안전을 방기하여 무고한 노동자의 희생을 낳는 기업에 '살인죄'를 적용하는 나라도 있으니까요. 2011년, 충북의 한 시설에서 생활하던 중증 장애인이 서울시 양천구를 상대로 한 소송에서 역사적인 판결을 이끌어 낸 적이 있습니다. 〈사회복지사업법〉이 보장하고 있는 사회 복지 서비스 신청권이 정말로 권리라면, 그 권리의 주인이 원하는 곳에서, 시설이 싫다면 지역 사회에서 그 서비스를 제공받을 수 있어야 하지 않겠느냐고, 이를 거절한 양천구청은 나의 인권을 침해한 것이 아니냐는 게 소송의 이유였습니다. 사법부는 장애인 당사자의 주장을 받아들여 원고의 손을 들어 주었습니다. 장애인이 사법 소송의 형식으로 자신의 시민적 자유(사법 접근권은 대표적인 시민적 자유의 영역으로 분류되어 왔습니다)를 행사함으로써 사회 복지에 대한 권리를 실현시킨 사례입니다. 유엔의 여러 문서들도 자유권과 사회권이 외따로 존재할 수 없음을 강조하기 위해 '인권의 상호 불가분성'이라는 개념을 연거푸 언급합니다.

게다가 두 개의 범주로는 포함시키기 어려운 권리들도 있습니다. 대표적으로 (《세계 인권 선언》 제28조에도 이미 기술되어 있는) 인권이 보장되는 사회적·국제적 질서에 대한 권리나 평화권, 발전권과 같은 연대권은 자유권과 사회권이라는 구분법으로는 포괄하기 힘듭니다. 국제 인권법의 주요 이론적 근거를 마련했던 프랑스 법학자 카렐 바삭은 1977년 〈세계 인권 선언〉 30주년 기념 연설에서 국제 인권법의 발전 과정을 프랑스 혁명 정신에 빗대어 이렇게 요약한 바 있습니다. '1세대 인권'이 자유의 가치를 중심으로, '2세대 인권'이 평등의 가치를 중심으로 도약해 왔다면, '3세대 인권'은 우애의 가치를 초점에 둔 '연대에 대한 권리'들로 등장하고 있다고 말입니다. 카렐 바삭은 '연대에 대한 권리'로 발전권, 평화권, 환경권, 인류의 공동 유산에 대한 소유권, 커뮤니케이션에 대한 권리를 언급했습니다. 카렐 바삭의 세대 구분이 적절한지는 따져 볼 필요가 있겠지만, 자유권과 사회권이라는 이분법을 넘어서는 상세한 범주화가 필요하다는 것은 다시금 확인할 수 있습니다.

꾸러미를 나누는 기준 말고도 그 꾸러미에 어떤 이름을 붙이느냐도 중요한 문제입니다. 한 예로 〈유엔 아동 권리 협약〉의 범주화 방식을 살펴보기로 합니다. 〈유엔 아동 권리 협약〉은 전문과 54개 조항으로 구성되어 있는데, 구체적 권리 내용을 담고 있는 조항은 총 40개입니다. 유니세프와 같은 국제 기구들은 이 40개의 권리 조항을 아동의 생존권, 보호권, 발달권, 참여권이라는 네 가지 범주로 구분하여 소개합니다. 그런데 이와 같은 명명이 적합한지는 따져 볼 필요가 있습니다. 보호권, 발달권과 같은 특별한 이름을 붙인 것은 아동이라는 존재의 특성과 사회적 약자성을 감안해서라고 볼 수 있습니다. 하지만 다른 한편으론 아동을 비#아동과 구분함으로써 권리의 의미를 축소하는 효과를 낳을 수도 있습니다. 비아동에게도 폭력이나 착취로부터 보호받을 권리가 필요하지만, 그것을 비아동의 '보호권'이라고 부르는 경우는 드뭅니다. '폭력이나 착취로부터의 자유'라는 이름이 더 흔히 쓰이지요. 이렇듯 '보호권'이라는 이름은 아동의 '자유'나 '자기 결정'보다 '보호'를 강조해 온 기존의 통념을 강화할 위험이 있습니다. 아동의 교육권이나 정보 접근권, 생각과 양심의 자유 등을 '발달권'으로 묶는 것 역시 잘못된 해석을 부추길 수 있습니다. 그 권리들이 바로 지금 아동의 존엄을 위해 필요한 것으로 바라보기보다 아동의 '발달'을 위한 수단으로 축소 해석될 우려가 있는 것입니다. 권리의 의미를 축소하지 않으면서, 모든 인간에게 적용될 수 있는 범주화가 필요합니다.

역량 개념을 중심으로 한 범주화는 어떨까요. 마사 누스바움은 인간다운 삶에 필수적인 기초들을 간추려 10대 '핵심 역량들$^{Central\ Human\ Capabilities}$'을 제안한 바 있습니다. 여기서 '핵심'이라 함은 존엄을 위한 기본적이고 필수적인 것이라는 뜻입니다. '역량'이라 함은 그렇게 할 기회, 당사자가 그렇게 하기를 바라는 자유, 그렇게 된 상태(힘)를 통합적으로 아우르는 개념입니다. 먹을거리가 없어서가 아니라 무언가를 위해 스스로 굶기를 택한 사람이 있을 때 그것을 역

1 [[인권 문헌 읽기]] 마사 누스바움의 "핵심적 인간 역량", 《인권오름》 제387호, 2014년 4월 3일에서 인권연구소 창의 연구 활동가 류은숙의 번역을 인용.

마사 누스바움의 10대 핵심 역량[1]

역량	내용
생명 Life	조기 사망 또는 소진되기 전에 죽지 않고 인간의 평균 수명까지 살 수 있을 것.
신체 건강 Bodily health	출산 관련 건강 상태를 포함하여 좋은 건강을 가질 수 있을 것. 충분한 영양 취하기. 적절한 거처 가지기.
신체적 통합 Bodily Integrity	자유롭게 장소 이동할 수 있기. 성폭력과 가정폭력을 포함하여 폭력적인 공격으로부터 안전하기. 성적 만족의 기회를 갖고 출산 문제에서 선택권 가지기.
감각, 상상력, 사고 Senses, Imagination, and Thought	감각을 사용하고, 상상하고 생각하고 추론할 수 있기. "진정으로 인간적인" 방식으로 이런 것들을 할 수 있기.(인간적인 방식이란 적절한 교육으로 길러지는 것이고 읽고 쓰는 능력이나 기본적인 수학적·과학적 훈련을 포함하지만 단지 그것에 국한되지는 않는다.) 스스로 선택한, 종교적·문학적·음악적 및 기타의 것을 경험하고 생산하는 일과 사건과의 연결 속에서 상상과 사유할 수 있기. 정치적·예술적인 표현 둘 다의 자유와 종교적 행사의 자유의 보장으로 보호되는 방식으로 자신의 정신을 사용할 수 있기. 즐거운 경험을 가질 수 있고 불필요한 고통을 피할 수 있기.
감정 Emotions	우리들 외부의 사물과 사람들에게 애착을 가질 수 있기. 우리를 사랑하고 돌보는 사람들을 사랑하고 그들의 부재에 슬퍼하기. 일반적으로 사랑하고 슬퍼하고 그리움·고마움·정당한 분노를 경험하기. 공포와 분노에 의해 자신의 감정 발전을 망치지 않기.(이러한 역량을 지지한다는 것은 감정의 발전에 매우 중요한 것으로 보이는 인간적 결합의 형태를 지지한다는 걸 의미한다.)
실천 이성 Practical Reason	선*의 개념을 형성하고 자기 삶의 계획에 대한 비판적 성찰을 할 수 있기.(여기에는 양심과 종교의 자유에 대한 보호가 포함된다.)
관계 Affiliation	A. 타인과 더불어, 타인을 향해서 살 수 있기. 타인을 인정하고 관심을 보이기. 다양한 형태의 사회적 상호 작용에 참여하기. 타인의 처지를 상상할 수 있기.(이런 역량을 보호한다는 것은 그런 형태의 사회적 관계를 구성하고 발전시키는 제도들과 결사의 자유와 정치적 표현의 자유를 보호한다는 의미다.) B. 자기 존중과 모욕하지 않는 사회적 토대 가지기. 다른 사람들과 동등한 가치로 존엄한 존재로 대우받을 수 있기. 여기에는 인종, 성, 성적 지향성, 종족, 신분, 종교, 민족에 근거한 비차별 규정이 포함된다.
인간 이외의 종 Other species	동물, 식물, 자연 세계에 대한 관심과 관계 속에서 살 수 있기.
놀이 Play	웃고, 놀고, 여가 활동을 즐길 수 있기.
자신의 환경에 대한 통제 Control over one's environment	A. 정치적 자기 삶을 다스리는 정치적 결정들에 효과적으로 참여할 수 있기. 정치적 참여의 권리와 자유로운 표현과 결사에 대한 보호 누리기. B. 물질적 재산(동산과 부동산)을 소유할 수 있기. 타인과 동등한 토대 위에서 재산권 갖기. 타인과 동등한 토대 위에서 고용을 추구할 권리 갖기. 원치 않는 수색과 압수로부터 자유롭기. 노동에 있어서 인간으로서 일할 수 있고, 실천 이성을 행사하고, 다른 노동자와 상호 인정하는 의미 있는 관계를 맺을 수 있기.

량이 없는 문제로 해석할 수 없다는 뜻입니다. 기회가 주어지느냐의 문제뿐만 아니라 그 결과까지 고려한다는 점, 당사자의 의사를 적극적으로 고려한다는 점에서 누스바움의 역량 개념은 인권을 통해 실현하려는 인간 존엄의 내용을 잘 보여 줍니다. 10가지로 나눈 범주들의 이름도 꽤 매력적입니다. 그런데 10가지나 되는 구분은 좀 많은 편에 속합니다. 아무래도 역량 중심의 접근이다 보니 각 범주에 포함된 구체적 권리의 내용을 곧장 떠올리기에도 어려움이 있습니다.

가치 중심의 꾸러미 나누기

그래서 우리는 가치를 중심으로 인권 목록의 범주를 나누어 보기로 했습니다. 인권에 포함되는 권리들을 살펴보면, 그 밑바탕에 깔려 있는 핵심 가치를 통해 상호 연결되어 있음을 알 수 있습니다. 흔히 인권의 3대 기둥으로 불리는 자유·평등·연대가 바로 그 핵심 가치입니다. 자유·평등·연대가 있어야 인권의 실현이 가능해지고 자유·평등·연대를 이루어 내기 위해서도 인권이 요청됩니다. 카렐 바삭의 3세대론도 바로 이 세 가지를 기반으로 형성되기도 했지요. 이 세 가치를 좀 더 세분화해 보면 다음과 같은 6가지 범주화가 가능해집니다.

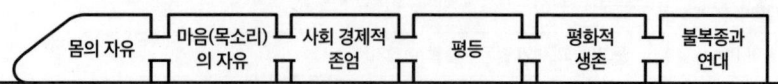

모든 범주화에는 한계가 있을 수밖에 없습니다. 어느 범주에 포함시키는 게 좋을지 모호한 권리도 있을 수 있고, 여러 범주에 걸쳐 있는 권리도 있으니까요. 이를테면 양심에 따른 병역거부권은 마음의 자유에 속하는 권리이면서 마음의 자유를 지키기 위해 몸의 자유까지 박탈당하지 않아야 할 권리이기도 하고(그래서 대체 복무제가 필요하죠) 평화적 생존을 위해 불복종할 권리의 의미도 지닙니다. 몸의 속박은 마음의 속박을 낳기 마련이죠. 몸이 속박된 상태에서 마음의 자유는 공허하고, 마음이 예속된 상태에서 몸의 자유는 허울일 뿐입니다. 사회 경제적 존엄이 뒷받침되어야 생존에 대한 두려움 없이 목소리를 낼 수 있고, 목소리를 내야 사회 경제적 존엄이 확보됩니다. 평등에 대한 추구 없이 나 홀로만의 자유를 택한다면, 그 자유는 자유가 아닌 '권력'이나 '특권'이 됩니다. 자유에 대한 추구 없이 평등만을 택한다면, 그 평등은 지배자가 부여한 일시적 선물일 뿐입니다. 평화적 생존은 연대 없이는 실현될 수 없습니다. 자유와 평등과 평화적 생존에 대한 요구는 불복종의 과정이며, 연대를 통해서만 실현될 수 있습니다. 그래서 각 범주들이 서로 연결되어 있고 서로를 뒷받침하고 있음을 기억할 필요가 있습니다.

몸의 자유

몸의 안전과 자유, 온전성^{integrity}을 확보하는 일은 인간의 존엄과 정체성에 필수불가결한 요소입니다. 몸에 대한 부당한 통제나 위협, 등급화로부터 신체의 자유를 확보하고자 하는 싸움은 인권의 역사에서 누누이 지속되어 왔습니다. 국왕의 자의적 구금을 제한하기 위해 등장한 영국의 '인신 보호법$^{Habeas\ Corpus\ Act}$'(1679년) 제정이나 국가에 의한 살인 제도인 사형제에 대해 근본적 의문을 제기한 베카리아의 《범죄와 형벌》(1764년) 발간처럼, 근대 인권의 시작점에서부터 몸의 자유에 대한 요청은 강력하게 제기되었습니다. '몸의 자유'는 몸이 속박된 상태를 무엇으로 정의하느냐, 무엇을 몸에 대한 예속으로 볼 것이냐에 따라 다양한 권리의 이름으로 요구되어 왔습니다. 노예제나 인신매매처럼 한 사람의 몸 자체를 완전히 타인이 소유하는 문제에서부터 살해, 납치나 고문, 자의적 구금이나 강제 수용, 폭력, 강제적 의료 행위 등 몸에 직접적 위해나 구속을 가하는 문제 등이 몸의 자유가 요청되는 대표적인 영역입니다. 계약의 형태를 띤 몸의 속박도 있습니다. 먹고살기 위해 거절할 자유 없이 시키는 대로만 일하는 노동자를 '임금 노예'라 부르고, 학위나 일자리를 위해 교수가 시키는 대로 해야 하는 연구 조교들을 '솔거 노비'로 부르곤 합니다. 이 표현들은 단순한 비유가 아니라 문제의 본질을 담고 있습니다. 이처럼 몸의 자유는 마음의 자유, 사회 경제적 존엄과도 긴밀하게 연결되어 있습니다.

　　최근에는 몸의 자유가 논의되는 영역이 더욱 넓어지고 있습니다. 외모로만 사람을 평가하고 차별하는 문제, 장애등급제처럼 몸에 등급을 매기고 권리를 차등 분배하는 문제, 몸에 부여되는 다양한 규율과 관습의 문제, 회사나 학교에서 일어나는 몸에 대한 통제 등에 대해서도 인권적 논의가 많아지고 있지요. 여성은 내 몸의 주인은 누구인가를 매번 자문하게 되는 삶을 살아갑니다. 사회가 지정해 준 성별과 자기가 지향하는 성별이 다른 트랜스젠더에게 몸의 자유는 정체성의 핵심을 구성하는 문제입니다. 매순간 손상이 있는 내 몸이 문제인지, 아니면 나를 고려하지 않는 사회가 문제인지 물어야 하는 처지에 놓이게 되는 신체 장애인의 입장에서 보자면, 몸의 자유는 세상 전체의 질서를 뒤집어야만 이해될 수 있는 개념일 겁니다.

　　허락된 영역 안에서만 몸을 움직이는 게 '습^{習}'이 되다 보면 그 바깥을 상상하기 힘들어집니다. 오랫동안 예속을 경험하다 보면 예속으로부터 벗어나기가 두려워집니다. 노예제가 철폐된 후 많은 흑인들이 노예 상태에서 벗어나기를 두려워했던 이유입니다. 오랫동안 시설에서만 거주하던 장애인은 지역 사회에 나가서 살기가 두렵습니다. 속박되어 있을지언정 예측 가능한 상태에 스스로를 가두는 것이 더 안전하다고 느끼게 되기도 합니다. 통제받지 않는 권력은 언제나 자의적으로 행사될 수 있기에 예속된 처지에서의 예측 가능성이란 언제나 빗나갈 수밖에 없지만 말이지요. 타인의 시선이나 기준에 자기 몸을 스스로 가두게 되는 경우들도 있습니다. 이런 반응을 개인의 탓으로만 돌릴 수는 없습니다. 몸을 뉘일 곳도, 다른 먹고살 방법도 찾기 힘들 때 폭력으로부터의 탈출을 꿈꾸기란 어려운 법이니까요. 이처럼 개인이 꿈꿀 수 있는 몸의 지평이 어디까지인가는 한 사회가 가진 자유 또는 인권의 감각이 어디까지 열려 있는지를 보여 줍니다.

마음(목소리)의 자유

창살 안에 갇힌 자의 이미지만큼이나 입에 재갈을 물린 자의 이미지는 인권 문제의 대표적인 상징으로 사용되어 왔습니다. 그만큼 자기의 마음과 생각을 목소리로 꺼내어 세상에 전할 자유는 인간 존엄의 핵심으로 간주되어 왔습니다. 인권의 시대를 열어젖힌 시민 혁명은 사상·양심의 자유, 표현의 자유, 집회·결사의 자유, 정치적 권리의 중요성을 폭발적으로 인식시킨 과정이었지요. 마음(목소리)의 자유는 독재, 비상사태, 감시 사회 또는 '빅 브라더'와 같은 정치적·사회적 현실에 맞서 인간의 존엄을 확대해 왔습니다. 사상 통제("생각하지 마라, 내가 원하는 대로 생각해라"), 감시 혹은 사찰("너만의 독자적인 세계를 가져서는 안 된다, 내가 좀 봐야겠다"), 사상 전향 강요("그 생각은 위험하니 생각을 바꿔라"), 침묵의 강요("생각을 하더라도 표현하거나 떠들어서는 안 된다"), 정치적 권리의 박탈("바라기만 할 뿐 정치적인 힘을 갖고 결정하려 해서는 안 된다") 등 인간의 마음을 지배하고 통제하려는 양상은 다양하게 나타납니다. 오랫동안 마음의 자유는 정치권력이나 제도로부터 간섭받지 않을 자유를 확보하는 데 초점을 맞춰 왔습니다. 소극적인 불간섭을 넘어, 통제받지 않는 권력을 통제할 권리가 시민에게 있을 때 마음의 자유도 확보된다는 깨달음도 뒤따르게 되었습니다.

오늘날에는 공동체나 관습, 상식, 미디어 등을 통해 마음의 자유를 옥죄는 문제에도 인권의 관심이 확장되고 있습니다. 다수 의견 또는 사회적 합의를 내세워 소수의 의견을 침묵시키거나 다수결에 맡겨서는 안 되는 문제(비인도적 처벌의 폐지, 사회적 약자를 위한 차별 시정 조치 등)를 다수 의견에 내맡기는 일들이 자주 일어납니다. 사랑과 감정에 대한 지배 문제도 심각합니다. 사랑할 권리조차 허락받지 못하는 성소수자, 장애인, 청소년, 노인 그리고 가부장의 허락을 받지 않았다는 이유로 '명예 살인'의 대상이 되는 수많은 여성들의 존재는 마음의 자유에 대한 실존적 질문을 던집니다. 감정까지 포함하여 노동력을 판매해야 하는 노동자의 처지는 영혼까지 팔아야 하는 노동계약을 과연 계약이라 부를 수 있을지 헤아려 보게 만듭니다.

때로는 어떤 신념이나 가치를 지키기 위해 '기꺼이' 감옥행을 선택하거나 가석방을 포기하는 사람들을 목격하게 됩니다. 마음의 자유를 지켜 내기 위해 몸의 자유를 포기해야 한다면, 그 마음의 자유는 위태롭고 잠정적이며 부분적일 수밖에 없습니다. 양심선언 또는 공익 제보를 한 대가로 일자리를 잃어버리거나 괴롭힘을 당하는 이들도 있습니다. 위계가 철저한 조직에서 상관의 부당한 명령을 거부하기란 쉽지 않습니다. 마음의 자유는 개인이 홀로 자기 내면을 갖고 말고의 문제가 아니라 사회 제도적 뒷받침이 있어야 형성되고 보호될 수 있음을 알 수 있는 대목입니다.

오랫동안 부자유를 강요받다 보면 '자기 검열'을 내면화하는 사람들이 늘어나게 됩니다. 위험하다고 분류될 소지가 있는 생각은 알아서 말하지 않는다거나 상대로부터 환영받을 만한 생각만 표현한다거나 하는 이들이 많아지는 것이지요. 자기 검열을 내면화한 사람일수록 다른 생각을 가진 존재의 출현을 환영하기보다 유별나다, 까칠하다고 비난하는 경향이 큽니다. "자유에는 책임이 따른다"거나 "자유를 외치기 전에 의무부터 다해라"는 말로 마음의 자유를 제한하거나 제거하려는 목소리도 크지요. 지그문트 바우만은 《쓰레기가 되는 삶들》에서 이렇게 말합니다. "옛날의 빅브라더는 포함 — 사람들을 대열에 정렬시키고 그곳에서 벗어나지 않도록 하는 통합 — 하는 데 열중했다. 오늘날의 새로운 빅브라더의 관심은 배제 — 그들이 있는 자리에 '어울리지 않는' 사람들을 골라내, 거기서 쫓아내면서 '그들에게 어울리는 곳'으로 추방하거나 (더욱 바람직한 것은) 아예 처음부터 근처에도 오지 못하게 하는 것 — 이다."[2] 대열에서 벗어났을 때, 지배적인 기준과 상식에서 벗어났을 때 찾아오는 불확실성은 두려움이나 불편함을 불러오지만, 그 불확실성을 껴안지 않고서 자유를 확장하기란 어렵습니다. 배제와 추방을 선동하는 목소리가 두려워 자발적 복종을 선택하거나 차별에 동참하다 보면, '기준을 정하는 권력'의 통제로부터 벗어나기 힘듭니다. 속박되어 있는 이들을 외면하고 나의 자유만을 생각한다면 그 자유조차 잠정적일 수밖에 없습니다. "차별하는 것도 내 마음"이라는 이야기는 모든 인간의 자유를 이야기하는 것이 아니라 특권의 제한 없는 행사를 이야기하는 것임을 기억할 필요가 있습니다.

[2] 지그문트 바우만, 정일준 옮김(2008), 《쓰레기가 되는 삶들》, 새물결, 241쪽.

사회 경제적 존엄

"어느 누구도 자신을 팔아야 할 정도로 가난해서는 안 되며, 어느 누구도 다른 시민들의 굴종을 사 버릴 정도로 부유해서도 안 된다. 민주 공화국이라면." 근대 인권 이론의 주요 토대를 제공한 장 자크 루소의 말입니다. 근대 시민 혁명의 과정에서도 몸과 마음의 자유뿐 아니라 먹고사는 문제를 국가가 보장하라는 시민들의 목소리가 함께 울려 퍼졌습니다. 그러나 시민·정치적 권리가 재산이 있는 이들에게만 제한적으로 배분되었던 것과 마찬가지로, 가난한 이들의 먹고사는 문제는 시민 혁명 이후 선포된 선언과 헌법에서 인권의 목록에조차 포함되지 못했습니다. 기본적인 생계, 일자리, 주거, 건강, 교육과 같은 문제는 개인의 운명에 달린 문제로 치부되었죠. 국민 보통 교육 제도가 마련되는 과정에서도 교육은 인간의 존엄과 직결된 권리의 문제로 생각되기보다 국가가 요구하는 노동력을 만들어 내기 위한 수단으로 간주되었습니다. 가난과 그로 인한 굴종에 맞선 이들의 끈질긴 싸움 끝에 사회·경제·문화적 권리, 곧 사회권은 인권의 목록으로 인정되기에 이릅니다. 이동에 필요한 경비와 수단이 없는데 이동의 자유가 무슨 소용인가. 언론 매체가 부유한 이들에게 독점되어 있다면 가난한 이들에게 언론의 자유는 그림의 떡이 아닌가. 일자리를 잃거나 포기하더라도 생활을 유지할 '사회 소득'의 뒷받침이 없다면 부당한 노동 조건을 거부할 자유를 행사할 수 있는가. 사회 경제적 존엄이 몸의 자유, 마음의 자유와 따로 존재할 수 없다는 깨달음이 사회적으로 점차 수용되기에 이른 것입니다. 최근에는 가스, 전기와 같은 기본 에너지도 경제적 능력과 상관없이 누구에게나 보장되어야 한다는 요구도 커지고 있습니다.

초기에 사회권은 기본적 생존에 대한 최소한의 보장을 중심으로 접근되었습니다. 지금은 생존을 넘어선 '존엄'의 관점에서 접근해야 한다는 목소리가 커지고 있습니다. 복지 서비스를 얻기 위해 가난과 비참, 자신의 '쓸모없음'을 증명해야 하는 모욕을 감수해야 한다면, 나의 의사와 상관없이 국가가 일방적으로 정한 지원 방식을 받아들여야 한다면, 생존은 보장되어도 존엄이 보장된다고 보기는 어렵습니다. 시혜로서의 복지와 인권으로서의 복지가 구별되는 지점입니다. 그 결과 복지의 패러다임도 변화하고 있습니다. '인권에 기반한 사회복지' 패러다임은 보편성, 포괄성, 적절성, 비차별, 권리 회복 절차 마련이라는 5가지 원칙을 강조합니다. 인권으로서의 복지는 선별이 아니라 모두에게, 삶의 모든 어려움에 포괄적으로 적용될 수 있어야 하고, 존엄을 보장하기에 충분하고 적절한 방식으로 차별 없이 제공되어야 하며, 부당하다고 생각될 때 권리를 회복할 수 있는 절차가 마련되어야 한다는 것입니다.

사회·경제·문화적 권리를 줄여 왜 경제권이 아니라 '사회권'이라고 부를까요? 구성원들이 사회 속에서 의미 있게 존재하기 위한 '사회에 대한 권리'이고, 경제 혹은 시장에 의해 잠식되어서는 안 되는 '사회적인 것'(혹은 '공공적인 것')이 무엇인지를 구체화한 것들이기 때문일 겁니다. 남들이 부러워할 만한 고임금을 받지만 장시간 노동에 시달리는 노동자에게는 경제력은 있지만 사회 경제적 존엄이 보장된다고 보기 어렵습니다. 노동 시간을 줄여야 하는 이유는 단지 노동자의 건강뿐 아니라 그가 시민으로서 살아갈 시간을 확보하기 위해서도 중요합니다. 사회 복지 서비스가 잘 제공되는 시설이라고 해도 사회적 격리와 고립의 문제를 해소할 수는 없습니다. 학교에 다닐 권리가 아니라 배우고 싶은 것을 배우고 싶은 방식대로 존중받으며 배울 수 있을 때 교육에서의 존엄이 확보됩니다. 가구의 소득 수준은 높지만 남편의 폭력에 평생 시달려 왔던 여성의 존재를 사회가 묵인할 때 그 여성은 사회적 존엄을 누린다고 보기 힘듭니다. 사회 경제적 존엄은 경제적 궁핍에서 벗어난다는 제한적 의미만 담고 있지 않습니다.

사회 경제적 존엄에 대한 국가적 무관심은 개인의 능력에 비례하여 존엄을 구매해야 한다는 생각이 뿌리내리게 만들어 왔습니다. 그래서 여전히 '먹고사는 문제를 나라가 책임지면 게으르고 뻔뻔해진다'는 이야기가 심심치 않게 나오고, 복지 정책의 확대를 요구하는 사회적 약자에게는 '세금 도둑'이라는 비난이 따라붙습니다. 먹고살기가 힘들어질수록 사회 경제적 약자에 대한 냉담한 시선과 혐오는 더욱 기승을 부립니다. 복지 제도 자체가 그런 시선을 만들어 내고 있다고 해도 과언이 아닙니다. 노동과 복지를 연계하는 복지 제도 하에서 기초 생활 수급자들은 자활을 계속 요구받습니다. "노동자로 자활하려는 노력을 계속할 때에만 수급비를 줄 것이며, 수급비를 계속 받으려면 너의 무능력을 증명해라"가 노동-복지 연계의 핵심적인 메시지입니다. 수급자로 남아 있는 것 자체를 수치스럽게 만드는 것입니다. 그런데 수급비를 넘어서는 노동 수익이 생기면 곧장 수급자에서 탈락됩니다. 노동 수익만으로는 먹고살 형편이 되지 않고, 수급자로 남아 있을 때 받을 수 있는 의료·교육 지원이 더 절실한 가구도 있습니다. 그래서 그런 사람들은 차라리 노동을 하지 않고 계속 수급자에 머물기를 택합니다. 수급비 수준은 존엄을 보장하기에는 어림도 없습니다. 복지 제도가 만들어 내는 '빈곤의 덫'입니다. 결국엔 복지 제도가 사회 경제적 존엄을 포기하라고 부추기는 셈입니다. 사회 경제적 존엄은 최소한의 생존 보장이 아니라 평등을 적극적으로 고민할 때 확보될 수 있는 것입니다.

평등

〈세계 인권 선언〉을 비롯하여 각종 국제 인권 협약들의 제2조(Article 2)는 보통 평등 혹은 비#차별에 관한 내용을 담고 있습니다. 문서가 다루는 권리의 주인이 누구인지를 정의하고 그들의 존엄을 선언하는 제1조에 이어, 문서에 규정된 권리들을 차별 없이 누릴 수 있어야 한다는 평등 조항이 곧장 등장한다는 것은 매우 의미심장합니다. 차별은 곧바로 인간 존엄의 훼손을 의미하므로, 인권의 대원칙으로 평등 혹은 비차별을 고려해야 한다는 의지가 담겨 있다고 볼 수 있습니다. 평등한 대접을 거부당할 때 우리는 모욕을 느끼고 사회 속에서 의미 있게 존재한다고 생각하기 어려워집니다. "여자 어린이들은 책을 펼쳐 여성이 빠진 역사를 읽을 때마다 자신이 쓸모없는 존재임을 배우게 된다"는 마이라 폴락 새드커의 지적처럼, 평등은 '의미 있게 존재하기'를 위한 기본 토대입니다. 소수의 특권이 아닌, 모든 사람의 존엄을 보장하기 위해서는 평등에 대한 감각은 필수적입니다. 평등에 대한 감각은 우리가 타인과 어떻게 관계 맺고 타인의 호소에 어떻게 응답할 것인가를 결정하는 핵심적인 요소입니다. 타인을 차별할 권리가 자유의 이름으로 허용되어서는 안 되며, 타인의 존재 자체를 허락하고 말고 할 자유는 누구에게도 없으니까요.

평등 혹은 차별의 문제는 '분배 정의'의 문제와도 따로 이야기될 수 없습니다. OECD 국가들 중 한국이 임금 격차도 최상위, 산재 사망율도 최상위, 노인 빈곤율도 최상위라는 지표들을 떠올려 보면 한국 사회가 얼마나 불평등이 심한 나라인지 쉽게 알 수 있습니다. 그런데 분배의 불평등을 정당화하는 논리들을 들여다보면 인종주의, 자국 이기주의, 성차별주의, 나이주의, 비장애인 중심주의, 능력주의 등 차별을 자연화하고 합리화하는 논리로 가득 차 있습니다. "왜 국가는 부자들을 돕는 것은 '투자'라 부르고 가난한 사람을 돕는 일은 '비용'이라고 부르는가"라는 브라질의 전 대통령, 룰라의 말처럼 평등을 진전시키기 위한 조치는 자원의 낭비나 '역차별'로 공격당하는 경우가 많습니다. 차별이 고착화되면 분배 불평등의 문제가 유지, 심화될 수밖에 없습니다. 성별 임금 격차와 노동 시장의 성별 분리 문제만 봐도 쉽게 알 수 있습니다.

특히 최근 '공정의 논리'나 능력주의가 강조되는 사회 분위기 속에서 평등의 감각은 더더욱 중요해지고 있습니다. "억울하면 능력을 키워라." "학교 다닐 때 매일매일이 기회였다. 자기 잘못은 탓하지 않고 남 탓, 사회 탓만 하고 있냐." "차별 시정에는 찬성하지만 무임승차에는 반대한다." 소수자에 대한 할당제 도입이나 비정규직의 정규직화를 시도하는 과정에서 흔히 쏟아지는 반론들입니다. 낮은 출산율을 걱정하고 육아는 사회가 함께 책임져야 한다고 생각하는 이들도 막상 육아 기간을 '경력'에 포함시켜야 한다는 정책엔 공정의 논리를 들어 반대할 수 있습니다. 기회의 평등, 과정의 평등까지 고려할 수는 있어도 결과의 평등까지 주장하는 것은 공정하지 못한 '역차별'이라는 주장도 강력합니다. 이들의 주장을 무조건 틀렸다고 매도할 수만은 없습니다. 그 분노를 키우는 밑불 역할을 한 게 바로 사회니까요. '헬조선에서 흙수저 물고 태어난 내가 믿을 것은 능력을 키워 경쟁에서 성공하는 것뿐'이라고 생각하도록 사회가 만들어 왔습니다. 그러나 '출발선이 같았다'고 과연 말할 수 있는지, 그 과정은 평등했는지, 결과의 평등을 고려하지 않을 때 기회의 평등까지 다시 무너지는 것은 아닌지 따져 보아야 합니다. 능력이 없는 게 아니라, 사회가 인정하고 우대하는 능력과는 다른 능력을 갖고 있는 이들에겐 아예 출발선에 설 기회조차 주어지지 않는 경우가 많습니다. 이들에게 무능력자라는 꼬리표를 붙이는 것은 '사회적 사망'을 선고하는 일이나 다름 없습니다. 생계비와 학비를 벌기 위해 아르바이트를 전전해야 하는 학생이 고득점을 받기란 어렵습니다. 누적되어 공고해진 차별을 시정하기 위해서는 형식적인 공정의 논리만으로는 역부족입니다. 사회는 노력하지 않으면서 개인에게만 더 노력하라고 채찍질하는 꼴입니다. "부모 잘 만나는 것도 능력"이라는, 최순실 씨의 딸 정유라 씨의 말은 능력주의의 기괴한 확장 버전입니다. 이 말은 역설적으로 평등의 비밀을 알려 줍니다. 결과의 평등을 고려하지 않을 때, 기회의 평등조차도 보장될 수 없다는 것을 말입니다. 따라서 '무엇이 공정한가'에만 매달리기보다 '어떻게 해야 좀 더 평등해질 수 있는가'로 질문의 초점을 이동시켜야 합니다.

평화적 생존

인권은 세계 평화의 기초이고, 평화로운 오늘 역시 인간다운 삶의 핵심을 이룹니다. 평화적 생존을 위협하는 대표적인 존재가 바로 전쟁입니다. 〈세계 인권 선언〉을 비롯한 현대 인권의 흐름 역시 두 차례에 걸친 세계 대전에 대한 반성으로부터 시작되었습니다. 자본주의의 등장 이후 지구상에 발생했던 전쟁들은 민족 국가의 건설이나 자치권 획득, 국가 간 세력 충돌, 식민지 획득이나 독립 저지, 제국주의 국가들의 헤게모니 쟁탈(양차 세계 대전), 정권 수립이나 유지를 위한 자국민 진압, 민족적·종교적·이념적 정체성의 충돌 등 다양한 원인으로 발발했습니다. 최근에는 미국과 같은 강대국들이 '인도적 간섭'이나 '대테러 전쟁'을 명분으로 국지적 분쟁에 개입하면서 핵심 자원에 대한 지배력을 강화하거나 군수 산업의 성장을 도모하는 일들도 자주 일어나고 있죠. 특히 오늘날에는 과학 기술의 발달로 대규모

살상 무기가 폭발적으로 증가하고 있고, 군수 산업을 통한 경제적 이윤 추구 활동이 강화되고 있습니다. 이윤 추구를 위한 팽창을 본질적 성격으로 갖는 자본주의 체제에서 전쟁의 위험은 항시 내재하고 있다고 보입니다.

20세기 초 덴마크의 한 군인이 국회에 제출한 '전쟁 절멸 보장 법안'은 전쟁 발발 후 일개 병사로 최전선으로 보낼 순위를 기록해 놓았다고 합니다. 1순위는 국가 원수, 2순위는 국가 원수의 친족, 3순위는 총리·국무위원·각 부처 차관, 4순위는 국회의원(전쟁에 반대한 의원은 제외), 5순위는 전쟁에 반대하지 않은 종교계 지도자들. 법안이 말해 주듯, 전쟁은 국가와 국가 사이의 충돌로 보이지만, 사실상 각국의 소수 지배 권력이 다수 시민의 희생을 기반으로 벌이는 군사적 충돌입니다. 전쟁 시기에는 사람과 자원에 대한 강제 징집, 여성에 대한 성적 착취, '잠재적 적'에 대한 예비 검속과 대량 학살, 비사법적 처형, 어린이·청소년의 전투병 동원, 민간인 학살, 강제 이주, 언론 통제, 대국민 사찰 등의 인권 문제가 광범위하게 발생합니다. 인권을 위한 전쟁, 평화를 위한 전쟁이 얼마나 허구적인지를 알 수 있습니다. "평화로 가는 길은 없다. 평화가 곧 길이다"라는 간디의 말이 주목받는 이유입니다. 우리가 침략당하지 않기 위해서만 아니라 우리도 다른 국가를 침략하지 않겠다는 선택이 평화의 밑바탕을 만듭니다. "우리에겐 침략당하지 않을 권리뿐 아니라 침략하지 않을 권리, 가해자가 되지 않을 권리가 있다." "우리를 전범국의 국민으로 만들지 말라." 2003년 미국의 침공으로 발발한 이라크 전쟁에 한국군 파병을 반대했던 시민들이 평화에 대한 권리를 사유한 방식입니다.

전쟁이 일어나지 않는다고 해서 평화적 생존이 확보되는 것은 아닙니다. 해외 개발이나 원조, 자본의 공장 이전, 해외 공사 수주 등의 형태로 자본이 해외로 나가 가난한 나라를 파헤치고 그 나라 시민의 평화적 생존을 위협하는 일이 잦습니다. 국내로 눈을 돌려보면 2018년 초 국군 기무사가 박근혜 대통령 탄핵 촛불 집회에 대한 계엄령 선포를 검토했다는 문건이 알려지면서 큰 사회적 파장을 낳은 적 있습니다. 평화 시기에도 군부에 대한 시민 통제가 얼마나 중요한지 보여 준 대표적 사례입니다. 각종 국책 개발 사업이나 군사 정책의 이름으로 주민의 평화적 생존을 위협하고 삶터와 공동체를 파괴하는 일들도 일어납니다. 4대강 개발, 평택 미군 기지 이전, 강정 해군 기지 건설, 밀양 송전탑 건설, 핵발전소나 핵폐기물 처리장 건설 문제 등이 대표적입니다. 국가의 토지 강제 수용을 제한하는 것을 포함하여 정책 결정 과정에서 시민의 참여와 결정 권한을 확보하는 일이 갈수록 중요해지고 있습니다. '일상의 전쟁', 곧 폭력이나 차별 역시 인간의 존엄을 짓밟습니다. "사는 게 전쟁"이라고 느끼는 삶이 곳곳에 존재합니다. 단지 전쟁이 없는 상태를 의미하는 '소극적 평화'가 포괄하지 못하는 구조적 폭력과 그 폭력을 정당화하는 문화적 폭력까지 포함한 '비평화'를 제거하려는 '적극적 평화' 개념이 주창되는 이유입니다.

전쟁 시기에 여성에게 자행되는 폭력은 전쟁이 없는 시기에 일어나는 여성에 대한 폭력과 무관하지 않습니다. 어린이·청소년에 대한 폭력에 그 사회가 얼마나 민감한지를 보면 그 사회의 평화 능력을 가늠할 수 있습니다. 일상에서부터 폭력을 사유하고 성찰하는 힘, 평화적인 관계를 맺는 힘, 구조적 폭력을 제거하려는 힘이 쌓일 때 전쟁을 거부하고 통제할 힘도 커질 수 있습니다. 위장된 평화에 침묵하지 않고 갈등을 적극적으로 드러내는 소란스러움, 전쟁을 위시한 물리적 폭력뿐 아니라 구조적 폭력까지 아우르는 '비평화'에 맞서는 저항들 속에 평화적 생존이 싹틉니다. 평화적 생존은 국내적으로나 국제적으로나 정의를 이루는 과정이자 정의의 결과입니다.

불복종과 연대

앞서 제시한 다섯 가지 열쇳말은 모두 거절, 반대, 저항, 불복종과 같은 언어를 끌어당깁니다. 오늘날 우리가 누리는 자유와 평등과 평화에 관한 어떤 권리도 불복종 없이 성취된 것은 없으니까요. 불복종은 모든 권리에 내재되어 있는 요소이기도 합니다. 우리의 삶은 끊임없이 복종과 불복종의 갈림길 앞에 놓입니다. 부당한 요구에 무시나 게으름으로 응수하는 소극적 행위에서부터 위험 작업의 중지를 요구하거나 휘두르는 주먹을 붙잡거나 정치인의 탄핵을 요구하는 적극적 행위에 이르기까지 불복종은 다양한 형태와 수위로 이루어집니다. 시민 불복종 운동의 형태로 여러 사람이 힘을 모아 의식적으로 법을 위반하거나 국가의 명령에 불복하는 집합적인 직접 행동을 추구하는 경우도 있습니다. 우리는 때로는 두려움에, 때로는 귀찮음에, 때로는 다른 이득을 위해 복종이나 침묵을 선택하기도 합니다. 너무 거대한 적에 맞닥뜨릴 때는 내겐 아무 일도 일어나지 않았다며, 루쉰의 《아Q정전》에 나오는 '아Q식 정신승리법'에 의존하기도 하죠. 그러나 때로는 거절하고 참지 않기로 결심하게 되는 순간들이 찾아오기도 합니다. "에잇, 이건 도저히 안 되겠다!" "더 이상 못 참겠다!" 두려움이 용기가 되는 시간이 사회의 크고 작은 변화를 만들어 왔습니다. 《시민 불복종》의 저자 헨리 데이비드 소로는 "우리는 먼저 인간이어야 하고 그 다음에 국민이어야 한다"고 말합니다. 소로는 흑인 노예제도와 전쟁에 반대하면서 미국 정부에 납세를 거부한 사람으로도 유명하죠. 소로가 말하는 '인간'은 자기 주권과 정의를 선언하는 인간을, '국민'은 법 또는 명령에 복종하는 순치된 신민을 뜻한다고 볼 수 있습니다. 그래서 불복종은 자기 자신에 대해, 세상에 대해 자기 주권을 선언하는 행위입니다. 그런 의미에서 불복종을 가로막는 일은 그 사람의 주권을 침범하는 일이기도 하죠.

불복종은 법률의 한계 안에서 이루어지기도 하지만 때로는 법과 제도가 허용한 틀을 넘어서기도 합니다. 그래서 불복종의 의미를 축소시키거나 부정적으로 인식하도록 만드는 비난도 가해집니다. 파업을 하는 노동자를 마치 테러리스트인 양 몰아세우고, 약자들의 불복종을 '생떼'라 모욕하며, 어린이·청소년의 불복종은 '말대꾸'나 '철딱서니 없는 행동'으로 평가 절하 하는 일들도 일어납니다. 기존의 도덕적 잣대로 불복종 행위만을 탓하기보다 불복종이 행사되는 이유와 맥락에 주목해야 할 이유입니다. 마틴 루터 킹이 〈버밍햄 감옥으로부터의 편지〉에서 말하고 있듯이, 불복종은 "사회적 쟁점들을 본격적으로 부각"시키고 "협상을 거부하는 사회를 곤경에 빠뜨리고 더 이상 협상에 응하지 않을 수 없게 만드는 데" 그 의의가 있습니다. 불복종을 통해 우리는 인간의 존엄과 민주주의를 위협하는 사회적 쟁점을 정면으로 마주하게 됩니다.

불복종은 연대를 통해 빛을 발합니다. 인권 문제로 피해자가 발생하거나 인권 침해에 맞서 싸우는 사람들이 있을 때, 공감과 지지를 보내고 함께하고자 움직이는 사람들이 있습니다. 섣불리 위로하려 들지 않고 나의 존재로서 위로가 되기를 바라는 마음에서 우러나는 행동, 우리는 이것을 연대라 부를 수 있을 겁니다. 세월호에서 버림받은 희생자들의 모습에서, 단지 여성이라는 이유로 표적이 되어 살해당하는 사건에서, 서울의 야경을 밝히는 전기를 끌어오는 송전탑을 왜 서울에는 짓지 않느냐고 반문하는 밀양 주민의 울부짖음에서, 하청에 재하청으로 이어지는 구조의 끝에서 다치고 실명하고 죽임을 당하는 노동자들의 이야기에서, 우리 정부와 기업이 해외에서 저지르는 파괴적 행위에서 사람들은 무언가를 느끼고 변화를 촉구하며 행동에 나섭니다.

연대는 나도 당할 수 있기에 보험에 가입하듯 한패가 되는 것에 그치지 않습니다. 나와 별개의 존재에 보내는, 위에서 내려다보는 동정과는 더더욱 구별됩니다. SNS에 '좋아요'를 누르고 곧장 잊어버리는 찰나적 행위만도 아닙니다. 참지 않기로 결심한 사람들이 보여 준 용기에 대한 감탄과 작은 힘이라도 보태겠다고 결심하는 행위, 성과가 있어서가 아니라 연대 그 자체를 통해 희망을 공유하고자 하는 마음, 먼저 등불을 치켜든 이들에게 이끌려 나도 다른 이에게 등불을 나눠 주는 과정이 연대입니다. 세상에 너무 많은 일이 넘쳐나기에 그 모든 일에 연대하기란 쉽지 않습니다. 상관없는 일이라 밀어내지 않기, 중립의 커튼 뒤로 숨지 않기, 피해자의 고통을 가중시키는 일에 동참하지 않기, 기억하기, 때가 올 때 침묵하지 않기, 가능하다면 마음이든 시간이든 지갑이든 입이든 열기, 빠지지 않아야 할 자리에는 빠지지 않기. 이 모든 과정에 연대가 일어납니다. 타자로부터의 호소에 응답하는 연대는 연대할 권리의 행사이자 기꺼이 함께하려는 (세계) 시민으로서의 책임이자 사회 경제적 존엄과 평화적 생존을 일구어 내는 토대가 됩니다.

여기, 한 사람

밀양 송전탑 반대 싸움의 현장에 선 주민들의 구술기록집 《밀양을 살다》에는 김말해 할머니의 이야기가 담겨 있습니다. 일제 강점기에 태어나 '위안부'로 끌려갈까 열일곱 나이에 결혼한 김말해 씨는 1950년 한국 전쟁을 앞두고 벌어진 보도연맹 사건으로 남편이 끌려간 뒤 생사조차 모른 채 살아왔습니다. 품 팔고 농사지으며 두 아들을 홀로 키웠습니다. 큰아들은 초등학교도 5학년 때 그만두고 나무하러 다녔고 작은아들은 초등학교만 졸업하고 기술을 배우러 방직 공장에 취직합니다. 큰아들은 아버지가 빨갱이면 못 갈 거고 아니면 갈 거라며 군 생활 중 베트남 전쟁에 자원합니다. 큰아들은 베트남에서 전투에 투입되던 중 낙하산 사고로 부상을 입고 돌아왔지만 남은 9개월 제대시키는 데도 빚을 얻어 돈을 건네 주어야 했습니다. 큰아들이 허리 장애로 제대로 경제 활동도 하지 못한 채 세월이 흘렀고 10년이나 지나서야 겨우 보상을 받게 됩니다. 그 사이 김말해 씨는 대구에서 두 아들 뒷바라지와 품팔이에 나섭니다. 큰아들이 보훈처에 부탁해 얻은 일자리도 IMF 구제 금융 시기를 맞아 잃어버립니다. 돌아온 밀양에 다시 송전탑이 세워지고 그녀는 휘어진 등으로 지팡이를 짚고 송전탑 반대 싸움에 나섭니다. 그녀는 연대자를 기다리고 그녀에게 이끌려 연대자들이 밀양으로 모입니다.

김말해 씨의 이야기를 듣다 보면 이 책의 제목이 왜 '밀양에 살다'(하나의 지명으로서의 '밀양')가 아니라 '밀양을 살다'(한 시대를 가리키는 고유명사로서의 '밀양')인지 사무치게 전해져 옵니다. 몸의 자유, 마음의 자유, 사회 경제적 존엄, 평등, 평화적 생존, 불복종과 연대, 이 여섯 개의 꾸러미 가운데 어느 것 하나도 김말해의 삶과 시대로서의 밀양을 읽어 내기 위해 놓쳐서는 안 된다는 걸 알게 됩니다. 이 여섯 개의 꾸러미 가운데 어느 것 하나도 별개로 존재하지 않음을 깨닫게 됩니다.

차이를
인정하면
차별이 멈출까?

반차별교육이
도전하는 장벽들

"차별을 주제로 한 교육에서 '틀린 것이 아니라 다른 것이다'라는 문장이 자주 쓰이잖아요. 요즘 학생들도 그 정도 문장은 다들 알고 있는 것 같고요. 그런데 다름에 대한 인정만으로 차별을 없앨 수 있을지 의문이에요."

"소수자의 인권을 다루는 교육을 듣다 보면, 이 강의실 안에는 마치 그 사람이 없는 것처럼, 나와는 상관없는 소수의 문제, 나와는 별개인 '그/녀'들의 문제로 이야기하고 있다는 인상을 받곤 해요. 그/녀의 이야기가 아니라 내 이야기이기도 하다는 걸 어떻게 연결해서 교육할 수 있을까요?"

"어느 기관에서 연 장애인권교육 강사 양성 과정 기획안을 봤어요. 인권의 이해가 1회 정도 있고 장애인의 권리에 관한 법·제도, 탈시설과 자립 생활, 발달 장애인, 장애 여성, 장애 아동, 이런 식으로 교육이 이루어지더라고요. 너무 나열식은 아닌가, 발달 장애인/장애 여성/장애 아동 등 각각 살펴볼 이슈들도 당연히 많겠지만 다소 분절적인 접근은 아닌가 의문이 생기더라고요. 반차별 감수성이나 장애에 대한 관점 같은 게 꼭 들어가야 할 것 같은데 없는 경우도 많고. 근데 다른 분야의 강사 양성 과정도 다들 비슷한 방식이대요?"

"청소년 정책이라고 하면 모두 학교에 다니는 청소년 위주고, 여성 정책이라고 하면 모두 아이 키우는 엄마들만 있는 것 같고. 고령자 정책이라고 하면 다들 아프고 병든 환자들로만 생각하고. 여기서 말하는 청소년, 여성, 고령자는 과연 누구인가 싶을 때가 많아요. 그러다 문득 제가 하고 있는 교육에서도 일부만을 그 집단의 전체인 양 다루고 있는 건 아닐까 되돌아보게 됐어요."

린 헌트는 근대에 이르러 인권이 등장할 수 있었던 사회적 조건을 탐구한 《인권의 발명》에서 이렇게 말합니다. "인권은 오직 대중들이 타인들을 근본적으로 동등하게 생각하도록 배울 때에만 자랄 수 있었던 것이다."❶ 모든 인

1 린 헌트, 전진성 옮김(2009), 《인권의 발명》, 돌베개, 69쪽.

간의 존엄을 선택한 인권의 원리는 필연적으로 차별에 맞서 싸울 수밖에 없습니다. 오늘날 어떤 집단이나 개인에 대해 "차별해도 괜찮다"고 공공연하게 이야기하려면 상당한 윤리적, 정치적 부담을 짊어져야 합니다. 그러나 일상에서 우리는 알게 모르게 차별에 동참하고 있기도 하고, 차별당하면서도 차별이 아니라고 생각하는 경우도 많습니다. 인권교육 현장에서도 자기는 한 번도 차별받아 본 적이 없다고 말하는 이들을 자주 접합니다. 반면에 차별에 민감하고 차별에 대해 고민해 온 사람들은 많은 차별 경험을 쏟아 냅니다. 내가 누군가를 차별한 경험이 있는지를 물어본다면, 답하는 이들은 더욱 줄어들 겁니다. (물론 인권교육에서 차별을 가한 경험을 참여자들에게 물어보는 일은 좀체 없습니다. '가해'에 대한 고백은 어느 정도의 자기 성찰성을 가진 사람들만이 할 수 있는 일이고, 또 어느 정도 안전하다고 느껴지는 사람들 앞에서나 가능하기도 하니까요.) 차별에 반대한다고 하는 사람들도 구체적 사안으로 들어가면 차별을 옹호하는 주장들을 명렬하게 쏟아 냅니다. 차별에 반대한다고 말하기는 쉽지만 무엇이 차별인지 제대로 알기는 어렵습니다. 반反차별 감수성은 차별은 안 된다는 선언으로 그쳐서는 자라나지 않습니다. 반차별 감수성은 지속적인 학습과 성찰을 통해서만 두터워지는 사회적 감각입니다.

차별의 그물망

"몇 살이세요?" 친근한 듯 자연스럽게 건네지는 일상적인 첫인사 하나로도 차별의 그물망은 펼쳐지기 시작합니다. 나이로 '윗사람'과 '아랫사람'(이 표현 자체도 상당히 문제적입니다)의 위치가 확정되고 나면, 위치에 맞는 대접과 역할을 서로 요구하게 되는 법입니다. 윗사람이 문제적 행동을 하더라도 아랫사람은 윗사람의 체면에 손상이 가지 않도록 최대한 티 나지 않게 정중하게 요청해야 합니다. 특히나 갈등과 긴장이 형성되었을 때 "너 몇 살이야?"라는 말에 실제로 나이를 답하면 참으로 우스꽝스러운 장면이 연출됩니다. 사람들은 연상의 '부하'보다 연하의 '상사'를 더 부담스러워하는 경향이 있습니다. 나보다 어린 사람을 윗사람으로 모셔야 하는 걸 어색하거나 아니꼽다고 여기도록 나이 위계로 촘촘히 짜인 시간을 보내 왔기 때문이죠. 윗사람은 윗사람대로 나이와 위치에 맞게 행동해야 한다는 사회적 압박을 받습니다. "나이가 들수록 입은 닫고 지갑은 열어야 한다"는 조언은 얼핏 나이 권력에 대한 성찰을 담고 있는 듯하지만, 지갑을 열 만큼의 경제력이 없는 이들의 고단함은 밀어냅니다. "그 나이가 되도록 뭐 했냐?", "그 나이에 아직도 그러고 있냐?"라는 힐난은 또 어떤가요? 이런 비난은 주류의 기준과는 다른 속도와 가치를 추구한 삶들, 사회적 장벽에 미끄러지고 굴곡진 삶들을 전혀 고려할 필요가 없다는 듯이 대합니다. 나이 차별 혹은 나이주의가 연소자에 대한 차별만을 의미하지는 않는, 모든 연령대를 옥죄는 말임을 알 수 있는 대목입니다. "몇 학번이세요?"라는 변형된 질문은 나이에 따른 위아래를 확인하고픈 욕망에서 나오는 경우가 흔한데, 대학을 나오지 않은 사람은 열외로 만드는 새로운 차별 효과를 빚어 냅니다.

　　병원이라는 한 공간만 들여다봐도 입구에서부터 무수한 차별의 파노라마가 펼쳐집니다. 10대 여성은 방문 이유가 무엇이든 '산부인과'라는 간판 아래를 통과하는 일에서부터 낙인의 두려움을 느낍니다. 건강검진 문진표를 작성할 때도 따가운 시선이 느껴지는 것 같습니다. '어떻게 하고 살았길래 저런 병에 걸려?' 사회적 결과로서의 불건강이 개인의 생활 습관 탓으로만 돌려지는 경우가 많기 때문입니다. 진료실에 들어서면 의사는 마땅히 환자 본인에게 물어야 할 것 같은 질문을 환자를 제치고 그 곁에 있는 보호자에게 묻기도 합니다. 환자가 노인, 장애인, 어린이일 때 당사자가 아닌 보호자가 문진의 대상이자 주의 사항을 전해 듣는 사람이 됩니다. 아이가 다치거나 아프면 아빠와 달리 엄마들은 '죄인'이 된 심정으로 병원에 옵니다. 아이에 대한 걱정과 함께 '엄마가 뭐 했길래 애가 저 지경이 됐냐', '집에서 놀면서 뭐 한 거냐'라는 사회적 압박이 마음을 짓누르는 것이죠. 응급실에서는 환자의 사적인 정보들이 커튼 하나를 사이에 두고 함부로 질문되거나 누설됩니다. 가족 관계, 최근 섹스 경험, 평소의 생활 습관, 경제력 등 차별의 소지가 될 만한 것들이 다수 포함되어 있죠. 장애 여성의 임신은 그 자체로 병원의 화제가 됩니다. "정말 낳을 생각이냐"는 암묵적 질문도 따라붙습니다. 태아의 장애 여부를 확인하는 검사 역시 당연히 받아야 한다고 권장됩니다. 장애가 있는 아이라 할지라도 임신을 유지하고 낳겠다고 결정하기란 쉽지 않습니다. 장애인과 그 가족이 온전히 감당해야 할 현실의 벽 때문입니다. 감염성 질병에 걸린 사람은 병원이 치료를 거부할까 봐 감염 사실을 솔직히 털어놓을까 말까를 망설여야 합니다. 당신의 트라우마 반응이 맥락 없이 주의력 결핍 장애와 같은 행동 장애로 분류될 수도 있겠죠. 복도에서는 의사가 간호사를 홀대하는 장면을, 선배 간호사가 후배 간호사를 괴롭히는 '태움'(재가 될 때까지 태운다는 뜻에서 유래되었다니 당하는 이들의 마음은 어떨지 가히 짐작도 되지 않습니다) 장면을 목격할 수도 있습니다. 정규직에게는 제공되는 감염 안전 장비가 외주 용역 회사에 고용된 비정규직에게는 제공되지 않는 경우도 있습니다. 이토록 촘촘한 차별의 그물망 속에서도 놀랍게도 아무도 차별받은 적 없고 차별한 적이 없다고 말하는 사회에서 우리는 살아가고 있습니다.

내 삶과 사회에 드리워진 차별의 그물망을 잘 헤아리기 위해서는 차별에 대한 우리의 감각을 벼릴 필요가 있습니다.

무엇이 차별로 정의되는가

흔히 차별이란 '어떤 사회적 기준에 의해 특정 개인이나 집단이 열등하거나 우월하다고 분류하는 생각 또는 그(들)를 불평등하게 대우함으로써 사회적으로 분리, 배제하거나 불이익을 가하는 행위'라고 이해됩니다. 한국여성개발원의 〈차별에 대한 국민 의식 및 수용성 연구〉(2004)는 동등한 권리와 기회의 박탈과 그로 인해 발생하는 효과에 좀 더 주목합니다. "특정 집단 내지 인구 범주의 특정한 속성이나 정향, 활동 양식을 이유로 그 집단이나 집단의 구성원이 사회적 삶에 등권적으로 참여할 수 있는 기회를 직접적으로나 간접적인 방식으로 박탈하고, 이로써 그 집단의 구성원에게 물질적 측면에서 경제적 불이익을, 상호 주관적 측면에서 종속 관계를, 주관적 측면에서 정체성의 훼손과 같은 부정적 영향을 발생시키거나 지속시키는 제도, 기준, 조치, 실천"이 바로 차별이라고 정의하는 것입니다. 차별이 단지 기회의 불평등만이 아니라 그로 인해 경제적 어려움과 종속성, 정체성의 훼손을 만들어 낸다는 이야기는 차별이 왜 인간의 존엄을 위협하는지를 잘 드러냅니다.

국가인권위원회는 〈〈차별금지법 권고법안〉 권고 결정문〉(2006)에서 차별을 아래의 세 가지 유형으로 분류하여 제시하고 있습니다. '차이'를 이유로 한 차등적 대우뿐 아니라 '차이'를 고려하지 않음으로써 만들어지는 차별적 결과, '차이'를 이유로 한 괴롭힘도 차별에 해당한다고 본 것입니다. 간접 차별의 개념은 이미 1999년 〈남녀고용차별금지법〉이 개정되는 과정에서 법체계 속에 받아들여졌는데요. 2007년 제정된 〈장애인차별금지법〉은 직접 차별 및 간접 차별과 함께 불리한 대우를 조장하는 광고도 차별에 포함시키고 있습니다.

- 직접 차별 : 합리적인 이유 없이 성별, 장애, 병력, 나이, 출신 국가, 출신 민족, 인종, 피부색, 출신 지역, 용모 등 신체 조건, 혼인 여부, 임신 또는 출산, 가족 형태 및 가족 상황, 종교, 사상 또는 정치적 의견, 전과, 성적 지향, 학력, 고용 형태, 사회적 신분을 이유로 개인이나 집단을 분리·구별·제한·배제하거나 불리하게 대우하는 행위
- 간접 차별 : 중립적인 기준을 적용하였으나 그 기준이 특정 집단이나 개인에게 불리한 결과를 야기하고 그 기준의 합리성 내지 정당성을 입증하지 못한 경우
- 괴롭힘 : 개인이나 집단에 대하여 신체적 고통을 가하거나 수치심, 모욕감, 두려움 등 정신적 고통을 주는 일체의 행위

이와 같은 정의에 비추어 본다면, 차별은 자연적이거나(대표적으로는 나이가 있는데, 누구나 날마다 나이를 먹고 이를 늦추거나 조정할 기술은 아직까지 없습니다) 실재하는 차이를 이유로 또는 그 차이를 무시함으로써 비합리적이고 정당하지 못하게 대우하는 것을 의미하게 됩니다. 장애를 이유로 입학을 거절하거나 한부모 가정의 자녀를 무시하거나 용모를 채용의 기준으로 삼는 것과 같은 직접 차별이나 노골적인 괴롭힘은 차별로 쉽게 인지되고 사회적으로도 차별이라 인정받기 쉽습니다. 반면 사회 규범과 제도화된 시스템 속에 내재한 차별과 그로 인한 불리함은 '합리성' 또는 '공정'의 가면을 쓰고 있는 경우가 많아 차별로 쉽게 인지되지 못합니다. 이를테면 여성의 평균 임

금이 남성의 평균 임금과 비교해 낮은 현실은 해결되어야 할 사회적 의제로 상정될 수 있지만, 저임금 업종에 여성들이 몰려 있는 현실이 간접 차별로 인정받으려면 상당한 논증이 필요합니다. 여성의 저학력이나 경력 단절, 시간제 노동 등을 이유로 합리적 차등이라고 여겨질 가능성이 큰 것이죠. 경영 위기를 근거로 부부 사원 중 여성 노동자만 해고한다면 당연히 차별로 인식되겠지만, 남편보다 임금도 낮고 승진 가능성도 낮은 아내 쪽이 희망 퇴직을 선택하게 되는 일은 그 가구의 '합리적 선택'으로 보일 뿐 차별로 인정받기가 쉽지 않습니다. 직접 차별의 경우라고 해도 문제가 간단치는 않습니다. 소설 《82년생 김지영》에서 주인공 김지영이 말하듯, 회사에 더 오래 남을 것 같은 남자 직원들의 진을 일찍부터 뺄 필요가 없다고 생각해서 까다로운 고객을 응대하는 작업을 주로 여자 직원에게 맡기는 회사가 있더라도 그것을 차별로 입증해 내기란 쉽지 않을 겁니다. '그런 일은 없었다. 그렇게까지 생각할 일은 아니다. 여직원들에게도 문제가 있다. 그건 그리 중요한 일이 아니다.' 인권 침해나 차별을 부정할 때 흔히 동원되는 논리들처럼, 회사는 이렇게 그럴듯한 명분을 둘러댈 테니까요. 성소수자에 대한 노골적인 혐오 발언을 뱉어 내거나 공직자를 검증하는 과정에서 특정 사상이나 정치 성향을 대놓고 문제 삼는 차별도 공개적으로 이루어지는 경우가 많습니다. 그저 편견만을 차별의 주범이자 원인인 양 지목하는 것은 사태를 너무 일면적이고 단편적으로 바라보는 접근입니다. 차별해도 되는 권력을 문제 삼는 평등의 감각이 필요한 이유입니다.

'모욕'의 다양한 얼굴들

차별의 유형에서 언급한 괴롭힘에 대해 좀 더 살펴볼까요? 괴롭힘은 모욕과 함께 찾아옵니다. '모욕해도 괜찮은' 위치로 개인이나 집단을 이동시키는 과정을 수반한다는 점에서 괴롭힘은 그 자체로 차별인 동시에 차별적 결과를 야기합니다. 성소수자 학생들이 학교에서 겪는 괴롭힘에 관한 증언들을 보면 이런 이야기들이 나옵니다. "게이 ××, 게이 ×, 이런 욕을 듣는 건 참을 수 있겠는데 지우개 가루나 쓰레기를 던지는 건 견딜 수가 없었어요." "뒤에 앉은 아이들이 저한테 감기 시럽을 뿌릴 때는 정말 참기가 어려웠습니다." 지우개나 쓰레기, 감기 시럽에는 사라져야 할 존재, 더러운 존재, 바이러스와 같은 존재라는 적대적이고 모욕적인 메시지가 담겨 있기에 더 치명적인 위협과 존재의 부정으로 다가옵니다. 영화 〈우리들〉에는 또래 몇몇이 주인공을 왕따(집단 따돌림)시키면서 "냄새나는 것 같지 않냐"며 수군거리며 지나가는 장면이 나옵니다. 주인공 '이선'은 정말 냄새가 나는가 싶어 자기도 모르게 코를 티셔츠에 가져다 댑니다. 체취가 없는 인간이란 있을 수 없습니다. 그러나 실제로 선에게서 냄새가 나는지는 중요하지 않습니다. '냄새나는 존재'로 분류되기 시작하는 순간 코를 막고 지나가게 되고 모욕해도 괜찮다는 승인이 만들어집니다. 반복되는 모욕으로 괴롭힘을 당하는 이들은 점차 학습이나 일에 집중할 수 없고 일상을 꾸려 나가는 것조차 힘들어집니다. 이처럼 모욕은 자기 존재에 대한 수치심을 불러일으킴과 동시에 인간 존재가 딛고 선 바닥을 송두리째 뒤흔들곤 합니다.

1990년대 후반 이후 본격적으로 조명되기 시작한 '직장 내 괴롭힘'의 양상을 살펴보면, 물리적 폭력이 아닐지라도 괴롭힘이 인간의 영혼을 어떻게 파괴하는지를 알 수 있습니다. 감당하기 힘든 업무량을 부여하여 초조와 부담을 안기기도 하고, 수행할 수 있는 능력보다 낮은 수준의 업무를 주어 모욕하기도 하고, 원하지 않는 업무로 갑작스럽게 자리를 이동시키거나 업무를 위해 필요한 정보로부터 배제하기도 합니다. 갑작스럽게 고함을 지르거나 말로 학대하거나 좋지 않은 소문을 내거나 의견을 무시하는 경우도 있습니다. 뭐라 딱히 꼬집어 말하기 어려운 일들이 괴롭힘으로 나타나기도 합니다. 류은숙 등이 쓴《일터괴롭힘, 사냥감이 된 사람들 - 괴롭힘은 어떻게 일터를 지배하는가》가 잘 지적하고 있듯이, 괴롭힘은 가해자와 피해자, 방관자와 동조자의 경계가 모호하고 혼란스러운 상황에서 이루어지는 경우가 허다하기에 피해자는 더 큰 고단함을 감수해야 합니다. 괴롭힘의 대상으로 '찍히는' 이유는 다양하겠지만, 노동조합 활동이나 공익 제보에 대한 앙갚음으로 노동 감시와 동반된 괴롭힘이 일어나기도 합니다. 꼰대 상사나 직장 동료 몇 사람의 '인격적 결함'이 문제의 출발일 수는 있어도 그 문제가 지속된다면 조직 문화가 이를 뒷받침 또는 묵인하는 것이기에 조직적 공모가 이루어지고 있다고 보아야 합니다. 하물며 특정 존재를 찍어 내기 위해 전략적으로 수립된 괴롭힘이라면 더더욱 대응하기가 쉽지 않습니다.

한국 사회에서 최근 급속도로 일상화, 대중화되고 있는 혐오/표현도 주목해야 합니다. 현재 혐오/표현에 대한 명확한 정의가 내려지지는 않았는데요. 미국이나 유럽에서는 주로 '혐오 발언$^{\text{hate speech}}$'이라는 개념으로 사회 문제로 다루어져 왔습니다. 1997년 유럽이사회는 혐오 발언을 "반유대주의^{antisemitism}, 제노포비아, 인종적 증오를 확산시키거나 선동하거나^{incite} 고취하거나^{promote} 정당화하는 모든 형태의 표현 또는 소수자, 이주자, 이주 기원을 가진 사람들에 대한 공격적인 민족주의, 자민족중심주의^{ethnocentrism}, 차별, 적대 등에 의해 표현되는 불관용에 근거한 다른 형태의 증오를 포함하는 것으로 이해되어야 한다"고 정의합니다. 이때 '혐오'는 단순한 호불호의 표현이 아닙니다. 마사 누스바움은 혐오의 두 가지 차원을 이야기합니다. 대소변이나 몸에서 분비되는 노폐물처럼 인간이 갖는 동물적인 면을 오염된 상태로 인식함으로써 발생하는 혐오, 그리고 역겹다고 여겨지는 물질이나 속성을 특정 집단에 투사하고 그들을 종속시키는 전략으로 사용하는 문화적 차원의 혐오가 있다는 것입니다. '맘충', '급식충', '유족충'과 같은 표현처럼 특정 집단을 벌레로 취급한다거나, 인간의 동물적인 면과 삶의 유한성을 연상시키는 노년을 '추하다'고 여기거나, 성소수자의 이미지를 특정 섹스 자세나 '바이러스'로 고착화시킨다거나 발달 장애인과 난민을 언제 터질지 모르는 폭탄처럼 취급하는 경우가 대표적이라고 볼 수 있습니다.

혐오/표현은 소수자들에 대한 편견과 낙인을 퍼뜨리거나 고취함으로써 사회적 고립과 차별을 확산시키는 결과를 초래합니다. 그들은 더럽거나 양심 불량이거나 사회에 암적인 존재라 여겨지기에 사회 위협 요인으로 분류되고 손쉽게 타자화됩니다. 때문에 그들을 욕보이고 거부하고 폭력을 행사하는 것은 더 이상 차별이나 폭력이 아니라 믿게 됩니다. 때로는 취향의 이름으로, 표현의 자유의 이름으로, 혐오할 자유의 이름으로 혐오/표현이 정당화되기도 합니다. 노골적으로 공격적인 말을 퍼붓지는 않더라도 질문 하나만으로도 혐오를 증폭시키기도 합니다. 2017년 대통령 선거 당시 후보 토론에서 "동성애에 찬성하느냐?"라는 질문이 후보들 사이에서 수차례 이어졌습니다. 이 질문이 던져지는 순간 성적 지향을 찬성과 반대의 문제로, 사회적 합의에 따라 허용되고 말고 하는 문제로 만들어 버리는 효과가 빚어집니다. 어떤 집단을 모욕하고 종속하려는 의도에서 빚어지는 질문은 거부되고 해체되어야 할 질문이지, 응답의 대상이 되어서는 안 됩니다.

혐오/표현을 제대로 이해하기 위해서는 혐오/표현이 증폭되는 사회적 배경과 '누가 누구를 혐오하는가'에 주목할 필요가 있습니다. 특히 2000년대 이후부터 혐오/표현이 증가한 데에는 신자유주의의 가속화로 삶의 불안정성이 증대되면서 사람들이 누군가 탓할 대상을 필요로 하거나 원치 않는 변화가 찾아오는 것이 두려워 반격을 가하려 하는 사회적 맥락이 깔려 있습니다. 이 시기는 사회적, 제도적 영역에서 인지되지 않았던 성소수자, 장애인, 이주민, 재난 참사 피해자 등의 인권에 대한 담론과 투쟁이 활발하게 전개된 시기입니다. 삶의 불안정 속에서 이와 같은 변화는 인권의 확대나 평등의 진전으로 읽히기보다 '특혜'나 '무임승차'를 바라는 시도로 해석되면서 혐오/표현에 불을 지폈습니다. 대표적 예로 세월호 참사의 유가족들이 당연히 권리로서 보장받아야 하는 국가 배상은 '특혜'라며 모욕당했습니다. 제주도를 통해 입국해 피난처를 구한 예맨 난민들은 '예비 범죄자'나 '세금 도둑'인 양 취급당하면서 "나가라 Get Out!"는 말을 듣는 대상이 되었고 〈난민법〉은 폐기 대상으로 떠올랐습니다. 그 과정에서 예맨이라는 나라의 역사나 난민들의 구체적 얼굴은 지워졌고, 한국 정부가 제공하는 빈약한 지원책이나 수년째 난민 인정을 기다리는 신청자들의 고단함은 질문되지 않았습니다. 각자도생을 생애 전략으로 받아들이게끔 만든 정치의 잘못이 크지만, 신자유주의 정책만 탓하기는 힘듭니다. 혐오해도 괜찮다고 전통적으로 분류되어 온 소수자들이 바로 그 직격탄을 맞고 있으니까요. '포괄적 차별금지법'이 정당한 근거 없이 10년 넘게 제정되지 못하고 방치되는 사이, 혐오/표현은 더욱 가속 페달을 밟고 있는 형국입니다.

차별의 좌표, 소수자들의 초상

법에 규정된 차별 개념을 넘어, 평등이나 정의의 관점에서 보면 반차별의 의미가 더욱 풍성해집니다. 흔히 사회 주류 집단에서 밀려나 차별적 위치에 놓여 있는 이들을 소수자라 부릅니다. 어떤 사회적 기준에 따라 정상, 표준, 우월함, 이성, 자연적인 것의 내용이 정해지고 나면, 그 기준을 충족시키거나 훌쩍 뛰어넘는 주류와 그 기준으로부터 밀려나는 비주류의 사람들이 생기게 마련이죠. 그들은 맥락에 따라 비주류, 주변, 사회적 약자, 소수자로 불리기도 합니다. 백색의 피부가 아름다움의 표준이 되는 순간, 검은 피부의 사람에게는 추함의 자리가 배당되는 것입니다. '소수자'란 단지 수가 적다는 의미가 아니라는 것은 널리 알려져 있습니다. 인류의 절반인 여성은 수가 적어서가 아니라 권력이 약하기 때문에 소수자라 분류됩니다. 유럽 열강의 식민 지배의 흔적이 아직도 사회 곳곳에 남아 있는 아프리카나 남미 대륙의 여러 나라들엔 그 수는 적지만 사회 전반을 좌지우지하는 백인 이주자와 그 후손들이 존재하죠.

주변부에 놓인 소수자들이 실제 어떤 위치에서 무엇을 경험하는지는 주변을 뜻하는 영어 'margin'의 사전적 의미만 보아도 잘 알 수 있습니다.[2] margin에는 격차, 가장자리, 수익, 여백의 뜻이 포함되어 있는데, 소수자가 놓인 사회적 위치를 글자 그대로 드러냅니다.

2 아래의 논의는 고병권의 특강, '소수자의 삶과 정치'(제4기 장애해방학교, 2010년 10월 7일)에서 큰 영감을 받았습니다.

격차/차이 : 중심, 권력으로부터 밀려난

소수자는 '사회적 약자'의 다른 이름입

니다. 중심을 차지한 백인, 비장애인, 성인, 이성애, 남성들이 권력을 독식하고, 그 중심으로부터 밀려난 비백인, 장애인, 어린이·청소년, 성소수자, 비남성들은 존엄과 삶에 대한 자기 주권을 함부로 빼앗기기 쉬운 위치에 놓입니다. 각종 '중심주의'가 반차별운동에서 주요하게 다루어지는 이유입니다. 권력으로부터 밀려나 있기에 소수자들은 쉽게 대상화·사물화됩니다. 그들의 삶과 목소리는 대개 중요하지 않거나 부차적인 문제로 취급됩니다. 장식은 될 수 있어도 성원권을 가진 시민으로 인정받지 못하는 경우도 많습니다. 개인의 고통보다 전체를 살리는 게 먼저고, 다른 노동자들보다도 남성 가장의 실업을 해결하는 것이 급선무고, 이방인보다는 국민이 먼저가 됩니다. 살려야 한다는 그 전체에서 소수자는 언제나 빠져 있고, 급선무라는 가장의 얼굴에서 노년이나 청소년, 여성 가장의 존재는 좀체 상정되지 않습니다. 또 이방인의 곁에서 보편적 권리를 요구하는 한국인은 끊임없이 국민의 자격을 의심받는 경우가 얼마나 많은가요? 그들이 놓인 불평등한 위치를 당연시하고 집단적인 꼬리표가 달리는 경우도 흔합니다. 그들은 대개 능력이 부족하거나 미성숙하거나 비이성적이거나 비정상적이거나 위험하다는 혐의에 시달립니다. 《정희진처럼 읽기》에서 정희진은 이렇게 되묻습니다. "사회적 약자는 힘이 약한 사람이 아니라 일상적으로 부당한 질문을 받는 사람이다. "너 빨갱이지?" "폭력적이지?" "게으르지?" "더럽지?" …… 이런 질문을 하는 사람은 신으로부터 면허라도 받았는가?"[3] 이처럼 권력의 차이가 일상의 폭력을 만들고 그 폭력의 유지와 은폐를 돕습니다.

'목소리가 없는 사람들the voiceless'이 아니라 '침묵을 강요받는 사람들the silenced'이고, '힘이 없는 사람들the powerless'이 아니라 '힘을 빼앗긴 사람들the depowered'이라

3 정희진(2014), 《정희진처럼 읽기》, 교양인, 215쪽.

고 해야 소수자의 위치가 만들어진 사회적 맥락을 드러낼 수 있습니다. 영화 〈설국열차〉의 은유적 표현처럼, 소수자들이 사회가 할당한 '꼬리 칸'에 더 이상 머무르지 않겠다고 선언할 때, 그 인간 선언은 그 자체로 체제에 위협적으로 다가옵니다. 장애인들이 고립을 거부하며 시설에서 나올 때, 대국민 사과 기자 회견이라는 퍼포먼스를 감행하는 성폭력 가해자를 향해 여성들이 "사죄는 피해자에게, 자수는 경찰에게"라고 맞받아칠 때, 청소년들이 학생다움의 기준을 정하는 학교 권력에 의문을 제기할 때, 성소수자가 벽장 문을 열고 나올 때, 노동하지 않는 자로 분류되는 이들이 "우리가 멈추면 세상도 멈춘다"고 선언할 때, 중심과 주변을 나누었던 기준이 흔들리기 시작합니다.

가장자리 : 끝에 매달려 있는

차별은 '완전한 배제'와 '포함된 배제'의 양면으로 전개됩니다. 특정 집단의 절멸을 목표로 한 잔혹 행위들이 학살의 이름으로 자행되기도 하지만, 일상적으로 차별은 '포함된 배제'의 성격을 갖고 있습니다. "포함되어 있으나 배제되어 있다." 이 말은 얼핏 모순적으로 보이지만, 차별의 전개 방식을 잘 드러내 줍니다. 인생을 통해 다양한 분리, 제한, 배제의 경험들이 쌓이다 보면 배제는 더욱 깊어지고 점점 더 주변으로 밀려나 가장자리에 간신히 매달린 채 살아가게 됩니다. 언제 완전히 배제될지 모른다는 항시적인 불안과 공포가 가장자리에 놓인 이들의 몫이 됩니다. 완전히 배제되지 않기 위해 포함될 자격을 끊임없이 증명할 것을 요구받습니다. 진짜 피해자, 진짜 난민, 진짜 수급 지원 대상임을 증명하라는 압박이 대표적입니다. 결혼 이주 여성은 "한국 사람 다 됐네"라는 칭찬을 얻기 위해 한국인들이 잘 입지도 않는 한복을 자꾸만 입어야 할 것 같습니다. 한국 국적을 온전히 획득할 때까지 그들의 체류 허가는 언제나 잠정적이어서 배우자나 배우자 부모의 학대를 말없이 견뎌야 하는 상황이 벌어집니다. 미등록 이주 노동자들은 산업에 필요한 한에서 잠정적으로 '불법 체류' 상태가 묵인되지만, 경제나 정치 상황이 달라지면 언제든 추방될 위기에 놓입니다. 아이를 혼자 키우는 한부모들은 "홀어머니/홀아버지 밑에서 커서 애가 저렇다"는 비난이 두려워 자녀를 더욱 엄하게 몰아세우게 되기도 합니다. 트랜스젠더는 여성 또는 남성임을 의심받지 않기 위해 성별화된 외모나 자세에 더 신경을 써야 한다는 압박에 시달리게 되기도 합니다. 일흔을 코앞에 둔 경비 노동자는 일할 능력이 있음을 증명하기 위해 쓰레기 하나라도 더 주워야 할 것 같습니다. '딸린 식구'라는 말처럼, 누군가에게 자기의 생계를 일방적으로 의탁해야 하는 이들도 가장자리에 놓여 있는 대표적인 존재라 할 수 있습니다. 부양 의무자 또는 부양자도 생계를 책임지느라 힘들고, '딸린 식구'들도 의식적이든 무의식적이든 눈칫밥을 먹게 됩니다. 부양을 둘러싼 종속 관계가 만들어지는 이유지요. 그마저도 한계에 부딪힐 때 아프고 장애가 있는 이들은 또 다른 가장자리인 시설에 가둬집니다.

존재 자체를 부정당하고 언제 밀려날지 모르기에 소수자들은 일상에서 부당한 상황에 놓이더라도 자기 의견이나 목소리를 내기가 쉽지 않습니다. 그런 까닭에 고분고분 세상의 질서에 순응하고 눈치껏 행동하는 것을 생애 전략으로 택하는 이들도 있고, 차별을 아예 부인하는 이들도 있습니다. 내가 차별받았다고 생각하기보다 내가 좀 더 노력하면 달라질 수 있다고 믿는 편이 심리적으로 부담이 덜하기 때문이라는 연구 결과도 있으니까요. 한 사회의 인권 수준을 보려면 그 나라의 감옥을 보면 된다는 말처럼, 한 사회가 어떤 가치를 바탕으로 구성되고 있는지를 보려면 가장자리에 놓인 이들의 삶을 들여다

보아야 합니다. 누군가의 삶을 끝으로 내모는 기준과 압력을 줄이기 위해서는 평등을 추구하는 역류逆流를 만들어 내야 합니다. 사회 곳곳의 성폭력을 고발하는 '미투(#Me_too) 운동'과 피해자의 외침에 응답하는 '위드유(#With_you)'가 만들어 내는 거대한 변화처럼 말이지요.

마진/수익 : 중심에 이득을 가져다주는

어떤 차별도 경제적 불평등의 문제와 분리해서 해석되기는 힘듭니다. 소수자들을 주변화함으로써 중심은 더 큰 경제적 이득을 독식하게 됩니다. 자본이 비정규직을 만들고 하청에 재하청으로 꼬리를 무는 산업 구조를 만들어 내는 이유는 저임금과 해고의 유연성, 책임의 모호성이라는 삼두마차를 제공해 주기 때문입니다. 이를 한마디로 말하면 마땅히 치러야 할 비용을 절감하겠다는 것이죠. 흔히 놀고 먹는다는 혐의를 받는 이들의 노동 역시 같은 맥락입니다. "우리 엄마는 일 안 해요." 여성의 노동은 노동으로 여겨지지 않고 '대가 없음'이 당연시됩니다. 소위 '팔리는' 소설이나 음악을 생산하지 못하는 문화 예술가들의 노동에는 '자기 좋아서 하는 일'이라는 이유로 가치를 제대로 매기지 않습니다. 알바생, 인턴, 직업 훈련생, 실습생, 연수생, 연습생이라는 말로 저임금이 당연시되는 존재들도 있습니다. 그들도 분명 일을 하고 있고 사회적 가치를 생산하며 제 몫을 다하고 있음에도 말이지요.

'트리클 다운Trickle Down' 또는 '낙수 효과'라는 경제 이론 또는 정책이 있습니다. 구멍 뚫린 양동이에 물을 담으면 결국 흘러 대지를 적시듯, 정부가 대기업 또는 부유층에 투자하면 궁극적으로는 중소기업 또는 저소득층에도 그 혜택이 고루 돌아간다는 경제 활성화 이론이죠. 물은 위에서 아래로 흐르지만 자본 또는 이윤은 그렇지 않다는 것을, 대개 그 양동이엔 구멍이 뚫려 있지 않다는 것을 알게 되는 장면은 무수히 많습니다. "위험은 아래로 흘러 '하청'에 고인다"는 언론 기사의 제목❹처럼, 가장자리에는 위험과 부담과 가난이 흘러 고입니다. 누구의 노동 또는 어떤 존재가 주변화되는지, 누가 가장자리에 몰린 위험을 감수해야 하는지, 존재의 줄 세우기를 통해 결국엔 누가 그 이득을 자기 주머니에 챙겨 넣는지를 물어야 할 이유입니다.

여백/공백 : 포함되어 있으되 드러나지 않는

책의 한 페이지는 글자와 여백으로 구성되어 있지만 여백은 비어 있거나 존재하지 않는다고 여겨집니다. 마찬가지로 소수자들은 이 땅에 함께 살아가면서도 없다고 여겨지거나 드러나지 않기를 요구받습니다. 인구 10명 중 1명은 성소수자라고 합니다. 그런데도 아직까지 성소수자를 한 번도 주위에서 만나 본 적 없다고 말하는 이들이 많은 이유는 무엇일까요? 인구 10명 중 1명 이상이 장애인이라고 하지만 비장애인 가운데 장애인을 실제로 만나고 관계를 맺는 이들은 많지 않습니다. 그들은 모두 어디에 있는 것일까요? '성차별에는 반대하지만 페미니즘은 안 된다'는 사회적 압박 속에서 페미니스트라는 존재 선언은 물론, 페미니즘 관련 책을 읽는 것도 숨겨야 하는 이들이 있습니다. 정체성을 드러내지 말라는, 일종의 '커버링covering' 압박을 받는 셈이죠. 이주민들이 모여 살거나 자주 모이는 거리가 형성되는 이유도 여러 가지가 있겠지만, 한국인들이 주로 모인 공간에 섞이기를 욕망해서는 안 된다는 압박도 큰 몫을 차지할 겁니다. 자기의 정체성을 숨겨야 하거나 아예 격리되어 존재하지 않는 듯이 살아가야 하는 삶이란 어떤 것일까요. "죽은 듯이 조용히 살라"고 명령할 권리가 과연 누구에게 있는

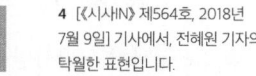
4 《시사IN》 제564호, 2018년 7월 9일 기사에서, 전혜원 기자의 탁월한 표현입니다.

것일까요. 그러하기에 소수자들은 자신의 존재 자체를 드러내는 것만으로도 그들이 얼마나 오랫동안 이 사회에서 '없는 셈' 쳐지고 있었는지를 고발하는 효과를 낳습니다. 존재를 드러내는 선언들을 보며 숨죽이고 있던 다른 이들도 세상 밖으로 나갈 용기를 얻습니다.

차이의 발명, 차별의 탄생

그렇다면 차별에 맞서는 감각을 키우고자 하는 반차별교육은 차이와 차별을 어떻게 다루어야 할까요. 흔히 '다름에 대한 인정'을 수업의 목표로 삼는 경우가 많이 있습니다. "틀린 것이 아니라 다른 것"이라는 말도, "차이를 인정하는 차별 없는 세상이 열린다"는 말도 자주 사용되죠. 다름을 인정하는 태도는 물론 중요하지만, 차별에 맞서는 데 충분하지는 않습니다. 차별은 차이 자체의 문제가 아니라 차이를 만들고 그 차이에 위계를 매기는 권력의 문제이기 때문입니다. 또 어떤 차이는 인정되어야 하지만 또 어떤 차이는 구별의 기준 자체를 흔들고 만들어진 차이를 의심해야 차별로 이어지지 않습니다.

세상에는 무수한 차이들이 존재합니다. 그중 어떤 차이는 차이로서 인지되는 반면, 어떤 차이는 차이로도 잘 인지되지 않습니다. 역사적, 사회적 맥락에 따라 어떤 차이가 차별의 사유로 등장하기도 하고 어떤 차이는 차별의 무대에서 사라지기도 합니다. 중세 시대 유럽에서는 왼손잡이가 '악마의 몸짓'으로 해석되었다고 하죠. 한국에서도 왼손잡이는 교정의 대상으로 오랫동안 분류되어 왔습니다. 다행히도 오늘날에는 왼손잡이에 대한 압박이 거의 사라졌습니다. 세상은 여전히 오른손잡이를 중심으로 설계되어 있지만(지하철 개찰구를 통과하는 방향만 봐도 잘 알 수 있죠) 최근 알게 된 지인이 왼손잡이

인지 오른손잡이인지 신경 쓰는 사람은 많지 않습니다. 반면 면접을 보러 갈 때 남성과는 달리 여성은 안경을 쓰고 갈지 말지를 고민합니다. 안경 쓴 여자는 자기 관리에 신경 쓰지 않거나 까다롭다는 이미지를 주기 쉽기 때문이죠. 안경을 쓰고 말고가 남성들에게는 별반 문제가 되지 않지만, 여성들에게는 차별로 작동할 수 있는 것입니다. 반차별교육이 다루어야 할 차이는 바로 이 차별로 전환되는 차이의 문제입니다. 인권 관련 조례나 법을 만들 때면 차별의 정의 조항에 예시로 열거할 차별 사유에 무엇을 포함하고 뺄 것인가를 두고 격돌이 일어나곤 합니다. 차별 사유에 등재되느냐 마느냐는 차별의 존재 자체를 인정하고 시정되어야 할 문제로 인정하느냐 마느냐의 문제이기 때문입니다.

반차별교육은 차이를 만들어 내는 기준 자체에 의문을 제기해야 할 때가 있습니다. 자연적이고 생물학적이며 실재하는 것으로 보이는 차이조차도 어떤 사회적 의도에 따라 인위적으로 만들어진 차이이기도 하니까요. 이를테면 성별은 생식기 또는 염색체를 기준으로 인간의 성별을 둘로 구분합니다. 엄연히 존재하는 '인터섹스intersex'[5]는 이 구분에서 배제됩니다. 자신의 정체성을 여성도, 남성도 아니라고 여기는 사람들도 있습니다. 사회가 지정해 준 성별과 자신이 정체화하는 성별이 다른 경우지요. 그래서 차별 사유에 성별뿐 아니라 성적 지향이나 성별 정체성을 추가하려는 노력이 있어 왔습니다. 인종을 구분하는 어떤 분류법도 지금껏 과학적 완결성을 입증하지 못했습니다. 인종은 대개 피부색, 얼굴 모양, 두개골의 형태, 등뼈의 휜 정도와 같은 신체적 특징을 중

5 페미위키(femimiki.com)의 2018년 2월 28일 판 정의에 따르면 다음과 같습니다. "간성(intersex)은 재생산이나 생식에 있어 전형적인 여성이나 남성의 특징/정의(definition)와 다른 해부학적 구조를 나타내는 상태 또는 이러한 상태를 가진 사람이나 여타 동물을 말한다. 성기, 생식샘, 성호르몬, 염색체 형질 등의 성적 특징이 보편적인(typical) 성별 이분법적인 관념과 일치하지 않는 경우 등이 있다."

심으로 구분되어 왔지만, 그 분류법에서 벗어나는 존재들은 언제나 있어 왔기 때문이죠. 인종을 구분하려는 시도는 식민지 지배를 정당화하기 위해 인종의 등급을 매기려는 우생학과 역사적으로 결부되어 왔습니다. 인종을 구분하는 것부터 문제적일 수 있는 것이죠. '유색 인종'이라는 말은 그 개념부터가 문제적입니다. 백색도 색깔인데 왜 백인은 '유색 인종'에서 빠져 있을까요? 백인의 입장에서 다른 인종을 구별하고 자신들이 누리는 특권을 정당화하려는 기획에서 피부색에 따른 구별이 출현했습니다. 이성애에 기초한 부부와 자녀로 구성된 가족 형태를 '정상 가족'으로, 나머지 가족 형태는 '비정상'으로 분류하는 기준은 현실의 다양한 가족 형태를 지우고 정책 지원의 대상에서 소외시킵니다.

무엇보다 인간을 구분 짓는 이런 기준들은 현실에 존재하는 구체적 인간의 생생함을 오히려 지운다는 점에서 문제적이라고 볼 수 있습니다. 한 사람 한 사람의 고유성과 입체성, 역사성은 모두 지워진 채 그저 나의 피부색, 나의 (눈에 보이는) 장애, 나의 성기 등으로만 축소되어 상대방에게 인식되는 경험을 소수자들은 자주 겪습니다. 한 사람을 장애인이나 어린이로만 인식하면 그의 '무능'과 '미성숙'이 먼저 떠오르고 일방적인 보호, 배려, 응원, 칭찬의 대상으로 생각하기 쉽습니다. 장애인 활동 지원 서비스와 같은 공적 지원을 신청할 때도 장애인들은 등급을 나누는 관료적 기준 앞에 놓입니다. 같은 장애 등급으로 분류되었다고 해도 각자가 지닌 어려움과 장애 특성의 차이는 제각각인데도 말이지요. 사회적 구별의 기준은 사람과 사람이 맺는 관계에도 다각적인 영향을 끼칩니다. 내가 어떤 사람인지를 더 알고 싶어 하는 눈빛은 호감의 신호로 읽히고 대화와 관계의 진전을 만들어 냅니다. 반면 내가 여자인지 남자인지, 피부가 검은 편인지 아니면 '순수 한국인'이 아니어서 그런지, 말이 느린 편인지 장애가 있어서 그런 건지 캐내려는 눈빛 앞에서는 기분이 언짢아질 수밖에 없겠죠.

반차별교육은 또한 차별을 만들어 내는 권력과 차별을 정당화하는 논리에 도전합니다. 차별은 나쁘다는 규범의 선포에 그치지 않고 차별이 탄생하고 유지되는 사회적 맥락을 함께 말해야 합니다. 거다 러너의 《왜 여성사인가》는 권력이 '자의적 기준'에 의해 차이를 '발명'하고, 그 차이에 위계를 매김으로써 차별을 작동시키고 제도화하는 매커니즘을 정교하게 설명하고 있습니다. 거다 러너에 따르면, 인종이든 성이든 인간들 사이에 실재한다고 여겨지는 차이는 다른 사람을 '분류'하려는 권력의 행위로부터 구성된 범주고 그 분류의 밑바닥에는 지배와 억압에 대한 동기가 자리하고 있습니다.

① 임의로 겨누는 표적. 어떤 '차이'가 선택된다. 그것은 기준(일반적으로 규정을 맡는 집단)과의 차이를 명시하는 하나 혹은 여러 개의 특징이나 범주일 것이다. 예를 들면 어떤 사람은 여성이고, 어떤 사람은 검은 피부를 지녔으며, 어떤 사람은 보스니아인으로 불리는 집단에 속하며, 어떤 사람은 유대인이다.

② 집단 정체성 강요. 부정적인 특징들이 임의로 선택되어 그 집단에 첨부된다. 다음에는 이런 부정적인 특징들이 그 집단의 성원 각자에게 해당한다고 여겨진다. (라티노들은 모두 게으르다. 유대인들은 모두 수전노다.)

③ 제도화된 차별. 표적으로 설정된 집단은 차별적인 법률과 관행으로 인해 권력과 자원, 특권에 동등하게 접근할 기회를 박탈당한다. 이는 그 집단에 부정적인 영향을 미쳐서 그들의 열등성을 둘러싼 관념들이 심화된다. 제도화된 인종 차별주의, 성차별주의, 반유대주의, 동성애

혐오 등은 편견과 인위적으로 창조된 '일탈'을 강화한다.

④ 서로 다른 역사적 경험. '일탈자'로 지정되고 제도화된 차별에 의해 희생단한 집단의 성원들은 지배 집단과는 다른 역사적 현실을 경험한다. 그들은 모든 집단적 사건들을 피억압자의 관점에서 경험한다. 그러나 이런 분리된 경험은 한편으론 그들이 생존하고 저항할 수 있는 능력의 원천이 된다.⁶

이는 미국의 교사 제인 엘리어트가 초등학교 3학년 학생들과 진행한 '푸른 눈 갈색 눈' 실험의 과정과도 일치합니다. 마틴 루터 킹의 암살로 큰 충격을 받은 제인 엘리어트는 백인 아이들과 함께 인종에 따른 분리와 차별의 문제를 생생하게 체험하기 위해 '차별 실험'을 진행합니다. 이 실험이 진행되기 전까지만 하더라도 학생들 사이에서 눈동자의 색깔은 인지되지도 않는 차이였죠. 교사는 먼저 푸른 눈과 갈색 눈이라는 차이를 '선택'한 뒤, 푸른 눈을 가진 학생들의 부정적 특성을 부각하고 "너는 푸른 눈이라서 그렇구나"라며 집단적 특성으로 만들어 버립니다. 점심시간, 운동장 이용 등에서도 후순위로 밀어내죠. 푸른 눈과 갈색 눈의 학생들은 완전히 다른 하루를 경험합니다.⁷ 이와 유사한 과정이 실제로 광범위한 사람들을 죽음과 격리로 내모는 데로 이어진 것이 바로 나치 독일에 의한 집단 학살이었습니다.

프랑스 백과사전《엔시크로페디아 우니베르사리스Encyclopedia Unversalis》는 '인종 차별주의'를 다음과 같이 정의합니다. "인종 차별이란 현실 혹은 가공의 차이에 일반적·결정적인 가치를 매기는 것으로 이 가치 매김은 고발자가 자신의 공격을 정당화하기 위해 피해자를 희생시키고 자신의 이익을 위해 행

6 거다 러너, 강정하 옮김(2006),
《왜 여성사인가》, 푸른역사,
375~376쪽.
7 윌리엄 피터스, 김희경
옮김(2012),《푸른 눈, 갈색 눈》,
한겨레출판.

하는 것이다." 차이를 만들고 차별로 전환시키는 과정에는 이처럼 정치적 동기가 자리잡고 있습니다. 자본주의와 노예 제도의 역사적 상관관계를 연구한 에릭 윌리엄스는 "노예 제도는 인종 차별주의의 결과가 아니었다. 오히려 인종 차별주의가 노예 제도의 결과"라고 말합니다.[8] 자본주의의 팽창 과정에서 식민 지배와 노예제가 만들어졌고 바로 그 노예제를 정당화하기 위한 정치적 동기로서 인종 차별 또는 인종주의가 발명된 것이라는 이야기입니다. 우수하거나 열등한 유전자가 따로 있고 이에 따라 열등한 유전자는 제거되어야 한다고 믿은 우생학은 '생물학적으로 오염된 인종'으로 분류된 범죄자나 '정신 박약자(지적 장애인)' 등을 사회로부터 분리, 제거하는 정치적 시도들을 낳았습니다. 미국에서는 20세기 초부터 이 '오염된 인종'에 대한 불임 시술을 합법화하는 법까지 제정되기도 했는데요. 그 배경에는 경제적 불평등의 심화와 이에 저항하는 노동조합 운동을 억제하기 위해 경제적 불평등의 원인을 타고난 유전자의 결과로 자연화하려는 시도가 깔려 있었습니다. 인종 차별주의와 우생학의 결합을 낳았던 독일은 1차 세계 대전에서의 패배 이후 전쟁 보상금과 영토 보상 문제, 여기에 덮친 대공황의 여파로 큰 경제적 어려움을 겪고 있었습니다. 나치즘은 우월한 민족인 아리아인과 오염된 다른 인종을 구분하는 한편, 독일 사회의 생산성과 효율성을 위협하는 존재로 유대인뿐 아니라 장애인, 노인, 집시, 동성애자 등을 지목하기에 이릅니다. 1935년에 제정된 '뉘른베르크 법Nürnberger Gesetze'은 유대인과 독일인 사이의 결혼을 금지하고 유대인의 공무원 임용권을 박탈하는 등 차별을 제도화하기도 했습니다. 이 제도화는 차별을 확대, 재생산하면서 결국에 학살까지 자행하기에 이릅니다. 차별이 탄생하고 유지, 확대되는 구조에 함께 주목할

8 에릭 윌리엄스, 김성균 옮김(2014),《자본주의와 노예 제도》, 우물이있는집, 59쪽.

때, 차별의 증상이 아닌 원인을 제거할 수 있게 됩니다.

차별은 '그/녀들'의 문제인가

차이가 발명된다는 말에서 우리는 자연스럽게 차별이 결코 특정 정체성을 지닌 사람들만이 겪게 되는 특별한 피해 경험이 아님을 떠올릴 수 있습니다. 차이를 만들어 내는 기준은 정치적 상황의 변동에 따라 언제든 자의적으로 선택될 수 있는 것이니까요. '상호 의존성'이라는 인권의 핵심적인 원칙을 떠올려 보아도 차별이 나와는 상관없는 그/녀들의 문제만이 아님을 알 수 있게 됩니다. 청소년의 미성숙을 근거로 청소년의 권리를 제한하는 것을 당연시하는 사회는 또 다른 이들에게도 동일한 잣대를 들이댈 수 있는 사회입니다. 비청소년들 누구나 갖고 있는 약함이나 미성숙함을 결코 들켜서는 안 된다는 사회적 압박도 강력한 사회이기도 하죠. 청소년을 미성숙하고 보호받아야 할 존재로만 간주하는 사회에서 '청소년 보호'는 다른 구성원의 자유를 제한하는 단골 메뉴가 되기 쉽습니다. 성소수자에 대한 혐오 주장들은 '위험으로부터 청소년을 보호해야 한다'는 청소년 보호 논리를 즐겨 활용합니다. 동물을 비인간이라는 이유로 막 대하는 사회는 어린이나 여성, 노인, 장애인도 동물에 빗대어 막 대할 수 있는 사회이기도 합니다. 여성들의 참정권이 어린이나 동물에 빗대어 부정당했던 것처럼 말이지요. 차별을 내가 아닌 외부의 문제로만 볼 수 없는 이유입니다.

　나아가 여성, 장애인, 성소수자, 이주민처럼 하나의 정체성으로 구분되는 집단이 동일한 존재들의 총합이 아님을 기억할 필요가 있습니다. 청소년들은 일반적으로 경제적, 사회적, 관계적 종속과 억압을 경험합니다. 그러나 같은 청소년이라고 해도 여성인지 남성인지, 성적 지향과 성별 정체성은 어떠한지, 학교에 다니는지 아닌지, 원가정에서 사는지 가정 밖에 나와서 사는지, 장애가 있는지 없는지, 출신지나 가족 배경이 어떤지 등에 따라 상당히 다른 삶의 좌표 위에 놓입니다. 두발과 복장에 대한 학교의 단속 기준과 강도 역시 남학생과 여학생, 학교의 등급(중학교에서 규율의 강도가 심해지고 특수목적고의 경우엔 알아서 잘한다는 이유로 단속을 거의 하지 않기도 합니다)에 따라 상당히 달라지죠. '고령자 친화 도시'를 설계한다고 해도, 정규직으로 은퇴해서 연금으로 생활이 가능하고 자식에게 물려줄 유산도 갖춘 남성 노인의 삶과 사회적으로 인정되는 경력이라곤 가져 보지 못한 채 평생 짬짬이 노동과 돌봄 노동을 수행하다 이제는 '독거 노인'의 삶을 살아가는 여성 노인의 삶이 같을 수는 없습니다. 남성 중심의 사회에서 '여성스러움'은 예쁘거나 집안일을 잘하는 특정 성역할 규범을 중심으로 정의됩니다. 이때 특정한 연령대, 특정한 외모, 특정한 상태, 특정한 성질을 지닌 여성만이 '보편적인 여성'으로 선별되는 것이죠. 그 결과 다른 외모, 다른 연령대, 다른 성적 정체성, 다른 특성과 가치를 지향하는 여성들은 여성이 아닌 존재로 치부됩니다. 여성 안에서도 다양한 몸의 위계가 생기고, 여성에게 요구되는 역할을 수행하지 못하는 여성들은 존중하지 않아도 마땅한 존재로 분류됩니다. 장애 여성의 삶은 장애 성인 남성으로 대표되어 온 그 '장애인'의 삶과도, 비장애 성인 여성으로 대표되어 온 '여성'의 삶과도 다릅니다. 장애인이기에 겪는 차별도 있고 여성이라서 겪는 차별도 있겠지만, 장애 여성만이 겪는 고유한 차별도 있습니다. 장애 여성 가운데도 청소년과 성소수자와 노인의 삶은 또 다르죠. 반차별운동에서는 이를 '다중 차별', '복합 차별' 또는 '교차성'이라는 개념으로 다루어 왔습니다.

"모든 여성은 백인이고 모든 흑인은 남성이냐"는 질문을 통해 블랙 페미니즘은 인종 차별 문제를 부차화한 여성인권운동과 성차별 문제를 부차화한 흑인인권운동을 비판한 바 있습니다. 마찬가지로 흑인 여성 성소수자 단체들은 흑인 여성인권운동의 이성애 중심성을 비판하기도 했죠. 인간의 존재는 계급, 성, 인종, 나이, 성적지향, 성별 정체성 등 다양한 범주로 구성되어 있습니다. 그런데도 그중 하나만을 선택하여 나머지를 부차화해 버린다면 배제되는 차별 문제가 생겨날 수밖에 없고, 차별을 제대로 이해할 수도 없게 됩니다. 사람의 정체성은 하나만으로 규정될 수도 없고 고정되어 있지도 않습니다. 사회적 조건과 관계의 맥락 속에서 정체성이 재구성되고 특정 정체성이 부각되거나 축소되기도 하죠. 사회적으로 분류된 어떤 집단의 이름으로 한 개인의 고유성을 설명하기란 어렵습니다. 차별에 맞선다는 것은 n개의 사람에게 맞는 n개의 평등 정책을 상상할 수 있다는 뜻인지도 모릅니다.

복합성 또는 교차성에 대한 관심은 타인 또는 다른 집단과 연결되고자 하는 마음과도 관련이 있습니다. 낸시 프레이저는 《불평등과 모욕을 넘어 - 낸시 프레이저의 비판적 정의론과 논쟁들》에서 착취 구조를 해결하는 문제와 억압받는 정체성을 인정받는 문제 가운데 어느 한쪽의 문제만 집중해서는 문제를 해결할 수 없다고 말합니다. '어른이 되면 할 수 있다'는 이야기로 끊임없이 권리를 유보당하는 청소년의 처지와 나이가 서른, 마흔이 되어서도 '어른'이 아니라고 간주되는 발달 장애인의 처지는 닮아 있습니다. 학교 규율이 만들어 내는 '몸'과 '정신'은 노동 현장의 규율이 기대하는 바와 닮아 있습니다. 여성들이 타파하고자 하는 가부장제의 억압 질서는 어린이·청소년이 경험하는 억압과 연결되어 있고, 인간의 몸에 등급을 매기고 정상과 비정상을 구분하는 질서는 여성, 장애인, 성소수자, 비백인, 노인 등의 삶을 모두 관통하는 문제이기도 합니다. 이처럼 존재들은 연결되어 있고 문제도 연결되어 있습니다. 2018년 출범 20주년을 맞이한 '장애여성 공감'이 발표한 20년사는 상호 연결을 고민하는 반차별운동의 가치를 잘 보여 줍니다.

> "모든 인간은 존엄하다. 그러나 시대마다 존엄함을 스스로 증명하고 외쳐야 하는 사람들이 있었다. 장애인을 비롯해 시대마다 불화하는 존재들은 '불구'라는 낙인으로 차별받았다. 장애 여성은 몸의 차이로 비정상적인 존재가 되었다. 그러나 장애 여성의 경험과 위치는 단일한 정체성으로 환원할 수 없는 수많은 이들의 존재를 일깨우며 정상성을 강요받는 다른 몸들과 만난다. 그리고 불구의 존재들과 함께 폭력적인 운명을 거부한다. (……) '촛불의 혁명'과 보편적 인권을 말하는 시대, 우리는 민주주의와 보편의 정의를 다시 묻고, 제도와 보편에서 누락된 불구의 존재의 연대로 인권의 역사를 진전시키는 노력에 동참하고자 한다. 우리는 우리의 경험을 말하기를 멈추지 않되, 우리의 차별과 억압만이 특별하고 중요하다고 주장하지 않는다. 우리는 비슷한 처지에 있는 소수자들과 함께, 정상성과 보편을 의심하고 싸우는 이들과 함께 의존과 연대의 의미를 다시 쓰는 투쟁을 멈추지 않을 것이다. 그럼으로써 살아가고 의미 있게 존재할 것이다."

반차별교육이 도전해야 할 감각의 장벽들

인권교육에서 반차별 감수성의 중요성을 이야기하다 보면 참여자들이 보이는 저항감이나 반대 논리도 만만치 않습니다. 때로는 취향이나 공정, 평등의 논리로 차별에 반대하는 것에 반대한다는 이야기를 듣게 되기도 하죠.

차별의 자연화

대표적으로는 차별을 '원래 그런 것', '자연스러운 것', '당연한 것'이라는 주장이 있습니다. 사회적으로 만들어진 차이와 차별을 자연적, 본질적인 것으로 만들어 버림으로써 기존 질서를 유지하는 효과를 만듭니다. '여자들은 원래 어떻다', '애들은 인간이 아니라 인간이 되어 가는 존재다', '유전자에 차등이 있다', '동성애는 타고난 것이 아니니 전환 치료가 가능하다'와 같은 생각들이 대표적입니다. '사회적' 약자라는 말이 드러내는 '사회의 책임'을 부정하는 태도이자, 사회적 약자나 소수자에 대한 무시가 함축되어 있는 생각이기도 합니다. 차별의 원인이 당사자에게 있다면 차별은 역사적·사회적으로 구축되어 온 부정의의 문제가 아니라 개인이 짊어져야 할 '업보'의 문제일 뿐이게 됩니다. 그 말을 거꾸로 뒤집어 보면(예를 들어 '남자들은 원래 그렇다'), 자연화가 얼마나 폭력적인지가 드러나게 마련입니다. 누구나 수화 언어(수어)를 할 수 있는 사회라면 수어를 사용하는 청각 장애인이 도드라지거나 '결함을 지닌 존재'로 인식되지 않을 겁니다. '원래 그런 것'은 없습니다.

'의도 없음'이라는 쉬운 변명

차별의 언어와 행동 뒤에는 타인에 대한 무지, 오해, 차별적으로 구성되어 온 통념이 자리하고 있습니다. 가령 결혼 이주 여성들을 만나면 상인들은 저렴한 물건을 권하곤 합니다. 결혼 이주 여성들은 대개 한국보다 못사는 나라에서 왔고 그들과 국제 결혼을 하는 한국 남성들도 사회 경제적 지위가 낮은 사람들이므로 '다문화 가정'은 다들 가난하다고 생각하기 때문이지요. 다문화 가정이라고 해서 사는 형편이 다 같은 것도 아니고 구매자가 현재 어떤 가격대의 물건을 고르고 싶은지도 모르지만 물건을 파는 이들은 그런 건 물어보지 않습니다. 고정 관념이 먼저 자리를 꿰찬 까닭입니다. 당사자가 도움을 요청하지 않아도 휠체어를 탄 장애인의 휠체어를 밀어 주려 하거나 시각 장애인의 팔을 잡고 길잡이가 되어 주려는 사람들도 있습니다. 당사자들이 불쾌함을 표시하면 자신이 섣불리 판단했다고 사과하면 될 일인데 자신의 무안함을 앞세우는 경우가 많습니다. "나는 좋은 뜻으로 한 건데 너무 까칠하게 나와서 무안했다." "비하/차별할 의도가 추호도 없었다." 이렇게 항변하는 이들도 있습니다. 의도가 있었다면 더 고약하겠지만 의도가 없었다고 해서 결과적으로 야기된 차별을 지울 수는 없습니다. 만약 그 사람이 결혼 이주 여성이 아니었다면, 장애인이 아니었다면 고려했을 인간에 대한 예의와 '거리'에 대한 존중이 생략되었다면 무엇이 그 생략을 가능케 했는지를 돌아보는 일이 필요합니다. 어쩌면 무심코 어떤 행동을 해도 되었다는 것 자체가 차별적으로 구성된 사회에서 우리가 익숙하게 살아온 결과일 테니까요.

현실론에 갇힌 정의의 불가능성

'인간 사회는 원래 약육강식의 사회다', '억울한 것도 알겠고 차별받는 것도 알겠지만 어쩔 수 없다'며 차별을 불가피하고 어쩔 수 없는 것으로 바라보는 생각들도 자주 접합니다. 안됐긴 하지만 '우리'가 살기 위해선 누군가를 추방할 수밖에 없고("가짜 난민, 나가라"), 분리시키는 게 맞고("아파트값 떨어지니 특수학교는 안 된다"), 사소한 문제로 발목 잡지 않아야 하고("미투 운동으로 아까운 인재를 너무 많이 잃었다"), 안됐지만 내 삶에 끼어드는 것은 싫다("정신 장애인과 이웃에 살 수는 없다") 등의 이야기도 슬그머니, 때로는 공공연하게 등장하죠. 차별의 논리로 촘촘하게 짜인 거대한 사회의 장벽을 경험하면서 차별을 없애는 건 불가능하다는 낙담이 만들어 낸 반응일지도 모릅니다. 그러나 때로는 이 이야기의 밑바닥에 깔린 욕망은 무엇인지, 차별을 없애는 것은 불가능하다고 말할 때 그 불가능성은 누구의 불가능성을 말하는 것인지 세심히 따져 보아야 할 때가 있습니다. 평범한 사람들이 반차별을 '선택'하고 '동참'하기까지 정의를 유보시킬 수는 없습니다. 교육과 설득만으로 평등이 진척될 수 없는 이유입니다. 그러나 인권교육가는 기꺼운 동참과 감수성의 확장을 돕는 사람이기에 포기하지 않아야 합니다. 머뭇거림의 정체를 잘 파악하고 때로는 그 밑바닥에 깔린 편견과 뒤바뀐 선후 관계를 짚어 줄 필요가 있습니다.

특히 나의 낙담이나 냉담이 사회적 약자들의 말하기를 침묵시키는 결과를 초래하지 않는지 살펴보아야 합니다. 차별이 감지될 때 말하기를 시도하는 사람에 대해 '까칠하다', '분위기를 망친다', '화합을 해친다', '발목을 잡는다'와 같은 비난을 가하는 일이 자주 일어납니다. 말하기에 침묵으로 응대함으로써 말하는 이를 고립시키기도 합니다. 이런 문화가 팽배할수록 사람들의 입은 더욱 굳게 닫히고, 또 다른 차별과 불의로 이어집니다. 아무 일도 하지 않으면 차별도 멈추지 않습니다.

차별의 내면화

차별의 논리는 경쟁, 각자도생, 승자 독식의 논리가 팽배한 사회에서 삶을 이끌어 나가는 지배적인 규범이자 목표로 내면화되기 쉽습니다. '너도 공부 안 하면 저렇게 된다', '억울하면 성공해라'와 같은 말들은 인간의 마음에 깊은 내상을 남기지만, 차별로 인식되기보다 달성해야 할 과업으로 변환되어 삶을 추동해 나갑니다. 학력과 학벌로 노동 시장을 위계화하고 임금을 차등적으로 분배하는 사회에서 '공정 경쟁'의 신화가 의심되지 않는 한, 좋은 학력을 갖추지 못한 개인이 잘못이지 좋은 학력과 학벌을 우대하는 것은 노력의 대가로 생각되기 쉽습니다. '모든 일자리의 존엄'을 고민하지 않고 '괜찮은 일자리를 얻지 못하는 것은 개인이 노력하지 않은 탓'이라 여기는 사회에서 차별은 더 내면화되기 쉽습니다.

장 지글러의 《인간의 길을 가다》에는 철학자 장 조레스의 질문이 소개되어 있습니다. 장 조레스는 불평등하고 폭력적인 사회 구조에 혹사당하는 사람들이 손과 발에 쇠사슬이 달려 있는 것도 아닌데, 이 모든 것을 견디는 것은 어떤 기적 때문인지를 질문합니다. 그가 찾은 대답은 이렇습니다. "쇠사슬은 마음속에 있었고, 생각이 묶여 있었으며, 삶이 정신에 그 형태를 새겼고, 습관이 그 형태를 고정시켰다. 사회적 질서가 인간들을 형성했고, 인간들 속에 있었으며, 어느 면에서는 인간들의 본질이 되었다. 그리고 인간들은 자신들을 현실과 혼동했기 때문에 현실을 거역하지 않았다."

사람이 '자신'과 '현실'을 혼동한다는 말이 인상적입니다. 차별의 자리를 나의 자리로 혹은 나 자신으로 받아들이는 순간, 무엇만이 능력으로 간주되는지, 능력의 우위를 가르는 기준은 정당한지, 누가 사회적으로 가치 있다고 평가되는 능력을 쌓을 기회와 자원을 더 많이 갖고 있는지, 공정하다고 여겨지는 경쟁은 과연 공정한지는 질문되지 않습니다.

tvN 드라마 〈슬기로운 감빵생활〉에서 주인공 김제혁은 아르바이트를 하며 어렵게

9 장 지글러, 모명숙 옮김(2016), 《인간의 길을 가다》, 갈라파고스, 77~78쪽.

공무원 시험을 준비하다 교통사고 책임을 홀로 뒤집어쓰고 교도소에 들어온 민성이 자기가 좀 더 노력했어야 했다며 오열하자 이렇게 위로합니다.

> "더 노력했었어야지. 네가 더 노력하고, 최선을 다했어야지. 새벽부터 일하고, 아르바이트도 5개씩 했었어야지. 밥도 먹지 말고, 밥은 왜 먹어? 잠도 5시간 자지 말고 3시간만 잤었어야지. 밥도 안 먹고 잠도 안 자고, 1년 365일 일만 하고 공부만 했었어야지. 어떻게 지금보다 더 열심히 사냐? 여기서 어떻게 더 허리띠를 졸라매? 어떻게 더 '파이팅'을 해? 최선을 다했는데, 기회가 없었던 거야. 그러니까 세상을 탓해. 세상이 더 노력하고 애를 썼어야지. 자리를 그렇게밖에 못 만든 세상이 문제인 거고, 세상이 더 최선을 다해야지. 욕을 하든 펑펑 울든 다 해도, 네 탓은 하지 마."

억압적이고 강력한 사회 시스템을 문제시하는 것보다 내가 조금 더 노력하는 것이 덜 어려운 일처럼 느껴질 수도 있습니다. 그렇다고 고통의 고리가 끊어지지는 않지요. '내 탓'의 논리는 성공하지 못한 타인에 대한 모욕과 무시로 이어지고, 평등을 위한 조치를 바라보며 (결코 내 것이 될 리 없더라도) '내 것을 빼앗아 갈지 모른다'는 불안에 떨게 됩니다. '내 탓'과 '남 탓'의 전쟁에서 빠져나와 세상이 더 최선을 다하도록 만드는 목소리가 필요한 이유입니다.

차별의 취향화

최근에는 이건 차별이 아니라 자신의 선호일 뿐이라며 차별에 대한 논의 자체를 거부하는 반응들도 자주 접할 수 있습니다. 외모주의나 여성의 신체에 대한 상품화가 문제라고 이야기하면 "나는 그저 예쁜 게 좋을 뿐인데 그게 무슨 차별이냐"고 응수한다거나 성소수자 인권에 대해 이야기하면 "성소수자가 뭘 해도 좋지만 내 타입은 아니야. 내 옆에만 없으면 돼", "동성애를 싫어하는 것도 내 자유"라는 입장을 보이는 경우가 대표적입니다. 차별이 아니라 그저 취향일 뿐인데 왜 나한테 특정한 생각을 강요하느냐는 방어막을 치는 것이죠. 이런 반응의 밑바닥에는 취향은 사적인 문제이므로 간섭받을 필요가 없다는 전제가 깔려 있습니다. 누군가는 속으로는 싫어해도 겉으로 대놓고 표현만 하지 않으면 된다는 식으로 얘기하기도 하죠.

그런데 취향이나 기호가 정말 사적이고 주관적인 문제일까요? '하얀 피부'가 매력적이고 아름답다고 느끼는 이유는 백인 우월주의의 역사와 무관한 것일까요? 예전에는 "근면 성실"이 대다수 가구의 가훈이나 급훈이었던 시대가 있었습니다. 성실한 사람에게 호감을 느낀 이유는 열심히만 하면 어느 정도까지의 성취가 가능했던 시대적 뒷받침이 있었기 때문입니다. 반면 오늘날 성실한 사람은 한편으로는 호감의 대상이지만 다른 한편으로는 자기 잇속도 못 챙기는 미련함을 암시하기도 하죠. "열심히 하는 것으로는 모자라. 잘해야지." 노력에 따른 보상의 가능성이 한결 줄어든 시대에서는 성실함이 아니라 경쟁에서의 승리가 더 중요한 사회적 가치관으로 자리 잡았습니다. 그러니 그저 성실한 것만으로는 호감의 대상이 되기는 어려운 시대가 되었죠. 개인의 취향, 기호, 선호라는 것도 그 사회가 지향하는 가치와 시대적 조건과 상호 작용 하는 과정에서 형성된다고 볼 수 있습니다.

또한 누군가의 어떤 취향은 공개적으로 말하고 실천될 수 있는 반면, 다른 누군가의 어떤 취향은 그렇지 않습니다. 나답게 즐기는 삶'의 내용은 각자마다 달라야 할 것 같고 각자마다 다를 수 있겠지만, 사회 전체적으로는 '자유롭게 소비하라'는 주문이 강력한 시대입니다. 맛집을 찾아다니고 남들이 가 보지 못한 해외에 한발이라도 먼저 가서 인증샷을 남기고 전시하는 일이 점점 더 많은 이들의 취향이 되어 갑니다. 그런데 이 취향은 일정한 자본의 뒷받침 없이는 불가능합니다. 누구나 마음만 먹으면 그렇게 될 수 있다고 포장하고 전시하는 광고와 방송의 포화 속에서 해외여행 한 번 못 가고 돈벌이에 목을 매야 하는 사람들은 박탈감을 느껴야 합니다. 취향, 기호라는 것도 사회적 지위나 자원에 따라 달리 형성될 수밖에 없는 것이지요.

'나는 어떤 것에 끌리고 무엇에 감탄하는가?'라는 물음은 내가 가지고 있는 사회적 편견과 고정 관념의 현재를 비추는 물음이기도 합니다. '아름다움에 대한 감탄과 사람의 신체에 등급을 매기는 칭찬은 어떤 차이가 있는가', '어떤 사랑만이 각광받고 어떤 사랑은 금기시되고 불호의 대상이 되는가'라는 사회적 질문을 놓치지 않을 때 우리는 외모와 사랑이 사람의 인생을 압도적으로 결정하지 않는 사회에 한 걸음 더 다가갈 수 있을 겁니다.

차별 논리에 포획된 반차별 주장

차별의 논리에 젖어 있다 보면 차별에 반대하는 주장을 펼치면서도 차별의 논리를 구사하기가 쉽습니다. 왼손잡이에 대한 편견에 반대한다면서 "왼손잡이라서 양손을 쓰니 머리가 좋겠다"는 덕담을 덧붙이는 경우처럼 말이지요. 왼손잡이가 양손을 쓰게 된 맥락은 모르쇠 한 채, 머리가 좋아지기에 왼손잡이도 괜찮다고 말하는 건 또 다른 차별의 메시지를 담고 있습니다. "장애인에 대한 차별적인 생각을 가진 사람들이야말로 장애인이다"라는 표현은 또 어떤가요? 장애인에 대한 존중을 깊이 고민해 보았다면 상대의 결함을 장애인에 빗대어 표현하지 않을 겁니다. 땅값을 이유로 특수학교 설립에 반대하는 사람들을 비판하면서도 특수학교라는 분리 교육이 종착역인 듯 이야기하거나 통합교육이라고 하면서도 장애 학생을 도움반으로 분리하는 것이 당연하다고 여기는 경우도 있습니다. 교통 약자(무거운 짐이 있는 일시적 교통 약자를 포함하여)들을 위해 설치된 엘리베이터를 '장애인 전용 엘리베이터'로 표기해 장애인을 우대받는 집단처럼 여기도록 방치하는 경우도 있습니다. 어린이나 청소년, (발달) 장애인이 차별에 반대하는 행동에 나설 때 '기특하다'라고 여기며 칭찬할 때, 의도했든 의도하지 않았든 '원래는 그럴 만한 능력이 있는 사람이 아닌데 예상을 뛰어넘었다'라는 메시지를 함께 전할 수도 있습니다. '그 사람들은 약자니까 당연히 도움을 받아야 하고 사회가 보살펴 줘야 한다'면서 존엄과 평등의 관점보다 시혜나 일방적 보호의 관점에서 차별에 반대한다면, 또 다른 차별 논리에 기대고 있는 것인지도 모릅니다. 장애인 차별에 반대하는 사람이 성소수자 차별에는 동의할 수 있고, 여성 차별에 반대하는 사람도 나이주의에 기초하여 어린 사람에 대한 차별을 알게 모르게 행하는 경우도 있습니다. 하나의 차별에 반대하고 있다고 해서 모든 차별로부터 일시에 자유로워질 수는 없습니다. 반차별 감수성을 계속 닦아 나가지 않으면 금세 잘 보이지 않는 불투명 창이 되기 쉽습니다.

공리주의적 태도

소수자에 대한 차별 시정은 필요하지만 다수의 행복, 공공의 이익을 위해서는 어느 정도 희생과 기다림은 불가피하다는 주장도 종종 나옵니다. 장애 학생의 통합교육에 대한 권리를 이야기하면 다수

학생의 피해를 대립 쌍으로 가져다 놓는다거나 난민에 대한 지원 증대를 이야기하면 우리 국민 가운데도 다수 빈민이 존재한다는 이야기를 꺼낸다거나 하는 경우지요. 2017년 서울시 강서구에서는 특수학교 설립 여부를 두고 주민들 사이에 팽팽한 대립이 펼쳐졌는데요, 지역구 국회의원이 애초 특수학교를 설립하려고 마련해 둔 부지에 지역 주민의 건강을 위한 한방병원을 짓겠다고 공약하면서 주민들의 기대가 커지고 장애 학생의 학부모들은 학교를 빼앗길까 무릎을 꿇고 호소하는 일까지 벌어지기도 했습니다. 정치가 만든 사회적 참사나 다름없었습니다. 장애 학생 vs. 다수의 비장애 학생, 난민 vs. 국민, 소수를 위한 특수학교 vs. 다수를 위한 한방병원. 이런 식으로 대립 구도가 설정되고 나면 장애 학생이나 그 부모, 난민 등은 다수의 희생과 공익의 양보를 요구하는 염치없는 사람들이 되어 버립니다. 자원 배분에서 무엇을 우선으로 할지 선택할 때 소수자들의 오랜 기간 빼앗겨 온 몫은 언제나 후순위로 밀려나기 마련입니다. 무엇이 더 긴급한 무게를 지니는 문제인지, 무엇이 인권이고 무엇이 이권/이익인지 고려되지 않는 경우가 많습니다. 장애 학생으로 인해 발생하는 비장애 학생의 피해가 무엇인지 분명하지 않을뿐더러 이는 해결책을 찾자면 찾아질 수 있는 문제입니다. 난민 지원에 아낀 예산이 국민 가운데 빈민에게 돌아간다는 보장도 없습니다. 특수학교 부지를 빼앗을 게 아니라 다른 한방병원 부지를 찾으면 됩니다. 대립 쌍을 잘못 설정하는 이면에는 소수자의 '인권'보다 다수자의 '이익'이 우선되어야 한다는 공리주의적 논리가 깔려 있는 것은 아닌지 살펴볼 필요가 있습니다. 역차별 주장은 대다수 잘못 설정된 대립 구도에서 만들어지는 경우가 많으니까요.

차별에 저항하는 연습들

한나 아렌트는 《예루살렘의 아이히만》에서 유대인 학살 책임자인 아이히만의 재판을 참관하고 난 뒤 큰 충격을 받았다고 합니다. 아이히만이 무시무시한 괴물이 아니라 너무나 평범한 보통 사람으로 보였기 때문인데요. 이 재판을 경험한 뒤 아렌트는 평범한 사람들이 어떻게 일상에서 악惡을 수행하는가를 밝혀냅니다. 아렌트는 악의 평범성을 만드는 세 가지 요인으로 '타인의 입장에 대한 공감 없음', '사유 없음', '자기 언어 없음'을 지목합니다. 합리성과 효율성을 최선으로 여기는 시스템하에서 타인의 삶이나 고통에 공감하기보다는 사람조차도 효율의 대상으로 보기 쉽다는 것. 법이나 지시에 일사불란하게 따르는 것이 효율적인 만큼 법이나 지시가 정의로운지, 타인에 어떤 영향을 미치는지에 대해 사유할 필요가 없다는 것. 나치는 유대인에 대한 격리 조치를 '청소'나 '소독'으로, 학살을 '최종 해결책'이라는 언어로 표현함으로써 학살 수행자들의 감각을 무디게 만들었는데, 그 수행자들은 주어진 언어 안에서 사고하는 데 그쳤다는 것입니다. 나치즘의 학살은 평범한 독일 국민의 묵인이 없었다면 불가능했을 것이고, 다수 독일인의 묵인도 아렌트가 말한 '3무無'에서 비롯되었을 겁니다.

반차별교육에 주어진 고민도 이와 유사하지 않을까요. 공감의 가능성을 어떻게 확대할 수 있는가, 차별의 그물망을 사유하는 힘을 어떻게 확장할 수 있는가, 어떻게 주어진 언어를 벗어나 자기만의 언어를 만들어 낼 수 있도록 할 것인가는 반차별교육의 주요 고민입니다. 차별에 저항하는 힘을 기르기 위해서는 반차별 감수성뿐 아니라 작게든 크게든 차별에 저항해 보는 연습이 필요합니다. 그 연습이 때로는 갈등을 불러올 테지만 때로는 예기치 않은 즐거움을 가져다줄 수도 있습니다.

할당된 장소를 이탈해 보기

'내가 밟고 서 있는 것이 세상인가, 세상이 나를 밟고 서 있는가.' 선문답 같지만 중요한 질문일 수 있습니다. 이 사회가 나에게 부여한 장소는 차별과 위계로 촘촘하게 구성된 장소일 수 있습니다. '어쩔 수 없다며 마비된 채 살아갈 것인가, 세상을 바꿀 수 없을지라도 그 세상 위에서 목소리를 낼 것인가'라는 갈림길에 우리는 끊임없이 놓입니다. 목마름이 계속되는 한 신기루는 필연이죠. 사막을 걸어 나와야, 나만의 오아시스를 찾아야 신기루에서 벗어날 수 있습니다. 마찬가지로 사회가 할당한 장소를 이탈할 때 다른 가능성이 보일 수 있습니다. 여성다움이라는 이름으로 부여된 '코르셋'을 벗어던지는 것, 폭력의 경험을 증언하는 것, 묵묵히 근면 성실하게 일만 하는 근로자가 아니라 권리를 꿈꾸고 시를 쓰고 세상에 질문을 던지는 노동자가 되어 보는 것, 골방과 시설에 틀어박혀 있지 않고 장애인이 지역 사회로 나와 존재를 드러내는 것, 학생답게 규칙을 잘 지키는 게 아니라 규칙에 의문을 던지고 규칙을 바꾸는 학생이 되어 보는 것, 성소수자가 벽장을 뛰쳐나와 가족과 친구와 세상에 자신의 정체성을 밝히는 것. 이 모든 것에 차별의 질서를 흔들거나 교란시키는 시작이 움틉니다. 미국의 저술가, 타네하시 코츠는《세상과 나 사이 - 흑인 아버지가 아들에게 보내는 편지》에서 그들을 멈추게 할 수 있다는 '희망'보다 더 중요한 것이 '투쟁'이라고 말합니다. 결과가 어찌 되든, 우리의 행동이 우리 자신이 누구인지를 말해 준다는 뜻으로 읽힙니다

> 어쩌면 우리의 승리는 중요하지 않을지도 모른다. 투쟁만이 우리가 가진 전부일지도 모른다. 역사라는 신은 무신론자이고, 신의 세계에선 그 어떤 것도 의도된 것이 없다. 그러니 너는 매일 아침 눈을 뜰 때마다

명심해야 한다. 깨어지지 않는 약속은 없다는 것을. 이건 절망이 아니야. 우주는 본래부터 이런 것들을 더 선호하지. 명사보다 동사를, 상태보다 운동을, 희망보다 투쟁을 말이다.[10]

'차이'를 새롭게 쓰기

능력, 성적 지향, 장애, 나이/듦, 젠더, 가난, 노동 등에 대해 가지고 있는 우리 자신의 생각에 기존 사회의 통념과 지배 이데올로기의 흔적이 담겨 있지는 않은지 의문을 품어 볼 필요가 있습니다. "특권에 익숙해진 사람은 평등을 억압으로 느낀다"는 말처럼, 평등을 요구하는 목소리에 우리의 감각은 어떻게 작동하고 있는지 살펴보아야 합니다. 누군가를, 어떤 목소리를 낯설고 불편하게 여기는 나의 감각은 어디로부터 온 것인지 살펴보다 보면 그 감각이 얼마나 편협하게 구성되어 왔는지 마주하게 됩니다. '다양성을 인정하고 차이를 즐길 수 있는 감각'은 그저 찾아오지 않습니다.

그 감각은 '차이'를 새롭게 쓰는 과정에서 더 탄력을 받습니다. 장애인과 비장애인이 함께 살아간다는 것은 서로에게 불편한 일입니다. 비장애인을 중심으로 짜인 사회 시스템과 오랜 기간 축적되어 온 분리의 경험이 낳은 불편함입니다. 비장애인만 불편해지는 것이 아니라 장애인도 비장애인 곁에서 많은 어려움을 감수해야 합니다. 차이를 새롭게 쓴다는 것은 비장애인을 중심으로 만들어진 사회 시스템과 문화를 뜯어고치는 일에 동참한다는 뜻입니다. 지난 박근혜 대통령 탄핵 촛불 집회는 부패한 권력에 대한 시민의 저항이라는 민주주의의 역사를 새로 썼지만, 동시에 여성과 장애인, 어린 사람 등 소수자에 대한 비하와 혐오라는 우리 사회의 민낯을 고스란히 드러내는 시간이기도 했습

10 타네하시 코츠, 오숙은 옮김(2016), 《세상과 나 사이》, 열린책들, 113~114쪽.

니다. 대통령의 부당한 권력 행사는 그 대통령이 여성이라는 이유로 여성의 속성으로 치환되어 공격되었고 장애인에 빗대어 조롱되기도 했습니다('병신년', '정신 이상자'라는 비난이 대표적이었죠). 집회에 참여한 '나이 어린 사람'들은 모두 '어린데도 정치에 관심을 갖는 기특한 학생'으로 간주되었습니다(많은 이들이 기특하다는 칭찬을 받는 아랫사람으로서가 아니라 동등한 동료로서 그 자리에 있기를 소망했고, 그중에는 학생이 아닌 이들도 있었음에도 말이지요). 바로 그런 차별에 대해 이의를 제기하고 '차별과 민주주의는 함께 갈 수 없다'는 목소리가 울려 퍼졌습니다. 차이를 새롭게 쓴다는 것은 차이에 매겨진 등급에 이의를 제기하는 목소리를 환영한다는 뜻이기도 합니다.

경계를 허물고 연결되기

거다 러너는 피억압의 경험이 생존과 저항의 원천이 된다는 점에 주목한 바 있습니다. 사회적으로 탄압받는 정체성이 있다면 개인이나 집단의 삶에 압도적 영향을 끼치게 되죠. 일제 강점기에는 '조선인'이라는 정체성을 피해서 자신을 설명하기 어려웠습니다. '조선인'이라는 정체성은 독립운동의 과정을 통해 형성된 근대 국가의 민족/국민 정체성이기도 했죠. 그러나 하나의 정체성을 강조하다 보면 그 안에 존재하는 무수한 차이가 삭제되거나 다른 목소리를 억압하는 동력이 되기도 합니다. '일본군 위안부'의 문제를 민족 모순의 문제로만 읽으려 했던 시도들처럼 말이지요. 오늘날에도 여성 차별에 반대하면서 성소수자를 밀어내고, 장애인 차별에 반대하면서 발달 장애인과 거리를 두고, 성소수자 차별에 반대하면서 10대 성소수자는 끌어안지 않는 일들을 곳곳에서 목격합니다. 앞서 인용한 장애여성 공감의 선언처럼 '우리'의 차별과 억압만이 특별하고 중요하다고 주장하

지 않는 감각, 우리의 연대를 통해 우리의 정체성도 재구성된다는 감
각이 중요합니다. 페미니스트 예술가이자 성소수자인권운동가인 조
이 레너드가 쓴 〈나는 이런 대통령을 원한다〉라는 선언문적인 시가
있습니다. 1992년 미국 대통령 선거 당시 대통령 후보로 출마했던 군
소 여성 후보 아일린 마일즈를 지지하며 쓴 이 글은 서구 각지에서 극
우 정당, 파시즘, 혐오 세력에 맞서 평등을 요구하는 현장에서도 두고
두고 회자되고 있습니다. 차별받아 온 이들의 목소리로 정치가 무엇
을 해야 하는지를 말하고 있는 이 시는 경계를 허물고 연결된다는 것
이 얼마나 중요한지 또한 일깨워 주고 있습니다.

> 나는 레즈비언 대통령을 원한다. 에이즈에 걸린 대통령과 동성애자
> 부통령을 원한다. 건강 보험이 없는 사람, 독성 물질을 내뿜는 쓰레기
> 더미로 가득한 곳에서 성장하여 백혈병에 걸릴 수밖에 없었던 그런
> 사람을 원한다. 열여섯 살에 낙태를 경험했던 대통령을 원한다. 두 명 중
> 덜 악랄한 자가 아닌 다른 대통령 후보를 원한다. 인생의 마지막 사랑을
> 에이즈로 잃어버린 사람, 아직도 누우면 매일 눈앞에서 그 모습을 떨쳐
> 버리지 못하는 사람, 사랑하는 사람이 죽어 가는 것을 알면서 그를 품에
> 안고 있는 그런 대통령을 원한다. 에어컨이 없는 대통령을 원한다.
> 병원에서, 교통국에서, 복지부 사무실에서 줄 서 본 경험이 있는 사람,
> 실직자, 명예퇴직자가 되고, 성희롱을 당해 본 경험이나 동성애자로서
> 학대를 당하고 추방당한 경험이 있는 대통령을 원한다. 무덤에서 밤을
> 지새고 자기 집 잔디밭에서 십자가가 불태워지는 걸 보고 강간에서
> 살아남은 그런 사람을 원한다. 사랑을 하고 상처를 입어 본 사람, 섹스를
> 존중하는 사람, 실수를 하고 거기에서 교훈을 얻은 사람을 원한다. 나는
> 흑인 여성이 대통령이 되기를 원한다. 충치가 있는 태도가 안 좋은 사람,

크 역겨운 병원 밥을 먹어 본 사람, 다른 성˚의 복장을 하고 마약을 해 보고 치료도 받아 본 사람을 원한다. 시민 불복종을 실천해 본 사람을 원한다.

그리고 나는 왜 이런 일들이 불가능한 것인지가 궁금하다. 왜 우리는 어느 시점에선가 대통령은 항상 광대여야 한다고 배우게 되었는지 궁금하다. 왜 대통령은 항상 창녀가 아니라 창녀를 사는 남자여야 하는지, 항상 노동자가 아니라 간부여야 하는지, 항상 도둑질을 하면서도 결코 처벌되지 않는 사람이라고 배우게 되었는지 궁금하다.[11]

(※지움 표기는 원저자의 것)

다시, 차별을 말하다

공무원과 시의원, 장애인단체의 대표들이 함께 모인 어느 교육 자리였습니다. 장애인단체에서 요구하는 탈시설 정책에 대해 시˚가 예산이나 장애인 보호 등을 이유로 소극적인 자세를 계속 취하자, 장애인의 인권에 관한 교육부터 먼저 하면 좋겠다는 제안에서 마련된 자리였습니다. 몇 가지 질문을 통해 참여자들의 위치와 경험의 차이를 드러내는 일부터 시작해 보기로 했습니다. 참여자들에게 질문을 던지고 OX 응답을 표시하도록 요청했습니다. "나는 가족 모두의 축복을 받고 태어났다", "나는 초·중·고 시절 친구들과 아직도 만난다", "낯선 곳을 찾아갈 때 긴장하는 일이 잦다", "나에게 부당한 일이 생기면 공정하게 해결될 것이다"와 같은 문장에 OX로 답해 달라고 질문을 던질 때마다 장애인과 비장애인의 차이, 성별의 차이, 사회적 신분의 차이가 확연히 드러났습니다. 당시 참여자 가운데 장애인 당사

11 [박보나(2016), "나는 레즈비언 대통령을 원한다", 〈한겨레〉, 2016년 12월 8일]에서 재인용.

자이면서 시의원이기도 했던 분의 이야기가 아직도 기억에 남습니다. 장애아로서 태어난 자신을 그저 축복할 수만은 없었던 가족 이야기, 학교를 다니다 중단할 수밖에 없었던 이야기, 행사가 끝나고 식사 자리를 찾아갈 때마다 휠체어 접근이 가능한지, 화장실은 갈 수 있는지 걱정이 떠나지 않는다는 이야기, 시의원이라고 해도 장애인으로서 자기 발언과 능력은 계속 시험대에 오르는 기분이라는 이야기를 솔직하게 꺼내 놓은 분이었습니다. "내가 평생을 같이할 사람 10명 중에 장애인이 있다"라는 문장을 던졌을 때였습니다. 장애인과 비장애인의 삶이 얼마나 분리되어 있는지, 삶의 분리가 '장애인도 함께 사는 사회'를 고려하지 않는 정책으로 이어질 수 있다는 이야기를 건네고 싶어 준비해 간 질문이었습니다. 다수의 비장애인들이 X를 선택했을 때, 그분은 O를 들며 이렇게 이야기했습니다. "나는 평생을 같이할 사람들 중에 장애인밖에 없을까 봐 걱정입니다." 그 순간 교육장에 잠시 침묵이 흘렀습니다. 사람의 일생에 먼지처럼 켜켜이 쌓인 차별의 무게란 과연 어떤 것일까요?

 다시, 차별에 반대하기는 쉽지만 무엇이 차별인지 알기는 어렵습니다. 사람들의 목소리와 삶에 귀를 기울일 때 우리는 무엇이 차별이며, 어떻게 맞서야 할지 자그마한 실마리라도 찾을 수 있게 되지 않을까요? 다행스럽게도 주위를 둘러보면 우리에게 반차별의 영감을 주는 목소리와 발걸음을 많이 발견할 수 있습니다. 귀를 기울이고 만나고 섞이다 보면 더 많이 드러내기, 더 많이 궁금해하기, 더 많이 연결되기, 앞이 아닌 옆에 서기가 그리 낯설지 않게 여겨질 수 있습니다. 인권교육가는 곁에 서는 그 걸음만큼 더 울림 있는 반차별교육을 엮어 낼 수 있다는 걸 기억하는 사람입니다.

당신이 말하는
그 가치는
무엇입니까?

가치의 격돌,
인권의 재구성

"간혹 인성교육과 인권교육을 헷갈려 하는 사람들이 있는 것 같아요. 인권교육을 착한 사람, 예의 바른 사람으로 만드는 교육이라고 잘못 알고 계신 분들도 있고. 인성교육 하시던 분들이 인권교육 하면서 엉뚱한 메시지를 전하는 경우도 있는 것 같고요. 인성과 인권이 분명 차이는 있는데 또 겹치는 것도 있는 것 같고……. 저도 혼란스럽네요."

"같은 낱말이라고 해도 맥락에 따라 다른 의미를 전달할 수가 있잖아요. 인권교육가는 개념을 좀 더 엄밀하게 사용할 필요가 있을 것 같은데, 저도 혹시 잘못 알고 쓰는 개념은 없는지 토론해 보고 싶어요."

"인권교육을 하다 보면 '배려는 다 나쁜 거냐', '왜 책임은 이야기하지 않냐', '보호주의가 문제라면 모든 보호에 반대하는 거냐'와 같은 질문이 곧잘 쏟아지잖아요. 그런 질문에 어떻게 답하면 좋을까요?"

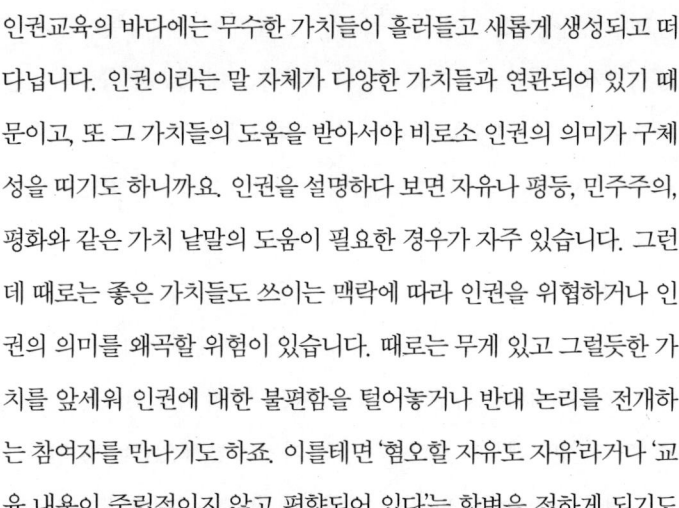

인권교육의 바다에는 무수한 가치들이 흘러들고 새롭게 생성되고 떠다닙니다. 인권이라는 말 자체가 다양한 가치들과 연관되어 있기 때문이고, 또 그 가치들의 도움을 받아서야 비로소 인권의 의미가 구체성을 띠기도 하니까요. 인권을 설명하다 보면 자유나 평등, 민주주의, 평화와 같은 가치 낱말의 도움이 필요한 경우가 자주 있습니다. 그런데 때로는 좋은 가치들도 쓰이는 맥락에 따라 인권을 위협하거나 인권의 의미를 왜곡할 위험이 있습니다. 때로는 무게 있고 그럴듯한 가치를 앞세워 인권에 대한 불편함을 털어놓거나 반대 논리를 전개하는 참여자를 만나기도 하죠. 이를테면 '혐오할 자유도 자유'라거나 '교육 내용이 중립적이지 않고 편향되어 있다'는 항변을 접하게 되기도 합니다. 인권이 배려나 생명 존중처럼 폭넓게 수용되는 가치를 모두 부정한다는 오해를 표하는 이들도 있습니다. 이런 순간에 인권교육가가 멀뚱멀뚱 지나치거나 적절히 방향을 잡아 주지 못한다면 참여자들에게 인권의 의미가 잘못 이해될 가능성이 높아집니다. 찰나를 놓치지 않고 인권의 가치가 가리키는 방향을 잘 잡아내는 인권교육을 진행하려면, 평소 관련 가치 낱말에 대한 생각을 가지런히 정돈해 둘 필요가 있습니다.

인성교육과 인권교육 사이

먼저 인성교육과 인권교육의 차이를 분명히 하는 것부터 시작할 필요가 있습니다. 2015년 제정 당시부터 숱한 논란의 대상이 되었던 〈인성교육진흥법〉은 "자신의 내면을 바르고 건전하게 가꾸고 타인·공동체·자연과 더불어 살아가는 데 필요한 인간다운 성품과 역량을 기르는 것을 목적으로 하는 교육"을 인성교육이라고 정의합니다. 인성교육에 찬성하든 반대하든 혹은 그 교육의 이름이 무엇이든 교육이 학습자의 내면을 가꾸고 더불어 살아가는 데 필요한 성품과 역량을 기르는 데 기여해야 한다는 데는 대다수 동의할 수 있을 겁니다. 다만 무엇이 '바르고 건전한' 성품이고 역량인지를 두고 격돌이 일어날 뿐이지요.

〈인성교육진흥법〉은 인성의 핵심 가치 또는 덕목으로 예禮, 효孝, 정직, 책임, 존중, 배려, 소통, 협동이라는 8가지 예를 제시하고 있습니다. 인권교육에서도 자주 등장하는 가치도 보이고, 인권교육이 의문을 제기하거나 해석에 주의를 요하는 가치도 담겨 있습니다. 인성교육도 접근하는 사람에 따라 다른 내용과 형식으로 진행되겠지만, 대개 인성교육과 인권교육 사이에는 일정한 긴장과 차이가 존재합니다.

기본적으로 인성은 개개인의 품성과 관련된 문제이지만, 인권은 품성과 무관하게 모든 사람에게 보장되어야 할 존엄의 문제를 다룬다는 점에서 차이가 있습니다. 나아가 인성교육과 인권교육이 갈라지는 몇 가지 갈림길이 있습니다. 첫째, '권력'의 문제입니다. 인성교육은 '사람됨' 자체에 주목하다 보니 바로 그 '사람됨'의 내용을 좌우하는 기준이나 권력의 문제가 제대로 질문되지 않는 경우가 많습니다. 대개 그 '사람됨'은 오랫동안 사회적으로 전승되어 온 가치관과 현재 주류적 가치로 자리 잡은 사회적 통념에 기초해 구성된 내용이기 쉽습니다. 〈인성교육진흥법〉이 제정될 당시 필수적인 인성으로 '충忠'을 반드시 넣어야 한다는 주장이 있었고, 나라에 대한 충성을 국가의 법률로 강제해 가르치는 것은 민주주의에 어긋난다는 반론이 제기된 바 있습니다. 결과적으로 다행히 충이 인성의 예시로 담기지 않았지만, 그동안 '군사부일체君師父一體'와 같은 말로 오랫동안 국가에 대한 (맹목적) 충성이 인성 혹은 국민성의 핵심 요소로 자리 잡아 왔음을 환기시켜 주는 사회적 장면이었죠. 인권교육은 국가와 시민의 관계에 대해 질문하고, 인성이라는 이름으로 시민의 복종을 강제하는 권력에 대해 질문하는 힘을 기르는 데 초점을 맞춥니다.

둘째, '맥락성'의 문제입니다. 인성은 대개 모범적이라 간주되는 특정 행동 양식들로 구성되어 있어 어떤 사람의 행동이 그 양식에 맞으면 '인성이 좋다'는 평가를, 양식에 어긋나면 '인성이 나쁘다'는 평가를 낳습니다. 반면 인권은 맥락성을 강조합니다. 거짓말은 대개 나쁜 행동으로 분류되어 있고, 그래서 정직하지 못한 사람은 인성이 좋지 않은 사람으로 평가됩니다. 그러나 맥락에 따라 어떤 거짓말은 필요하기도 하고(가령 일본군에 쫓기는 독립군을 숨겨 주려면 능청스러운 거짓말이 필요합니다) 어떤 협동은 거부되어야 하며(인권 침해에 대한 공모를 협동이라 부를 수는 없습니다) 어떤 배려는 사람을 모욕하기도 합니다.

셋째, 도덕성의 '사회적 바탕'의 문제입니다. 인성 또는 도덕성은 개인의 내면의 문제로 축소해서 다루어지는 경우가 많습니다. 문제적 행동을 개인의 인성 탓으로 다루는 것입니다. 반면 인권교육의 관심은 그 인성에 영향을 미치는 사회적 조건입니다. 오랜 세월 고립되어서 생활하고 일방적 지시에 따라 움직이기만 했던 사람, 혹은 자기의 지시대로 사람들이 일사분란하게 움직이는 효율성이 지배하는 문화에서 명령자의 역할을 맡아 온 사람이 대화하고 소통하는 역량을 갖추기는 어렵습니다. 부패 방지 서약을 받는다 해도 부패를 은폐하고 유지시키는 구조가 깨어지지 않으면 부패는 지속될 수밖에 없습니다. 인권교육은 박근혜의 인성에 주목하기보다 박근혜 대통령의 (그따위) 인성을 허락한 정치 구조와 문화에 주목합니다.

넷째, '상호성'의 문제입니다. 대개 인성은 어린 사람, '아랫사람'이 배우고 익혀야 할 것으로 이야기됩니다. 인성의 목록에 예가 포함되어 있는데 상호 간의 예의보다 '아랫사람'이 '윗사람'에게 갖추어야 할 예절이나 규범을 뜻하는 것으로 해석되는 경우가 흔합니다. 효는 인성으로 이야기되지만 자녀에 대한 부모의 덕목은 인성에 포함되지 않는 것도 같은 맥락입니다. 인권교육은 관계의 이름이 무엇이든, 그 상호 관계에서 지켜져야 할 존중의 문제를 다룹니다.

인성교육과 인권교육의 긴장처럼, 인권교육 현장이나 문헌들 속에서 만나게 되는 가치 낱말들도 마찬가지로 인권의 프리즘으로 재해석되어야 할 경우가 많습니다. 인권을 일상적인 언어로 '부드럽게' 표현하려다가 인권교육가 스스로 잘못된 가치 낱말을 차용하는 경우도 있습니다. 수많은 가치 낱말들이 떠다니는 인권교육의 현장에서 인권의 가치를 제대로 부여잡으려면 무엇을 염두에 두면 좋을지, 인권교육에서 자주 등장하는 이야기들을 통해 살펴보기로 합니다. 각 가치 낱말의 쓰임에 따라 화자의 위치를 헤아려야 하는 말, 이름은 아름답지만 그 이면을 헤아려야 하는 말, 인권을 빨아들이는 블랙홀이 되기 쉬운 말, 인권의 의미를 제한하거나 확장을 멈추게 하는 말로 구분해 보았습니다. 그 이유를 지금부터 살펴보겠습니다.

- 화자의 위치를 헤아려야 할 가치 낱말들 : 배려, 관용, 양보, 예의, 보호(주의), 구제
- 아름다움의 이면裏面을 헤아려야 할 가치 낱말들 : 생명, 다양성, 용서, 사랑
- 인권의 블랙홀이 되기 쉬운 가치 낱말들 : 책임/의무, 안전, 질서
- 인권의 확장을 멈춰 세우는 가치 낱말들 : 중립, 비폭력, 공동체, 참여/자치

말하는 당신의 '위치'는 어디인가요

인권교육에서는 정치적, 사회구조적 측면에서 인권 문제를 분석해 들어갈 때도 있지만, 구체적으로 사람을 어떤 자세로 대해야 하는지에 대한 윤리적 측면에서 인권 문제를 다룰 때도 있습니다. 이 과정에서 상대방에게 제공되어야 할 정당한 존중의 측면이 아니라, 강자가 약자에게 허용하는 관용의 측면에서 인권이 이야기되기가 쉽습니다. 이때 주로 활용되는 가치 낱말이 배려, 관용, 보호, 예의, 양보, 구제와 같은 말입니다.

[배려] "약자니까 배려해야죠"

소수자, 사회적 약자의 인권에 대해 이야기할 때 자주 등장하는 가치가 '배려'입니다. 물론 말하는 사람마다 그 의미를 조금씩 다르게 사용합니다. 누구는 '선심'이나 '베풂'의 뜻으로, 또 누구는 '존중'의 뜻으로 배려의 중요성을 이야기하는데 대개 전자인 경우가 많습니다. "약자니까 배려해야죠"와 같은 말들은 높은 위치에 있는 사람이 낮은 위치에 있는 사람에게 선심을 베푼다는 차원에서 이야기하는 경우입니다. 물론 정말 그렇게 생각하기 때문이 아니라 불관용을 고집하는 이들을 후퇴시키기 위한 전략적 차원에서 이런 말을 사용할 때도 있지만 말이지요. 사회적 약자들도 당당하게 권리 주장을 펼치기보다 강자의 심기를 건드리지 않기 위한 부드러운 표현으로 선의를 호소하는 모양새를 취하기 위해 배려나 관용을 끌어오기도 합니다. "저희 입장도 좀 배려해 주셔야죠." 위아래 관계를 전제로 한 배려는 권력 구도 자체를 문제 삼지 않기에 사회적 약자에 대한 일방적 배려를 낳기도 합니다. 시각 장애인의 팔을 갑작스레 잡고 길을 안내해 준다거나 하는 일들이 일어나는 이유지요. 당하는 입장에서는 배려가 아닌 '침입'입니다. 또한 배려는 하면 좋지만 꼭 해야 하는 것은 아니라는 의미를 함께 지니고 있습니다. '교통 약자 배려석', '임산부 배려석'이라는 표현만 해도 그렇습니다. 교통 약자에게 우선권을 주는 것은 당연한 조치인데, 마치 '우리는 (젊은데, 건강한데) 서서 간들 어떠리'와 같은 선심과 양보를 청하는 표현을 사용하고 있는 것입니다.

정희진은 "배려는 우산을 독점하고 선별해서 우산을 나눠 주려는 권력의 만행을 도덕으로 포장한 행위"로 대개 쓰인다면서, 배려는 "동등한 적대자適對者 또는 敵對者와 자기 자신에게만 국한"해서 사용되어야 할 윤리라고 말합니다. 적대자適對者는 경쟁자, 적대자敵對者는 전쟁이나 갈

등 관계에 놓인 상대방을 뜻합니다. 2018년 동계 올림픽에 출전한 고다이라 나오 선수는 올림픽 신기록을 세운 직후 환호하는 관중을 향해 오른손 검지를 입에 가져다 대며 '쉿!' 관중의 정숙을 부탁했습니다. 다음 출전하는 선수에게 방해가 되지 않도록 하기 위해서였습니다. 이런 배려가 정희진이 말한 배려가 아닐까요? 배려가 있는 사회는 더 좋은 사회라고 볼 수 있지만, 인권이 보장되는 사회는 기본을 갖춘 사회입니다. 자칫 배려라는 말로 인권의 의미를 선심 혹은 있으면 좋은 것 정도로 오독하지 않도록 주의를 기울일 필요가 있습니다.

[관용] "이해해 준다, 허용해 준다"

소수자, 사회적 약자들의 권리 주장을 다룰 때 관용이라는 가치 역시 자주 등장합니다. '너그럽게 허용해 준다', '마뜩치는 않지만 봐준다'는 뜻으로 사용됩니다. "일단 이야기를 들어는 줘야죠." "애들인데 이해해 줘야죠." "여기는 거주인의 자유를 어느 정도 허용해 줘요." 어떤 행동이나 생각에 진심으로 동의되지 않고 이해되지 않지만, 너그럽게 관용을 베풀어 주는 것입니다. '듣는 것'과 '들어 주는 것'은 듣는 자의 위치에 차이가 있습니다. 타인의 이야기가 자연스럽게 내 귀에 들려오는 관계와 약자니까, 모자라니까, 보살펴야 할 대상이니까 그 사람 이야기를 들어 주는 관계는 다릅니다. 자유를 허용해 준다는 말도 모순적이지요. 허용할 수 있는 위치에 누군가 여전히 서 있다는 것은 자유롭지 않다는, 그 자유는 언제든 철회될 수 있는 임시적인 것임을 반증합니다. 그런 의미에서 관용은 강자만이 누릴 수 있는 '특권적 미덕'이라고 볼 수 있습니다.

역설적이게도 사회적 약자들이 강자의 횡포에 대해 '그럴 수도 있지' 하고 관용적인 태도를 취하는 경우도 자주 볼 수 있습니다. "원래는 좋은 사람인데 술만 취하면 저래요." "선생님이 오늘은 기분 안 좋은 일이 있으신가 봐요." 강자의 처지를 먼저 헤아리고 이해해 주는 오지랖은 오랜 약자의 위치에서 '습^{習}'이 된 도덕이라고 볼 수 있습니다. 어떤 의미에서 관용은 관계의 동등성을 얻어 내려는 싸움을 포기한 (포기할 수밖에 없었던) '무기력'의 가면일 수도 있습니다. 인권교육이 관용을 강조함으로써, 자칫 강자의 '도리'나 약자의 '물러서기'를 가르치는 교육으로 잘못 자리매김하지 않도록 주의를 기울일 필요가 있습니다.

[양보] "양보할 줄도 알아야 한다"

양보라는 말 자체에는 대개 힘의 불균등이나 일방성이 전제되어 있는 경우가 많습니다. "형이 양보해야지", "동생이니까 형한테 양보해야지"와 같은 일상적인 언어 습관에도 나타나듯, 양보라는 말은 강자의 관용을 요구하거나 약자의 희생을 요구하는 경우에 자주 쓰입니다. 힘의 불균형은 조정하지 않은 채 한쪽의 선심이나 희생을 요구하는 것입니다. "레이디 퍼스트"를 매너로 갖춘 사람이라고 해서 여성을 동등한 존재로 대접하는 것이 아니듯 양보가 곧 인권이 되지는 않습니다. 인권교육의 현장에서도 사회적 약자에 대한 강자의 배려나 관용을 요구하는 차원에서 또는 사회적 약자의 희생을 요구하는 차원에서 양보라는 가치 낱말이 종종 출현합니다. "자기 권리만 생각하지 말고 전체를 위해 양보할 줄도 알아야죠." "나라 살림이 어려운데 노동자들이 양보할 차례죠." 흔히 양보는 많이 가진 사람들이 자기 것을 내주는 것을 뜻한다고 생각되지만, 실제로는 약자에게 요구되는 경우가 더 잦습니다. 사회적 약자들에게 양보를 얻어 내기가 더 쉬운 법이니까요. "그동안 많이 누려 왔으니 이제는 사장님이 양보하셔야죠"라는 말은 어색하게 들립니다. 사회적 약자들은 강자의 도덕심이나 선의에 호소해서는 권리를 좀체 얻어 낼 수 없습니다. 당연한 권리를 주장하고 힘겹게 얻어 냈을 때, 이를 강자의 양보로 해석해 버리면 그 의미도 희석되기 마련입니다. 그러면서 다음에 양보할 차례는 약자들이라는 화살이 돌아옵니다. '누가 누구에게 양보를 요구하고 있고 요구할 수 있는가', '당연한 권리 주장이 양보라는 말로 희석되지는 않는가'라는 질문이 중요해지는 순간입니다.

할 말이 쌓인 친구를 위해 졸립지만 잠을 양보하고 친구와 통화를 이어 갈 때, 필요하지 않은 티켓을 꼭 필요한 사람에게 선물할 때, 양보는 아름답습니다. 이와 달리 인권이 다루는 의제들은 오랜 기간 누적되어 온 불평등과 차별의 문제입니다. "양보할 줄도 알아야지"라며 양보의 미덕만 강조되다 보면, 인권에 대한 요구가 이기적 주장처럼, 평등에 대한 요구가 한번 가졌으면 다음번엔 양보해야 할 '등가의 교환' 대상인 것처럼 여겨질 우려도 있습니다. 존엄을 보장하기 위해 기본적이고 필수적인 것을 단호하게 요구하고 물러서지 않는 것은 비난받아야 할 이기심의 발로가 아닙니다. 오랜 기간 양보만을 강요받아 왔던 사회적 약자들의 불리한 조건은 단번에 개선되지 않습니다. 서로 양보해야 한다는 주장은 사회적 약자들에게 현재의 부정의를 인내하라는 주문으로 들리기도 합니다. 인권교육은 상호 의존적 관계와 권리가 동시에 충족될 수 있는 방식을 찾는 시간입니다.

[예의] "예의부터 갖춰라"

장소와 시간에 따라 갖추어야 할 예의가 따로 있고, 사람 관계에서도 예의는 갖추어야 합니다. 영결식이 진행되는 장소에서나 고요함이 요청되는 도서관에서 크게 웃고 떠드는 사람이 있다면 예의가 없다는 판잔을 받을 만합니다. 시신을 수습하거나 부검을 할 때도 시신에 대한 예의를 갖춥니다. 의사나 활동 지원사에겐 타인의 몸과 마음을 대하는 예의가, 작가나 언론인에게는 한 존재의 인생을 대하는 예의가 필요합니다. 약속된 장소에 연락도 없이 늦게 나타난다면 기다리는 사람의 시간과 마음에 대한 존중과 예의가 없는 행위라고 볼 수 있습니다. 인간의 존엄에 대한 예의를 사람에 대한 기본 예의라고 한다면, 당연히 그 예의는 지켜져야 합니다.

그런데 대개 예의는 수직적 관계에서 '아랫사람'이 '윗사람'에게 일방적으로 갖춰야 할 덕목으로 이야기됩니다. 예의를 갖추어야 할 의무를 지닌 사람은 주로 나이가 어린 사람, 후배, 부하 직원, 여성 등 사회적 지위가 낮은 사람들입니다. 학생이 인사도 없이 교사를 지나치면 '예의 없다'는 비난을 받지만, 교사는 그렇지 않습니다. 누군가의 인사를 무시하는 행위야말로 예의 없는 행동인데도 말이지요. 나이가 어리거나 직급이 낮다고 해서 '하대'하는 행동 역시 매우 무례한 행위라고 볼 수 있는데도 사람들은 자연스럽게 행하곤 합니다. 나아가 사회적 약자들의 권리 주장은 위아래 관계에 대한 도전을 내포할 수밖에 없고, 기존의 위계질서를 고수하려는 사람들에게 긴장과 불편함을 남기게 마련입니다. 그럴 때 강자들의 방패막이로 자주 등장하는 말도 "예의부터 갖춰라"입니다. 의견을 경청해야 할 시간에 싸가지나 예의라는 말을 앞세워 사회적 약자들의 목소리를 가로막는 경우가 많은 것입니다. 권력 관계를 해체하고 수평적 관계를 지향하는 인권교육은 '권력'에 대한 일방적 예의를 '인간'에 대한 상호 예의로 전환할 수 있도록 힘써야 합니다. 이럴 때 이미 오염된 '예의'라는 말보다는 '존중'이라는 말로 대체해서 쓰는 것도 고려해 봄직 합니다.

[보호(주의)] "보호를 위해 제한이 불가피하다"

소설 《거짓말이다》에는 침몰한 세월호에서 희생자들을 한 사람 한 사람 부둥켜안고 올라온 잠수사들의 이야기가 실려 있습니다. 고^故 김관홍 잠수사가 주인공의 실제 모델입니다. 민간 잠수사인 주인공은 당시 작업이 실종자 수색 작업에 나선 이들에게 얼마나 잔혹했는지를 이야기하면서 대표적으로 '바디 팩$^{body\ pack}$'이 제공되지 않았음을 꼽습니다.

> 민간 잠수사가 실종자를 꽉 끌어안은 채 좁고 혼탁한 객실과 복도와 계단을 지나 선체 밖으로 나옵니다. 그러면 대기하던 해경 스쿠버 잠수사 두 명이 실종자를 인계받아 수면까지 올라갑니다. 단정 위에서 대기 중이던 또 다른 해경이 그 시신을 끌어올립니다. 단정은 다시 함정으로 가서 실종자를 넘기고, 실종자를 인계받은 함정이 비로소 팽목항으로 향하는 겁니다. 이렇게 실종자를 품고 들고 밀며 옮기기 때문에, 이 과정에 참여한 이들은 실종자의 참혹한 모습을 눈으로 보고 코로 냄새 맡고 귀로 듣고 살갗을 만질 수밖에 없습니다. (……) 바디 팩만 있다면, 민간 잠수사가 선내에서 실종자를 발견하자마자 그 안에 모실 수 있습니다. 바디팩에 담아 옮기는 것이 민간 잠수사가 끌어안고 움직이는 것보다 훨씬 안전합니다. 여러 번 건의했지만 바디 팩은 지급되지 않았습니다. 바디 팩 300개도 주지 못할 만큼 이 나라가 가난한가 그런 생각도 솔직히 했습니다.[1]

보호가 필요하지 않은 사람은 없습니다. 노동자는 위험 작업으로부터 보호받아야 하고, 보행자는 사고나 폭력 위험으로부터 보호받아야 하며, 재난

---

[1] 김탁환(2016), 《거짓말이다》, 북스피어, 133~134쪽.

이나 사고 현장에서 사람을 살리는 일을 하는 사람에게도 안전과 트라우마의 최소화를 위한 보호 장치가 필요합니다.

그런데 대개 보호라는 낱말은 동등하지 않은 관계를 전제로 한 채 한쪽이 다른 한쪽(대개는 사회적 약자)에게 일방적으로 제공하는 보살핌을 뜻하는 경우가 많습니다. '동등하지 않은 관계'라는 바로 그 전제 때문에 보호를 제공하는 자의 의지대로 보호의 내용과 범위가 결정될 수 있고 언제든 철회될 수도 있는 일방성과 가변성을 지닙니다. 보호받는 자의 입장에서 보자면 원하지도 않은 보호가 제공될 때도 있고 원하는 보호라 할지라도 언제나 철회될 수 있기에 불안합니다. 이때의 보호는 일반적인 의미의 보호가 아니라 '보호주의' 또는 '보호 권력'이라고 부를 수 있습니다. 많은 '보호 시설'에서 인권 침해가 자행되고, 보호의 대상으로만 간주되어 온 이들이 오히려 인권 침해에 취약해지는 일들을 우리는 자주 목격하곤 합니다. 약자를 보호하기 위해서는 권리 제한이 불가피하다는 말은 또 어떤가요? 매나 주먹을 붙잡을 권리가 있어야 폭력으로부터 보호받을 수 있듯이, 보호를 위해서는 권리가 확대되어야 할 텐데 오히려 제한의 불가피성을 이야기하는 경우가 많습니다. 아이를 보호하기 위해선 어쩔 수 없다며 아이의 일기장을 몰래 살피는 보호자는 아이가 왜 먼저 '보호자'에게 보호를 요청하지 않는지 되짚어 볼 필요가 있습니다. 발달 장애인을, 여성을, 노인을, 유아를 보호하기 위해 '거리'나 '광장'에 나가는 것을 금지할 때 그들의 권한과 역량은 더욱 줄어들고 자신을 보호할 정보나 다른 관계망으로부터 배제됩니다. 인권교육이 사회적 약자라는 고정된 위치를 뒤흔들고, 사회적 약자가 원래 힘이 없는 사람이 아님을 기억하면서 사회적 약자의 자력화 또는 권한 강화에 집중하려는 이유입니다.

[구제] "권리를 구제해 준다"

'권리 구제'라는 말이나 '권리를 지켜 준다'와 같은 표현 역시 보호와 비슷한 효과를 불러올 수 있습니다. '구제'란 인권 침해로 어려운 처지에 놓인 피해자를 도와준다는 뜻입니다. 구제라는 말에 이미 도움을 제공하는 사람 또는 기관의 입장성이 묻어 있고, 피해자는 그 대상으로 위치되어 있습니다. 도와준다는 표현도 인권과는 거리가 있습니다. 피해자에겐 '구제'가 아닌 '회복'할 권리가 있고, 국가 기관에는 권리 회복을 지원할 책임이 있습니다. 권리 회복이라는 말을 통해 당연히 보장되었어야 할 권리가 침해되었다는 뜻을 명확히 할 수도 있습니다. 당사자, 피해자를 주체로 놓는 표현을 계속 찾아보아야 할 까닭입니다. 물론 인권 침해를 당한 피해자는 사건이 일어나기 이전으로 결코 돌아갈 수도 없을뿐더러 새로운 지반 위에서 삶을 재건해야 할 처지에 놓입니다. 어떤 의미에서 회복이라는 것이 가능하지도 않고, 단지 '돌려놓기'가 아닌 그 이상을 고민해야 적어도 회복에라도 가까워질 수 있습니다.

아름답지만 때론 잔혹하다

들으면 기분이 좋아지는 아름다운 말들이 있습니다. '숭고한', '품위 있는', '자유로운'과 같은 수식어와 잘 어울릴 것 같은 가치 낱말들도 있죠. 그런데 이 아름다운 말들도 인간의 존엄을 위협하는 잔혹한 이야기를 만들어 낼 수도 있습니다. 용서/화해, 사랑, 생명, 다양성과 같은 말이 대표적입니다.

[용서/화해] 용서할 줄 아는 미덕

용서와 화해는 품위 있는 미덕으로 격려되곤 합니다. 타인의 실수나 잘못을 통 크게 용서할 줄 아는 미덕을 가진 사람을 보면 '대단하다' 싶어지기도 합니다. 친구나 형제자매끼리 아옹다옹하다 화해하기는 쉽지만, 나에게 피해를 끼친 사람을 단박에 용서하고 화해하기란 쉽지 않은 법이니까요. 피해의 정도가 클수록, 가해자가 잘못을 인정하지 않으면 않을수록 용서는 더욱 어려워지는 법입니다. 고통받은 이들에게 가장 큰 위로는 '정의'입니다. 피해자의 감정과 해석이 사회적으로 인정받고 진실이 규명되고 책임자가 응당 짊어져야 할 책임을 질 때, 비로소 '용서'라는 다음 과제로 나갈 수 있습니다. 그런데도 '정의 없는 용서'가 강요되는 경우가 흔합니다. "일본을 용서하는 것이 일본을 정신적으로 제압하는 것이 아닐까요." 2016년 초, '대한민국엄마부대봉사단' 등 극우 단체들이 일본군 '위안부' 피해자 할머니들을 향해 외친 구호입니다. 당시 일본군 '위안부' 피해자 할머니들은 일본 정부가 법적 책임을 인정하지도 않은 상태에서 한·일 양국이 '최종적이고 불가역적 해결'을 선언한 2015년 12월 28일의 '한일 위안부 협상'은 무효라고 반발했습니다. 그런데 극우 단체들은 박근혜 정권을 돕기 위해 '이제 그만 용서하라'고 이야기한 것입니다. '불처벌과 정의'의 문제를 '인격'의 문제로 전환하고, 피해자를 용서할 줄도 모르는 도량 좁은 사람인 양 몰아세운 꼴입니다.

용서가 인권교육의 장에서 다루어진다면 용서라는 미덕의 차원이 아니라, '용서할 또는 용서하지 않을 권리'의 차원에서여야 합니다. 용서가 가능해지는 조건은 무엇인지, 가해자의 진심 어린 사과가 설령 있었더라도 왜 용서할지 말지를 정할 수 있어야 하는지, 사과를 하면 곧장 용서해야 하는 게 아니라 용서의 시점조차 왜 정할 수 있어야 하는지를 이야기하는 것이 필요합니다. 그 행위가 인간의 내면에 깊은 상처를 남기는 폭력인 경우엔 더더욱 그러합니다.

더불어 용서의 조건으로서 '정의의 회복'을 말할 때 가해자에 대한 응보에만 초점을 맞추다 보면 사형제의 강화와 같은 엄벌주의로 흐를 가능성이 있습니다. 잘못을 명확히 정의하는 것은 필요하지만 엄벌과 사회적 배제만이 대안인 양 이야기되는 것에는 경계가 필요합니다. '엄벌보다 필벌必罰'이 더 중요하다는 이야기처럼, 성폭력이나 아동학대 등 그동안 법적 책임을 제대로 묻지 않아 왔던 행위들을 명확히 범죄로서 인정하는 것은 중요하지만 엄벌주의가 능사가 아닙니다. 개인에 대한 엄벌만 쫓다 보면 그 범죄를 낳은 사회적 책임은 잊히기 쉬운 법이니까요.

[사랑] 사랑이라는 이름으로

"사람에 대한 사랑이 있으면 인권 침해도 일어나지 않아요." "학생을 사랑하는 교사는 그렇게 행동하지 않죠." 이런 말을 곧잘 듣곤 합니다. 그런데 사랑은 존중과 같은 말일까요? 혹은 사랑은 존중의 전제 조건일까요? 교도관이 재소자를 사랑해야 한다는 말은 어색합니다. 권력자이자 감시자인 교도관과 자유를 잃고 수감된 재소자 사이에 우정이나 다른 감정이 싹틀 수도 있겠지만, 이 둘 사이에서 강조되어야 할 것은 사랑이 아닌 존중을 위한 공적 기준입니다. 존중은 사람의 처지나 마음을 살피는 관심, 그리고 그 사람이 누구든, 어떤 처지에 놓여 있든, 인간이라는 존재에 대한 일종의 경외심(두려움)이 있을 때 가능해집니다.

그런데 친밀성이 삶의 질에 중대한 영향을 끼치는 관계들도 있습니다. 아동 인권의 선구자로서 〈유엔 아동 권리 협약〉의 사상적 토

대를 제공한 야누슈 코르착은《어떻게 아이들을 사랑할 것인가》에서
'아이들에게는 사랑받고 존중받을 권리'가 있음을 강조합니다. 당시
폴란드 고아원의 원장이었던 코르착은 도망칠 기회가 있었지만 유대
인 어린이들과 함께 가스실로 가는 기차에 오를 만큼 어린이들에 대
한 사랑이 깊고 책임감도 컸던 것으로 짐작됩니다. 전쟁 통에 부모를
잃고 거리에 방치된 경험이 있는 어린이들에게는 사랑받는 경험이
정체성을 형성하고 자기에 대한 존중감을 유지하는 데 특히나 더 중
요한 요소였을 겁니다. 사람은 누구나 자신을 지지해 주고 유대감을
형성할 타인을 필요로 합니다. 폭력과 참사의 피해자들은 주위 사람
들의 지지와 유대를 바탕으로 다시 일어섭니다. 인권이 추구하는 연
대는 단순한 존중을 넘어 타인과 이웃, 동료 시민, 세계 시민에 대한
'우애'라는 심리 정서적 바탕을 통해 가능해집니다. 그런 의미에서 인
권교육이 '사랑은 사적 영역의 문제'라며 외면할 수만은 없습니다.

　　문제는 사랑이라는 이름으로 이루어지는 폭력입니다. 인권교육
에서는 '누가 누구에게 사랑이라는 이름으로 폭력을 행사하고 있는
가'의 문제가 큰 관심사가 됩니다. 사랑이 넘치지만 그 사랑을 표현하
는 방식이 일방적·통제적이거나 그 사랑을 상대방은 원하지 않는 경
우에 사랑은 쉽게 폭력으로 전환됩니다. "다 너를 위해서야." "다 너를
사랑하기 때문이야." 이런 말로 당사자가 아닌 보호자나 배우자의 선
택을 강요하거나 폭력을 휘두르거나 스토킹 범죄를 저지르는 경우를
찾기란 어렵지 않습니다. 부모-자녀 관계에서든, 연인 관계에서든, 사
랑하기 때문에 상대방의 폭력 행위나 굴종적 관계를 인내하는 사람
들도 있습니다. 사랑하되 통제하지 않고, 사랑하되 소유하지 않고, 사
랑하되 지배하지 않는 관계를 상상할 수 있는 힘이 인권교육을 통해
강화될 필요가 있습니다.

[생명] "생명이 먼저다"

생명의 소중함은 인권의 뿌리 가운데 하나입니다. 사람의 생명을 인위적으로 빼앗는 행위는 중대한 범죄로 다루어집니다. 집단 학살, 대형 재난 참사, 고문으로 인한 죽음, 낭떠러지에 내몰린 채 '자살'을 선택해야 하는 이들의 고통(그래서 대개 '사회적 타살'이라고 재해석됩니다), 돈이 없어 치료를 받지 못하는 의료 불평등, 사람의 목숨을 빼앗는 노동 환경, 여성혐오에 기반한 살해와 같은 문제들에 사람들이 공분하고 중대한 사회 문제로 제기하는 이유도 생명이 갖는 무게를 생각하기 때문입니다. 생명은 어떤 것보다 우선되어야 할 절대적 가치로서 인권 보장의 긴급성을 촉구합니다. "이윤보다 생명이 먼저다", "생명을 빼앗는 전쟁/폭력/개발/총기에 반대한다"라는 구호들처럼 인권 문제의 해결을 촉구하며 '생명'이 자주 등장하는 이유이기도 하죠. 인간 존엄에 대한 이해가 깊어지면 생명의 의미가 더욱 깊어지기도 합니다. 존엄한 생명이란 생물학적으로 '살아 있음'을 넘어 '사회적으로 의미 있게 존재함'을 뜻하는 의미로 확장될 수도 있습니다. 나아가 살아 있지 않은 존재에 대해서도 '함께 존재함'을 고민해 볼 수도 있습니다. 고인故人이 된 이들의 넋을 기리고 기억하는 일은 그들을 더 이상 '존재하지 않는 자가 아니라 '사회적 기억 속에서 존재하는 자'로 대하는 일이 될 테니까요. 강정 마을의 해군 기지 건설에 맞서 싸우는 과정에서 강정 포구에서 마을 사람들과 오랫동안 인연을 맺어 온 '구럼비 바위'는 사회적 차원의 생명을 가진 존재로서 위치되기도 했습니다.

그런데 바로 이 생명이라는 가치를 앞세워 문제의 본질을 희석시키거나 잘못된 대립 구도를 만들어 내는 경우도 있습니다. 2014년 미국의 미주리주 퍼거슨에서 학교에 가던 18세 흑인 소년이 (백인) 경찰의 총에 맞아 숨지면서 격렬한 항의 시위가 일어났습니다. 당시 "흑인의 생명은(도) 중요하다Black Lives Matter"는 구호가 미국 전역으로 번졌습니다. 백인 중심주의적 사회에서 가치가 없다고 여겨지는 흑인들이 경찰 폭력에 연거푸 죽임을 당하는 부정의를 고발하기 위한 구호였습니다. 그런데 이 구호에 대한 반론으로 "모든 생명이 중요하다All Lives Matter"라는 구호가 제기되었습니다. 백인 경찰도 흑인에 의해 죽기도 하는 현실은 외면하는 편협한 주장이라는 비판과 함께 "모든 생명이 소중하다" 라는 구호가 제기되면서 미국 사회는 엄청난 논란에 휩싸였습니다. 도널드 트럼프 대통령은 심지어 "흑인의 생명은(도) 중요하다"는 본질적으로 인종 차별적 용어라고 비난하기도 했습니다. '모든 생명이 소중하다'는 명제는 인권의 출발이기도 합니다. 문제는 맥락적 효과입니다. 생명의 가치가 위계적으로 배치되어 있는 현실을 고려하지 않은 채 모든 생명의 소중함을 강조하다 보면 현실에 존재하는 부정의가 희석될 수 있습니다. 생명 존중만을 외칠 것이 아니라, 무엇이 생명을 위협하고 누가 더 생명을 위협받는 부정의한 현실에 내던져져 있는지를 살피는 것이 중요합니다.

'낙태(임신 중절)죄' 폐지를 둘러싼 논란도 마찬가지입니다. 이 문제를 여성의 성적 자기 결정권과 태아의 생명권이 대립하는 것처럼 보는 시각이 많습니다. 수정이 일어나는 순간부터 '생명'이며 사후 피임약의 복용까지도 살인이라고 보는 관점도 있습니다. (물론 엄밀한 의미의 수정이 일어나는 순간은 없다는 생물학적 주장도 있습니다.) 이렇게 대립 구도를 설정하게 되면 수술을 거부당하거나 '불법 시술'을 받다가 생명을 잃거나 폭력적 상황에 노출되는 여성들, 생명을 낳아 기르고 싶지만 임신을 이유로 해고나 사회적 차별을 감내해야 하는 여성들의 존재는 삭제됩니다. 태아의 생명이 소중하다면 임신한 여성이 출산을 선택할 수 있도록 여성과 태아를 지원하는 법과

제도를 구축해야 하고, 여성의 생명도 보장받을 수 있도록 임신 중지를 선택한 여성을 처벌하는 법이 사라져야 합니다. 이처럼 생명을 이야기하면서 다른 사회적 약자들의 권리가 제한되는 일이 없는지를 함께 살펴볼 필요가 있습니다. 다른 가치들이 그러하듯, 생명에 대한 존중 역시 정의, 평등, 반차별, 자유와 같은 가치들과 함께 조망할 때 더 든든히 뿌리를 내릴 수 있습니다.

생명에 대한 존중을 다룰 때 인간이 아닌 존재도 포함되어 있는지도 인권교육은 살펴보아야 합니다. 인간이 만들어 온 생태 파괴의 역사를 되짚어 보다 보면 인간 중심주의가 얼마나 참혹한 결과를 야기했는지, 인간이 얼마나 더 겸손해져야 하는지를 새삼 느낄 수 있습니다. 지금까지 인권은 인간의 생명권만을 이야기해 왔고, 뭇 생명들은 그저 인간을 둘러싼 환경으로서만 배치되는 경향이 강했습니다. 이에 대한 반성 속에서 인권의 생태주의적 재구성이 시도되고 있고, 마사 누스바움 역시 "핵심적 인간 역량"의 하나로 동물과 식물 등 인간 이외의 종들과의 공존을 제안하기도 했습니다. 인권교육의 현장에서도 생태철학에 기초해 인간의 탐욕과 권리를 제한해야 한다는 주장을 종종 만나게 됩니다. 인간 중심주의와 '권리'의 이름을 앞세운 생태 파괴는 중단되어야 마땅합니다. 그렇다고 인권의 핵심 가치와 인권이 거부되어서는 안 됩니다. 다만 인권을 보장하기 위한 정책을 추진하는 과정에서 생태주의에 대한 고민을 놓쳐서는 안 됩니다. 이를테면 교통 약자의 관광 접근권을 보장한다는 명분으로 산을 파헤쳐 케이블카를 설치한다거나 값싼 에너지를 보급한다는 명분으로 장기적으로는 막대한 비용과 생태 파괴를 수반하는 핵발전소를 더 짓는다거나 하는 문제들에 대해 신중한 검토가 필요한 것이지요. 게다가 숱한 생태 파괴의 현장들을 들여다보면 뭇 생명과 힘없는 사람들의 생존권을 희생시킨 토대 위에서 생태 파괴가 진행됨을 알 수 있습니다. 피해를 정면에서 맞닥뜨려야 하는 사람들도 가난하고 힘없는 사람들과 동물들입니다. 생태 파괴가 불러올 위험은 서울과 같은 '중심'이 아닌 밀양과 같은 '주변'에 주로 전가됩니다. 이처럼 인권은 '생태 정의' 또는 '환경 정의'의 문제를 다루는 중요한 관점을 제공합니다. 공장식 축산업은 이윤을 위해 생명체를 잔인하게 사육하고 죽이지만 그 수레바퀴의 일부인 노동력을 제공하는 노동자들의 존엄에 대해서도 냉담합니다. 공장식 축산업이 조류 독감이나 구제역 등의 발생에 취약한 환경을 만들고, 그로 인해 수많은 동물들이 '살처분'될 때(생명체에 대해 처분이라는 말을 쓰는 것부터 문제입니다) 그 작업에 동원된 사람들도 엄청난 트라우마를 겪습니다. 인권과 생태주의는 서로를 재구성하고 보완하는 관계로 만나야 합니다.

[다양성] "차이가 있으니까 인정은 한다"

획일화된 기준과 통념을 흔드는 '다양성'이라는 가치는 사뭇 매력적입니다. 하나의 정답이나 '보편', 획일성, 동일성을 거부하고 각자의 차이와 고유성에 주목하는 일은 인권이 지향하는 가치와도 맞닿아 있습니다. 그런데 오늘날 다양성이라는 가치가 사용되는 맥락을 보면 인권의 확장을 가로막는 '알리바이'로 다양성을 앞세우는 건 아닌지 의문이 드는 경우가 많습니다.

우선 다양성이라는 말로 현실에 존재하는 불평등한 위치와 관계를 바로잡으려는 시도를 거부하는 경우입니다. "그건 당신 생각이고 이건 내 생각이고. 왜 당신 생각을 강요하죠? 각자의 차이를 인정해야죠." 이때 다양성의 가치는 차별 의식을 고수하고 차별 시정 조치에 찬성하지 않거나 무관심해도 좋을 명분으로 사용되고 있습니다. '하나의 정답이 아닌 각자의 답이 있다'라는 입장은 마음의 자유를 확장하는 차원에서는 환영해야 마땅하지만, 반차별이라는 가치조차도 하나의 의견 정도로만 치부하는 상대주의적 태도는 경계되어야 합니다.

다양성을 인정하지만 '틀'을 벗어나지 않는 선에서만 인정해 주겠다는 태도도 문제적입니다. "각자 차이가 있으니까 인정은 하겠는데 대놓고 드러내지는 않았으면 좋겠어요." 이 문장에는 인정의 주체인 발화자와 인정의 대상이 되는 소수자가 구분되어 있습니다. 내가 인정하는 '선線'까지만 소수자의 존재를 받아들여 준다는 말 자체가 자신이 주류에 포함되어 있음을 고백하는 것이기도 합니다. 주류가 관용하는 틀 안에서만 인정받아야 한다면 소수자들은 이를 진정한 인정이라고 받아들이기 힘듭니다. '차이니까 인정한다'는 선에서 그치지 않고 그 차이를 만들어 낸 권력에 도전하고 차이의 위계를 없애는 운동 속에서 다양성은 인권의 가치를 담아낼 수 있습니다.

다양성이 허울에 그치는 경우도 있습니다. 겉으로는 다양성을 내세우지만 실제로는 다양성을 지우는 차별적 구조는 바꾸지 않은 채 내버려 두는 것이지요. '한국 사회는 이제 다문화 사회'라고 얘기하면서도 실제로는 이주민의 '동화'를 목표로 하는 접근이 주를 이루고, '우리 회사는 이주민/성소수자/여성이 공존하는 회사'라고 기업 이미지를 홍보하지만 실제로는 임금 차별을 비롯한 문제들은 건드리지 않는 일들도 있습니다. 반차별의 문제의식을 계속 벼려 나갈 때, 허울만 좋은 다양성의 함정에 빠지는 것을 피할 수 있습니다.

인권을 빨아들이는 블랙홀

인권과 경합하는 가치는 아니지만 현실에서는 인권을 부정하고 인권을 빨아들이는 블랙홀처럼 사용되는 가치 낱말이 있습니다. 인권을 보장하는 과정에서 반드시 살펴야 할 요소이지만, 마치 인권보다 우선되거나 인권과 대립하는 것처럼 이야기되기 쉬운 가치들이죠. 책임/의무, 안전, 질서와 같은 말이 대표적입니다.

[책임/의무] "인권은 왜 책임을 말하지 않지?"

인권교육이 가장 자주 듣게 되는 비판은 "권리가 있으면 책임도 있는 것 아니냐. 인권교육에서는 왜 책임(의무)을 가르치지 않느냐"는 말입니다. 인권교육을 요청하면서 "권리만 이야기하지 마시고 책임(의무)에 대해서도 함께 이야기해 주세요"라는 말을 덧붙이는 경우도 잦습니다. 이런 이야기를 듣다 보면 인권과 책임을 대립적인 관계 또는 선후 관계로 바라보는 시각이 아직도 강고하다는 것을 알 수 있습니다. 최근에는 사회 복지사와 같은 특정 직군을 대상으로 한 인권교육이 의무화되면서 반대의 오해도 생겨납니다. "장애인에겐 권리만 있고 우리에겐 책임만 있냐"는 항변이 대표적입니다.

사회적 약자, 소수자들과 만나는 인권교육은 그들의 '권한 강화'를 목표로 합니다. 그들은 대개 지시대로 움직여야 할 책임(의무)만이 강요되는 삶을 살아왔습니다. 그러다 보니 인권교육가들은 주어진 짧은 교육 시간 동안 권리를 만날 기회를 제공하는 게 우선이라는 판단을 하게 되는 경우가 많습니다. 사회 복지사나 교사와 같은 직군을 만날 때도 인권 감수성을 일깨우고 참여자들도 인권의 주체임을 먼저 다룬 다음에, 상호 의존성의 원칙 아래서 장애인이나 학생의 인권을 다루는 방식으로 교육 내용을 구성해 가곤 합니다. 인권의 의미를 '하지 말아야 할 행위 목록을 나열한 매뉴얼' 정도로만 받아들이지 않기를 바라기 때문입니다. 그러다 보니 책임에 대한 이야기를 다루기는 시간이 허락하지 않는 경우가 많습니다.

그렇다고 인권교육이 책임을 말하지 않는 것도, 인권과 책임이 대립적인 관계에 놓여 있는 것도 아닙니다. 인권이 말하는 책임과 사회가 일방적으로 부과한 책임을 구분하는 것이 필요합니다. 인권이 말하는 책임은 '자유'와 '연대'의 다른 이름입니다. 흔히 놀 권리가 있다고 하면 '숙제 다 하고 놀 책임'을 말하죠. 그런데 한 초등학생의 대답은 다릅니다. '노는 친구 방해하지 않을 책임'을 말합니다. 자기의 행동이 주변 사람이나 공동체에 미치는 영향을 고려하면서 자유를 조정해 나가야 자기의 놀이도 방해받지 않는다는 것을 압니다. 내 생각을 말할 자유는 타인의 귀 기울임을 통해 실현됩니다. 내가 타인의 말에 귀를 기울이려면 나에게도 말할 기회가 주어지고 내 말도 존중받을 수 있다는 신뢰가 있어야 합니다. 타인의 호소에 응답할 책임은 인권에서 중요한 가치로 다루어지지만, 이 책임은 '타인의 호소에 응답할 자유', '연대할 권리'의 다른 이름이기도 합니다. 책임 의식이란 자유의 보장과 상호 의존적 관계에 기초하여 우러나옵니다. 권리를 행사할 기회와 책임질 기회는 동행하는 것이지, 선후 관계나 대립 관계가 아닙니다.

반면 권리를 제한하면서 일방적으로 부과된 책임은 인권교육에서 성찰과 분석의 대상이 됩니다. '학생의 본분은 공부'라고 할 때 공부에 대한 권리는 헤아리지 않은 채 정해진 학습만을 강요하고 이에 따르는 책임만 강조하는 경우가 많습니다. 공부에 흥미를 잃거나 수업 시간에 엎드려 자는 학생은 책임을 게을리하고 있는 것이 아니라 자기에게 맞는 학습권을 보장받지 못한 학생은 아닐까요? 학생답게 행동해야 할 책임을 내세우면서 그들의 자유를 함부로 제한하는 일도 빈번합니다. 규칙을 잘 지킬 책임을 다하려면 규칙을 정하는 데 참여할 권리가 있어야 하고 규칙에 문제가 있다면 바꿀 자유가 있어야 합니다. 그래야 책임질 자유도 보장되는 것이죠. 합의하거나 동의한 적 없는 책임은 강제나 폭력이 되기 쉽습니다. 인권교육은 '당연의 세계'를 의심하고, 권리를 억누르는 책임을 비판적으로 검토할 수 있어야 합니다.

"권리를 말하기 전에 책임부터 다해라." 이렇게 책임을 권리의 전제 조건으로 이야기하다 보면 결국 권리의 차등적 배분과 제한이 정당화됩니다. 청소년의 참정권을 주장하면 "세금부터 내라"고 맞받아치고, 맞지 않을 권리를 주장하면 "맞을 짓을 하지 않을 의무도 있지 않냐"는 책임론이 곧잘 제기됩니다. 참정권의 전제가 '납세 의무'가 된다면, 재산이 있는 자에게만 선거권이 보장되었던 '보통 선거' 이전의 시대로 돌아가자는 이야기가 됩니다. 만약 그렇게 된다면 다수의 청년 실업자가 존재하는 현실에서 참정권 연령은 하향이 아닌 '상향' 조정이 되어야 할 겁니다. (물론 이미 청소년과 청년들도 다양한 형태의 세금을 내고 있지만요.) '맞을 짓을 했다'는 생각은 '때려도 되는 사람이 있다'는 생각을 바탕에 깔고 있는데, 이는 존엄과 평등을 위협합니다. 누구에게나 맞지 않을 권리가 보장되어야 하고, '맞을 짓'이라고 분류된 그 행동이 정말 문제인지, 문제라면 어떻게 책임을 질 것인지를 논의해야 합니다. '아직 자기 행동에 책임지지 못하는 나이'라고 하면서 책임질 능력이 생기고 나서야 권리가 주어져야 한다는 생각도 있습니다. 책임에 대한 역량은 책임질 기회로부터 나오고 책임질 기회는 권리를 행사할 기회를 통해 주어집니다. "네가 선택했으니 네가 책임져." 모두에게 똑같은 형식과 무게의 책임을 요구하고 그 책임을 오롯이 개인에게만 돌리는 사회는 잔인합니다. 누구나 그렇지만 특히 어린이와 청소년에게는 실수를 통해 배울 권리가 중요하고 그 과정에서 책임지는 법을 익힐 기회가 절실합니다. 처음엔 누구나 서툰 법이니까요. 그러므로 실수의 결과가 치명적이지 않도록 지원할 책임을 사회가 함께 나눠 지는 것이 중요합니다.

이처럼 권리와 의무 사이에는 수많은 이야기들이 놓여 있습니다. '권리가 있으면 책임(의무)도 있다'는 단순한 공식을 넘어서는 시야를 인권교육가들이 가져야 할 까닭입니다.

[안전] 안전을 위한 자유의 희생

안전할 권리는 인권의 핵심 목록 가운데 하나입니다. 단지 여성이라는 이유로 밤길을 맘 편히 걸을 수 없다면, 노동자들이 위험한 작업에 내몰려 있다면, 아프고 다쳐도 제대로 된 치료를 받을 수 없다면, 재해나 참사가 발생해도 어떠한 책임도 지지 않는 국가에 살아야 한다면? 이러한 실존적 안전에 대한 절박감에 응답하면서 인권은 안전권에 대한 논의를 발전시켜 왔습니다. 빈곤과 공포에 내몰리는 사람들이 없어야 하고, 이로 인해 강압적 안전이 아닌 안전할 자유가 보장되는 사회를 설계하여 한다는 것이 인권이 말해 온 안전입니다. 이와 같은 안전은 '인간 안보human security'라는 개념으로 다루어지기도 했습니다.

그렇지만 안전을 내세워 인권을 제약하는 일들도 다반사입니다. '국가 안보'를 명목으로(대개는 국가 안보가 아닌 '정권' 안보였음이 역사적으로 증명된 바 있습니다) 반대 세력을 간첩으로 조작해 잡아가고 사람들의 입에 재갈을 물리는 일들이 버젓이 일어나고, '공공의 안전'을 이유로 소수자/약자를 단속하거나 격리시키는 일들도 일어나고 있으니까요. 부실한 사회 안전망 속에 각자도생의 삶을 강요받는 사람들이 느끼는 총체적 불안을 '치안'의 문제로만 접근하고, 범죄의 발생 원인을 제거하기보다는 '범죄 소탕'을 앞세워 시민의 자유를 제한하는 정책이 내세우는 가치 역시 안전입니다. 자유, 평등, 민주주의와 같은 인권의 가치들과 멀어진 채 안전만 내세우다 보면 안전은 자유가 아닌 '통치'와 '폭력'이 되기 쉽습니다. 국가의 무능과 안전 시스템의 부재를 고통스럽게 마주해야 했던 4.16 세월호 참사 이후, 국가가 일방적으로 제공하는 강압적 안전이 아니라 안전하기 위해 필요한 권리와 자유가 무엇인지 모색하려는 흐름이 이어지고 있습니다. 2016년 5월, 강남역에서 일어난 여성 살해 사건은 여성의 자유와 평등 없이 여성의 안전도 보장될 수 없음을 다시금 발견한 사건이기도 했습니다. 그래서 그 사건을 '여성혐오 범죄'가 아닌 '정신 장애인에 의한 묻지마 범죄'로 해석하는 정부 정책에 대한 거대한 비판의 물결이 일어나기도 했습니다. 무엇이 진정 우리의 삶을 위태롭게 하는지 자유롭게 말할 수 있어야, 존엄의 무게를 저울질하지 않고 모든 사람의 평화적 생존을 보장할 수 있어야, 누군가 문제 상황을 대신 해결해 주길 맥없이 기다리지 않고 스스로 대안을 구성하는 데 참여할 수 있어야 비로소 우리는 삶의 안전을 확보할 수 있습니다.

　　인권교육 현장에서도 '보통의 정상적인 사람들'과 '비정상적이며 혼란을 일으키는 사람들'을 자연스럽게 구분 짓는 참여자들을 종종 만나게 됩니다. 이주민이나 노숙인, 정신 장애인 등 사회의 변방으로 밀려난 사람들, 시민이나 국민의 지위를 획득하지 못한 사람들이 주로 후자의 자리에 놓입니다. 실제 이들이 더 많은 폭력과 범죄를 저지른다는 건 입증된 적이 없음에도 손쉽게 '잠재적 범죄자'로 낙인찍고 이들을 통제해야 사회 안전이 확보되는 양 이야기되는 경우가 잦습니다. 감염성 질환을 갖고 있는 이들에 대해서는 안전을 위한 격리가 주장되기도 합니다. '문둥이'로 불리던 한센인에 대한 오랜 격리의 역사는 질병에 대한 편견에 기초한 격리 정책이 인간의 존엄을 어떻게 훼손할 수 있는지를 잘 보여 줍니다. 새로운 적(敵)을 만들어 정권에 대한 분노의 방향을 엉뚱한 곳으로 돌리도록 만들고 결국엔 사회 전체에 대한 통제를 유지, 강화했던 공포 정치의 역사 역시 진정한 안전의 의미를 되새기게 만듭니다. 국가나 언론이 앞장서 소수자를 향한 공포, 혐오, 적대를 조장하고 확산하는 흐름에 대해 인권교육은 이런 질문을 던질 필요가 있습니다. 무엇이 진정 삶을 위협하고 있고, 누가 어떤 이유로 공포를 조장하며, 누가 위험 집단으로 내몰려 사라지고 있는가? 그 과정에서 혐오와 배제를 동원한 '사회 정화'가 아니라 '사회적 연대'를 통한 안전이 확보되는 길이 열립니다.

'안전을 위해서는 자유를 희생할/시킬 수 있다'는 생각 또한 점검될 필요가 있습니다. 범죄나 폭력이 일어나면 어김없이 감시 장치인 CCTV가 곳곳에 들어섭니다. CCTV가 있어도 범죄 예방 효과가 없다는 반론이 만만치 않지만(전국 대다수의 어린이집에 CCTV가 달렸지만 어린이집 학대는 계속됩니다. CCTV라는 미봉책 뒤에 숨어 원인은 그대로 방치해 두기 때문입니다) CCTV라도 달아 두어야 왠지 더 안전해질 것 같은 불안에 사람들은 휩싸입니다. "세상이 얼마나 험악한데, 밤늦게 돌아다니지 마라. 짧은 치마 입지 말고." 자유를 제약하고 수동성의 세계로 몰아넣는다고 해서 안전이 확보되지는 않습니다. 성폭력 피해의 대다수는 특정 '괴물'이나 '사이코패스'가 아니라 친인척을 비롯한 가까운 지인에 의해 가까운 생활 장소에서 일어납니다. CCTV나 가로등만 설치한다고, (예비) 피해자가 거리를 나다니지 않는다고 해서 피해가 줄어들지는 않습니다. 피해자로 주로 지목되는 사회적 약자들을 존중해야 마땅하다는 사회적 감각이 확산될 때, 훈육/교육/돌봄의 이름으로 자행되는 일상의 폭력이 폭력에 대한 감수성과 통제력을 빼앗는다는 인식이 확산될 때, 훈육/교육/돌봄의 공간을 인권적으로 재구성할 때, 피해를 호소할 때 달려와 줄 누군가가 있고 회복을 지원할 공적 체계가 튼실할 때, 우리는 자유를 헌납하고서도 불안에 떨어야 하는 상황으로부터 벗어날 수 있게 됩니다.

[질서] 지켜야 한다는 '그 질서'

국어사전에서는 질서를 "혼란 없이 순조롭게 이루어지게 하는 사물의 순서나 차례"라고 정의하고 있습니다. 2018년 정의당 노회찬 의원이 안타까운 생을 마감한 뒤 그의 장례식장에는 조문객의 발길이 끊이지 않았습니다. 조문객이 많을 때는 지하 2층부터 지상 1층까지 긴 줄이 이어지고, 1시간 이상 기다려야 조문을 할 수 있었다고 합니다. 고위급 정치인이 장례식장을 찾았을 때 정의당 측은 이렇게 말했다죠. "저희가 새치기를 도와드렸다가는 뉴스에 나오시지 않을까요?" 그는 두말 않고 줄을 기다려 조문했다고 합니다. 만약 그가 직급을 내세워 자기 차례를 앞당겼다면 그야말로 질서 위반이었겠죠. '어른'들에게 새치기를 당한 경험이 많은 어린이는 차례를 지키지 않는 행위는 곧 누군가의 정당한 몫을 빼앗는 행위라는 것을 일찌감치 알게 될 겁니다. 질서는 상황의 예측 가능성을 높인다는 점에서도 삶에 필요한 요소임에 분명합니다. 도로 위가 교통질서를 지키지 않는 무법천지의 차들로 가득 차 있다면 운전자도, 보행자도 안전을 확보하기 위해 힘을 어떻게 사용해야 할지 예측하기 어려울 테니까요.

한편 질서는 '차례'의 의미를 넘어 안정된 관계(대개는 위아래가 정해져 있습니다)나 절차, 체계, 체제 등을 뜻하는 말로도 쓰입니다. 위계질서, 조직 질서, 공공질서, 법질서, 국제 질서 등의 말들이 함께 쓰이는 이유입니다. 어떤 관계든 조직이든, 기존에 짜인 질서들은 철저한 위아래 서열에 기초해 있는 경우가 많습니다. '윗사람'의 말과 정해진 절차에 고분고분 따라야 하고, 시민의 자유보다 법이 우선이라고 말하는 식이지요. 학생들이 학내 비리나 인권 문제를 거론할 때, 사회 문제에 대해 발언할 때, 또는 여럿이 모여 문제 제기를 하는 경우 '학내 질서를 어지럽힌다'는 말로 징계나 불이익을 받게 되는 경우가 많습니다. 구성원들의 표현의 자유가 보장될수록 학교 시스템의 부패나 한계를 바로잡을 기회가 더 생기는 법인데도 말이지요. 마찬가지로 인권보다는 (이미 정해진) 질서 확보가 우선이라는 목소리를 사회 곳곳에서 찾아볼 수 있습니다. 이때의 질서는 '통제'나 '기득권 유지'의 또 다른 이름에 불과합니다. 혼란을 줄이기 위한 질서는 필요하지만 지켜져야 한다는 그 질서가 과연 자유롭고 정의로운지가 먼저 질문되는 것이 중요합니다.

그런 의미에서 인권은 기존 질서에 도전하면서 혼란을 만들어 내고, 기존 질서가 파열되는 혼란을 기꺼이 통과할 때 확보될 수 있습니다. 〈세계 인권 선언〉 28조는 "모든 사람은 이 선언에 규정된 권리와 자유가 완전히 실현될 수 있도록 사회적, 국제적 질서$^{social\ and\ international}$ $_{order}$에 대한 권리를 가진다"고 이야기하고 있습니다. 인권은 불평등한 질서에 도전하지만, 동시에 인권이 보장되는 질서를 요구하고 형성하는 언어이기도 합니다.

인권의 확장을 멈춰 세우다

인권에 대한 고민을 이어 나가다 보면 '그만하면 충분하다', '그 이상은 위험하다'고 생각되던 것들이 반대로 넘어서야 할 '문제'로 발견되기도 합니다. 정말 충분한 것일까? 좋은 가치를 방패 삼아 문제를 가리거나 인권의 의미를 축소시키고 있지는 않을까? 인권의 확장을 멈춰 세울 때 자주 사용되는 가치 낱말들로 꼽아 본 것이 중립, 비폭력, 공동체, 참여/자치와 같은 말입니다.

[중립] '판단 없음'과 편향 사이

인권교육은 종종 '왜 한쪽 이야기만 하느냐', '편향적이다'와 같은 반응을 얻게 되곤 합니다. 인권교육이 사회적 약자, 소수자의 입장에서 문제를 드러내고 세상을 분석하기 때문에 불편함을 느끼는 것이지요. 어떤 교육도 중립적일 수 없듯이 인권교육도 그러합니다. "불의한 상황 속에서 중립을 지킨다면, 당신은 억압자의 편에 서기로 선택한 것이다." 남아공의 인종 분리 정책(아파르트헤이트) 반대에 평생을 바친 데스몬드 투투 대주교의 이 말처럼, 인권교육은 '이익'에 기초한 편향성이 아니라, '인권의 원칙'에 기초한 입장성과 가치 지향성을 가진 교육입니다.

사회적으로 '중립'이라는 가치가 이야기되는 맥락에는 '입장을 갖는 것에 대한 불편함'과 '중립을 기계적 균형과 동일시하는 통념'의 영향도 있습니다. "저는 중립이에요"라는 말은 '판단 불가'와 '판단 없음'이라는 서로 다른 두 가지의 뜻으로 달리 사용됩니다. 어떤 의제에 대해 지금까지 주어진 정보로는 입장을 정하기가 어려울 때 잠정적인 '판단 불가'의 자세를 취할 수 있습니다. 정보와 시간이 더 필요하다는 이야기니까요. 반면 '판단 없음'은 생각하지 않겠다, 나와 상관없다, 입장을 정하지 않겠다는 태도에 가깝습니다. 결과적으로는 현 질서에 대한 묵인 또는 순응을 선택하는 것입니다. 누군가는 목소리를 높일 수밖에 없고, 누군가는 가만히 있어도 되는(또는 '가만히 있으라' 요구받는) 이 상황이야말로 '정치적'입니다. 중립을 '기계적 균형'이나 '절충'과 동일시하는 경향도 있습니다. 어떤 사안을 다룰 때는 균형감을 놓치지 않아야 세밀한 분석이 가능해집니다. 그러나 어떤 사안을 균형 있게 다룬다는 이유로 양쪽 다 일리가 있고 문제도 있다는 식의 양시/양비론적 태도를 취하거나 현실의 불평등을 무시한 채 목소리의 비중을 똑같이 취급하는 것은 문제가 있습니다. "국가 폭력도 문제지만 폭력을 휘두르는 시민도 문제다", "기득권을 누려 온 남성들도 문제지만 페미니즘도 너무 과격하다"와 같은 말들이 대표적입니다. 이렇게 되면 문제의 본질이 사라지고 서로 차원이 다른 문제를 양쪽에 올려놓고 가운데 지점을 찾는 엉뚱한 결과를 낳게 됩니다.

'교육의 정치적 중립성'이라는 이름으로 정치에 대한 무관심과 사회 문제에 대한 입장 없음을 강요받는 이들은 중립성이라는 감옥 안에 갇혀 있는 경우가 많습니다. 교육의 '정치적 중립성'은 국가나 종교 권력 등에 의한 부당한 개입을 막기 위해 요청되는 것입니다. 교육의 '정치적 독립성'이라고 해야 더 명확한 표현입니다. 그런데 실제로는 마치 교사나 학생이 아무런 정치적 입장을 가져서는 안 되고 그들의 정치적 권리를 제한해도 된다는 식으로 이 개념이 남용되고 있습니다. 박근혜 정권 당시 '국정 역사 교과서'를 만들려고 하다가 시민들의 저항과 정권 교체로 무산된 적이 있습니다. 정권의 입맛에 맞는 역사적 '사실'로 가득 찬 교과서로 수업하는 교사는 아무런 제지를 받지 않는 반면, 정권의 잘못을 환기시키는 4.16 세월호 참사를 다루려는 교사는 정치적 중립을 요구받습니다. '중립'이 오히려 '편향'을 만드는 셈입니다. 교육 주체들에게 '중립의 의무'가 아닌 '정치적 권리'가 있어야 교육의 정치적 독립성도 확보됩니다. 교사의 가르침에 질문할 수 있는 권리와 힘이 학생에게 있어야 수업 안에서 교사의 가치관이 '주입'되지 않는 힘의 균형이 확보됩니다. 학생의 미성숙을 근거로 중립만 요구받을 때 학생들은 더욱 '판단 없음'의 감옥 안에 갇히게 됩니다.

[비폭력] '비+폭력'과 '비폭+력'

　　인권은 전쟁이라는 거대 폭력과 일상적 전쟁으로서의 구조적 폭력에 반대하는 언어입니다. 무엇을 폭력으로 볼 것인가는 그 사회가 가진 인간 존엄에 대한 인식 수준을 드러내 주기도 하죠. 인권교육이 반反폭력 혹은 비非폭력의 가치를 적극 다룰 수밖에 없는 이유이기도 합니다. 그런데 비폭력이라는 말로 저항의 힘을 축소시키거나 목소리를 잠재우는 경우도 있어 세심한 주의를 기울일 필요가 있습니다.

　　우선 비폭력을 행동 양식의 차원에서만 판단하는 경우가 있습니다. 절차적 민주주의만이 기계적으로 강조되는 사회일수록 바로 그 절차(법, 제도 등에 따른 공식 절차. 대개는 형식적이어서 작동을 기대하기 힘듭니다)에 기대기 어려워 직접 행동에 나선 사람들에 대해 폭력적이다, 공격적이다, 과격하다는 말로 홀대할 가능성도 높아집니다. 의견을 수렴하는 외양을 띠지만 실제로는 절박한 외침이 수용되지 않을 때 언성이 높아지고 행동의 강도를 높이는 것은 당연합니다. 자신의 존엄이 훼손되고 있음을 몸으론 알아차렸지만 '우아하고 세련된 언어'로 표현할 기회가 없었던 이들의 말은 거칠고 서툽니다. 청소년들이 나이가 어리고 가정을 나와 거리에 있다고 해서 함부로 대하는 경찰에게 맞설 때 욕설을 섞었다고 해서 폭력이나 공무 집행 방해로 몰아세운다면 애초 그 외침이 나오게 된 맥락과 목소리의 정당성은 삭제되고 마니까요. 팔레스타인 소년이 이스라엘의 탱크를 향해 돌을 던지는 것은 폭력인가 아닌가, 시위대의 행진을 가로막는 경찰에게 욕을 하는 것은 폭력인가 아닌가, 폴리스 라인을 넘어 차도를 점거한 행진은 폭력인가 아닌가, 시청을 점거하고 소리치며 시장 면담을 요구하는 것은 폭력인가 아닌가, 전투기를 부수는 것은 폭력인가 아닌가 등 저항의 방식을 중심으로 논쟁을 하다 보면 끝이 나지 않습니다. '폭력' 시위대의 행동만이 강조될 때, 애초 시위대가 거리로 나온 주장 또는 집회를 허가제처럼 운영하여 결국 집회·시위의 자유를 제한하는 경찰의 '폭력'은 시야에서 사라지는 법이니까요. 인권교육에서는 수단이나 행동 방식만을 중심으로 폭력이냐 아니냐를 구분하는 데 초점을 맞추기보다 '저항'이 일어난 맥락과 요청되는 변화에 초점을 맞추는 게 더 적절할 때가 많습니다.

두 번째는 '비폭력=합법 | 폭력=불법'이라는 이분법에 대해서입니다. '폭력 시위대' 프레임으로 저항의 목소리를 잠재우는 전략에 휘말리지 않기 위해 의식적으로 '비폭력'을 선택할 수는 있지만, 비폭력의 실천이 꼭 '법이 허락한 범위' 내에서 움직이는 것은 아닐 수도 있습니다. 인권이 말하는 비폭력은 합법이냐 불법이냐 하는 '적법성legality'의 차원이 아니라 '정당성legitimacy'의 차원으로 접근해야 합니다. 실정법을 어겼지만 더 높은 정의의 법에 따라 행동하는 것은 법의 이름으로 이루어지는 폭력에 맞서는 '비폭력'입니다. 예를 들어 집회의 자유가 심각하게 제한되어 있는 상태라면 참여 시민의 행진을 가로막는 경찰의 '차벽'을 넘어서는 것이야말로 인권을 제압하는 '폭력'에 맞서 인권을 확장하는 '비폭력' 행동일 수 있습니다.

세 번째는 비폭력을 물리적 힘의 행사를 포기하는 것이나 소극적인 대항으로 오해하는 경우입니다. 비폭력 직접 행동의 사례를 '무저항'으로 오독하여 소개한 문헌들도 꽤 있지요. 비폭력이라고 하면 왠지 수동적·소극적일 것 같은 통념과는 달리, 남아공의 인종 분리 정책에 맞서 싸우거나 칠레의 피노체트 독재 정권 등을 몰아내는 과정에서 비폭력 직접 행동이 보여 준 위력은 엄청났습니다. 비폭력은 생명을 위협하는 힘과 폭력을 재생산하는 구조를 중단시키기 위한 억지력을 적극적으로 사용하는 '직접 행동'과 만나 사회 변화를 이루는 수단이자 가치가 됩니다. 비폭력은 단지 폭력의 반대말로서의 정태적 상태 개념('비+폭력')이 아니라 폭력에 저항하고 사회 정의를 요구하며 행동하는 힘의 개념('비폭+력')으로 접근될 필요가 있습니다.

그러하기에 비폭력은 목표로 하는 평화와 이를 이루기 위한 수단의 일치를 중요하게 여깁니다. 비폭력은 저항을 행하거나 저항의 메시지가 또 다른 차별에 기대고 있지는 않은지 점검하려는 노력으로 이어지고 저항 단체의 일상적 조직 문화가 민주적인지 살피려는 노력으로 이어져야 합니다. 내가 폭력의 피해자가 될 수 있다는 두려움뿐 아니라 나도 누군가에게 폭력을 가하고 다른 존재를 해할 수 있다는 두려움이 비폭력의 가치를 일상의 문화로 스며들게 만듭니다. 내가 죽을지 모른다는 공포에만 압도된다면 내가 살기 위해 타인을 죽여야 한다는 폭력성이 높아지고 폭력을 합리화하기도 쉽습니다. 나의 가해 가능성에 대한 인식은 공감과 연민의 깊이를 더하고 연결되어 있는 존재의 폭을 넓힙니다. 인권교육이 중요하게 다루는 공감과 연대는 비폭력의 가치와 만나 더욱 깊어집니다.

[공동체] 그곳엔 '미꾸라지'들이 산다

인권교육의 현장에서 공동체 또는 전체를 위해서는 개인의 자유가 제한되거나 소수의 희생은 불가피하다는 주장을 종종 접하게 됩니다. 때로 특정 존재의 인권을 주장하기보다 전체 구성원의 인권을 고루 살펴야 한다는 주장을 내놓을 때 '공동체'를 강조하는 경우도 있죠. '학생인권조례'는 학생의 인권만 고려하는 '편파적인' 조례인 만큼, 학교 공동체 구성원 전체의 인권을 고려한 '학교공동체인권조례'가 필요하다는 주장이 대표적입니다. 그런데 막상 그 조례안의 내용을 살펴보면 학교 사회에서 상대적 약자인 학생의 인권은 공동체에 대한 책임과 의무에 밀려 제대로 다루어지지 않는 경우가 많고, 다른 구성원들과 학생이 동등한 위치에 있다는 전제로 짜인 경우도 허다합니다. 이처럼 무엇을 공동체로 보느냐, 공동체와 그 구성원의 관계를 어떻게 보느냐에 따라 인권에 대한 접근이 달라지는 경우가 많습니다.

공동체는 '생활이나 행동 또는 목적 따위를 같이하는 집단'으로 흔히 풀이됩니다. 그러나 현실에 존재하는 공동체들은 대개 국가, 회사, 학교, 가족처럼 개인의 선택과 무관하게 주어진 집단일 때가 많습니다. 사회운동단체나 대안적 공동체처럼 개인의 자유로운 선택에 의해 형성된 공동체도 물론 있지만요. 어떤 성격의 공동체든, 공동체라는 가치가 인권의 가치와 경합하는 순간들이 있습니다. 일반적으로 공동체共同體를 한자 풀이해 보면 드러나는 뜻대로 공동체에서는 '단일성'이 강조되는 경우가 흔합니다. 그래서 전체의 목표나 대의를 위해 내부의 이견이 잠재워지거나 구성원들 사이의 차이와 불평등에 대한 관심보다 공동체의 유지가 더 강조되기도 합니다. "우리는 한 배를 탄 운명의 공동체." 회사가 어려울 때, 나라 살림이 어려울 때, 학교가 궁지에 몰렸을 때, 그 구성원들의 희생을 강요할 때 주로 쓰이는 말입니다. 노동자는 회사 사정이 어려울 때만 '회사의 주인'으로 호명되는 것처럼, 희생은 대개 공동체 전체가 아니라 그 공동체 안에서 가장 힘이 약한 사람들에게 전가되곤 합니다. "가정의 평화를 위해 참으세요." 가족이라는 공동체 역시 가족 안에서 약자인 여성과 자녀들에게 희생을 강요하는 경우가 많습니다. 개인의 자유와 참여 없는 공동체는 획일성과 집단주의를 낳기 쉽습니다. 개인의 자유를 희생시키지 않는 공동체가 되기 위해서는 단일성만을 강조하기보다 '자유로운 개인들의 함께 살기/움직이기'를 강조하려는 차원에서 함께 움직이는 '공동체共動體'가 대안적 개념으로 출현한 이유도 이 때문입니다.

공동체는 또한 외부와 구분 짓고자 하는 과정에서 폐쇄적 공동체로 귀결될 가능성이 높습니다. 공동체 내부의 구성원이지만 공동체가 정해 놓은 기준과 다른 의견을 가진 이들을 공동체를 해치는 '적'으로 내몰거나 낯선 '이방인'에 대해 적대적인 입장을 취하기도 하는 것이지요. 강물을 흐리는 미꾸라지로 지목되는 이들은 차별적인 현실과 만나 다양한 이름으로 변주됩니다. '빨갱이', '머리에 피도 안 마른 것들', '문란한 여자', '식충이', '무임승차자', '세금 도둑' 등 혐오의 대상으로 분류된 이들은 공동체 안에 머물 자격을 의심받습니다. 마을에 살아온 시간과 상관없이 도시에 살다 잠시 들르는 마을 '토박이' 어르신의 자식들에게 자신을 설명해야 하는 '외부인', '이방인'들도 있습니다. 공동체에 어떤 문제가 생겼을 때 '외부인'은 손쉽게 의심의 대상이 되고 타자화됩니다. 우리 공동체의 이익을 위해서는 다른 공동체의 희생이 불가피하다는 적대적 세계관에 기초한 공동체관도 있습니다.

너무 깨끗한 강물에는 생명이 살 수 없습니다. '미꾸라지'가 없는 공동체는 공동체가 아니라, 차별에 기초한 그들만의 왕국이 되기 쉽습니다. '이질적인 것'으로 지목되어 차별받고 배제되고 급기야 추방될 위기에 놓인 '미꾸라지'들은 '나'이기도 하고 '우리'이기도 하고 또 우리일 수도 있는 수많은 '나/들'이기도 합니다. 다른 공동체의 희생을 바탕으로 유지되는 공동체는 그 내부의 약자에 대해서도 희생을 요구하는 공동체일 수 있습니다. '차이'를 배제하고 추방하지 않는 공동체, '개인'을 존중하고 다른 공동체와 공존하는 공동체를 어떻게 만들 것인가가 인권교육에선 중요한 질문이 되는 이유입니다.

[참여/자치] 참여가 장식에 머무를 때

한 개인이 자기 몸과 마음, 삶의 주체가 되는 '자기 결정권'이 존엄의 확보를 위한 뿌리이듯, 한 집단(공동체, 지역 사회, 민족, 국가 등)이 그 집단의 운명과 체제의 주인이 되는 '집단적 자기 결정권'도 구성원의 인권 보장을 위한 조건이자 그 자체로 중요한 권리입니다. 구성원들이 주인이 되어 자기 결정권을 행사하면서 주체적으로 집단을 운영하는 것을 '자치自治'라고 부릅니다. 자치가 가능하려면 당연히 참여가 활성화되어야 합니다. 최근에는 사회 곳곳에서 구성원들의 참여가 강조되고 자치를 활성화하려는 시도들이 많아지고 있습니다. 민주주의를 억압하는 통치의 패러다임에서 협치, 자치의 패러다임으로 전환이 곳곳에서 모색되고 있는 까닭입니다. 인권교육에서도 민주주의의 의미를 논하는 과정에서 참여나 자치가 자주 등장합니다.

참여는 단순한 '자리 채우기'와는 다른 가치를 지닙니다. 강제로 동원되었든, 자발적이든 참석은 그 자리에 있었다는 것만 의미할 뿐입니다. 반면 참여는 '자율성'과 '권한'을 핵심으로 합니다. 의사 결정에 자율적으로 참여하고 변화를 성취할 권한이 있을 때 참여는 가능해지고, 그랬을 때에야 참여의 경험이 인권 주체들의 권한을 강화할 수 있습니다. 참여는 민주주의의 직접성을 확보하고, 더 나은 민주주의와 자치로 도약하는 징검다리의 역할을 합니다. 그러나 참여와 자치가 본래의 의미에 이르지 못하거나 겉으로만 그럴듯한 무용지물인 경우를 자주 목격합니다. 명목적, 형식적, 장식적 참여가 많은 까닭이고, 이런 형태의 참여에서 자치란 아예 불가능합니다. 이미 짜 놓은 판에서 허용된 범위 안에서만 생각하고 움직이도록 하는 것을 참여와 자치라고 부를 수는 없습니다. 판이 잘못되었다면 판을 새로 짤 가능성과 권한을 확보하는 것이야말로 참여와 자치입니다. 의견을 수렴하는 척하면서 결정권을 내주지 않아도 되는 알리바이, 즉각적 인권 보장을 유보할 수 있는 알리바이로만 참여가 사용될 때, 이때의 참여는 참여가 아닌 '장식'일 뿐입니다.

학생 자치의 현주소만 보더라도 장식적 참여와 실질적 참여의 차이를 알 수 있습니다. 학생 자치라고 해도 학생들의 입장에서는 설문 조사에 응답하거나 학교가 여는 토론회에 한두 번 참석하는 정도에 그치는 경우가 많습니다. 설문 조사에서 학생들 다수가 선택한 결과는 교사나 학부모, 학교장, 학교운영위원회의 의사에 밀려 제대로 반영되지 않는 경우도 많고요. 학생회와 같은 자치 기구도 학교가 허락한 범위 안에서만 움직이는 경우가 허다합니다. 학생회는 학생생활 규정의 제·개정을 포함하여 학생들에게 영향을 미치는 중요한 문제에 참여하여 결정할 권한은 갖지 못합니다. (학생들은 학교운영위원회에도 참여할 법적 권한조차 없습니다.) 반면 학생회가 주로 하는 활동은 봉사 활동과 '선도 활동(금연 캠페인, 선도부 등)'입니다. 그동안 학생들에게 '의무'로 강조되어 온 일들을 학생들이 '알아서' 하는 것을 과연 자치 활동이라 부를 수 있을까 싶은 장면들이 많습니다. 학교에 따라서는 벌점이 쌓인 학생들에 대한 처분을 학생들에게 맡기는 '학생 자치 법정'을 운영하기도 합니다. 학칙을 제정하거나 바꿀 권한은 주지 않은 채, 학생들에게 학칙을 위반한 학생에 대한 징계 감경 여부만을 판단할 권한을 주는 것이죠. 학생 자치 법정은 법무부의 법교육 활성화 프로그램의 일환으로 장려되고 있습니다. 그런데 사법부는 법의 기계적 해석과 형의 선포만을 담당하는 곳이 아닙니다. 법률의 정당성을 따져 판결을 유보하기도 하고(판사가 헌법재판소에 위헌 심판을 제청하는 제도), 법률의 정당성을 직접 심판하기도 합니다(헌법재판소의 위헌 법률 심판 제도). 그런데 학생 자치 법정은 죄의 유무나 규정의 정당성 여부는 다투지 못합니다. 교사에 의한 폭력이 법정에 오르지도 않지요. 이런 식의 자치는 왜곡된 또는 반쪽짜리 자치라고 볼 수밖에 없습니다.

　이렇듯 참여나 자치가 형식적인 공간들이 많다 보니 인권교육 현장에서는 '자치'라는 말에 냉소적인 반응을 보이는 청소년이나 주민들을 만나게 됩니다. 한편에서는 "우리는 기회를 열어 줬는데 학생들이 참여하지 않는다"고 말하는 교사나 "주민들이 자치에 관심이 없다"고 말하는 마을 사업 담당자들도 있죠. 냉소의 밑바닥에는 '권한 없음'과 '학습된 무기력'이 있을 수 있습니다. 짜인 판 안에서 제한된 권한만 행사하는 게 아닌 처음부터 밑그림을 함께 그리는 좌충우돌의 경험을 통해 냉소는 실질적 참여와 자치로 전환될 수 있습니다. 인권교육은 냉소를 만드는 구조를 비판적으로 다루어야 하지만, 동시에 '어차피 바뀌지도 않을 건데 시키는 대로 하는 게 차라리 편하다'는 주저앉은 마음의 문제도 다루어야 합니다. 박근혜 퇴진을 촉구하는 운동의 와중에 한 대학 학생회가 붙인 '참여형 대자보'가 화제가 된 적 있습니다. 거짓 민주주의의 장막을 벗겨 내기 위해 힘겹게 줄을 당기고 있는 한 사람이 그려진 그림 옆에 이런 글귀가 새겨져 있었습니다. "움직여야 할 때 움직이지 않으면 아무것도 움직이지 않는다." 여기에 동의하는 사람들이 줄을 당기는 데 동참하는 그림을 그려 넣도록 기획된 대자보였습니다. 어차피 안 된다는 냉소, 민주주의는 준비된 사람만 실천할 수 있는 특별한 것이라는 강박에 사로잡혀 있는 한, 민주주의는 언제까지나 도달하지 않을 미래의 순간으로 밀려나고 맙니다.

　참여 없는 민주주의는 상상할 수 없지만, 참여가 이루어졌다는 것만으로 실질적 민주주의가 확보될 수 있느냐는 문제도 생각해 보아야 합니다. 최근 국가나 지방 정부 차원에서 '공론화위원회'라는 이름으로 시민들의 참여로 주요 정책 방향을 결정하는 흐름이 시도되고 있습니다. 신고리 5·6호 핵발전기 공사를 재개할지 말지, 대학 입시 제도를 어떤 방향으로 개편할지, 학생들의 교복 불편 사항을 어떻게 개선할지 등을 시민 참여에 맡기는 것이지요. 숙의 과정을 통해 '시민의 뜻'을 확인하고 이에 따른다는 것은 민주적으로 보입니다. 그런데 누가 참여에서 배제되고 있는지(유권자가 아닌 어린이·청소년은 대개 배제됩니다), 핵발전 정책의 폐기나 사형 제도 폐지, 소수자 인권 보장 정책처럼 전체 시민의 다수결에 맡겨서는 안 되는 문제도 있지 않은지를 함께 살피지 않으면 안 됩니다. 참여는 자유, 평등, 연대라는 인권의 기본 가치를 실현하는 방향 속에서만 민주주의의 형식이자 내용이 될 수 있습니다.

당신이 말하는 그 '가치'는 무엇인가요

발달 장애를 가진 청소년과 만난 인권교육에서, 한 청소년이 불쑥 이렇게 물어왔습니다. "혼자서 하는 욕이 덜 나쁘죠?" 질문의 뜻을 단번에 파악하기가 쉽지 않았습니다. 차근차근 질문한 맥락을 물어보았습니다. 선생님이 아무리 화가 나는 일이 있어도 사람들 앞에서는 욕을 해서는 안 된다고, 정말 화가 풀리지 않을 땐 혼자 있을 때 이불을 뒤집어쓰고 욕을 하라고, 학교에서 다른 친구들이 괴롭혀도 싸우면 안 된다고 이야기를 했다고 합니다. 그 교사의 의도를 정확히 알 수는 없었습니다. 어차피 싸워도 당해 낼 수 없고 자칫하면 학교폭력 사안으로까지 일이 커질 수 있으니 장애 학생의 안전을 보호하려는 차원에서 그리 말했을 수도 있습니다. 분노를 터뜨리는 것보다 다스릴 줄 아는 게 더 미덕이라고 생각했을지도 모릅니다. 분노를 터뜨리며 욕을 하는 상황에서는 욕을 하는 사람도, 듣는 사람도 마음에 일종의 화상火傷을 입을 수도 있겠지요. 하지만 그 어떤 이유였든 그 교사의 이야기가 개운치는 않았습니다. 즉석에서 그 청소년에게 제안을 해 보았습니다. 집에서 이불을 뒤집어쓰고 욕을 하는 장면을 그대로 보여 줄 수 있겠냐고. 이불 대신 점퍼를 뒤집어쓰도록 한 다음, 여기가 집이라고 생각해 보라고 했습니다. 모두가 마음을 집중하면 좋겠다 싶어 잠시 교육장의 불을 모두 껐습니다. 한 사람이 홀로 이불을 뒤집어쓴 채 자기를 괴롭힌 친구한테 하고 싶었던 욕을 꺼내 놓기 시작했습니다. 분명 욕을 하고 있는데, 지켜보는 우리에겐 왜 울음처럼 느껴졌을까요? 그의 외로움과 쓸쓸함이 고스란히 전해져 모두가 숙연해진 순간이었습니다. '좋은 가치'를 앞세운 조언이 누군가의 삶을 더 궁지로 내모는 순간들은 얼마나 많을까요?

그의 이야기는 최규석의 《지금은 없는 이야기》에 실린 만화 〈불행한 소년〉을 떠올리게 합니다. 부당한 대접을 받으며 참을 수 없는 분노와 절망에 빠지곤 했던 소년에게 천사가 나타나 이렇게 이야기하죠. "먼저 참고 용서하렴." 청년이 되어 마찬가지 상황에 놓였을 때도 천사는 나타나 이렇게 말합니다. "힘을 내세요. 그 사람들도 제각각 괴로움이 있답니다." 어느덧 늙고 병든 노인이 되어 홀로 쓸쓸하게 죽어 갈 때도 천사가 나타납니다. "비참하다고 말하지 마세요. 당신의 삶은 가치 있는 삶이었어요." 잠시 후 분노와 슬픔의 소용돌이 속에서 번개처럼 하나의 깨달음이 그의 머릿속을 스칩니다. 천사를 향해 드디어 그는 이렇게 말합니다. "네가…… 네가! 평생 동안 나를 속인 거야!!"❷

고귀하고 아름답게 보이는 말들을 인권의 관점으로 다시 벼려야 할 이유들이 세상에 가득합니다. 서로가 사용하고 있는 개념의 거리를 좁혀야 대화도 가능해집니다. 지금 당신이 말하고 있는 그 '가치'의 의미는 무엇입니까?

2 최규석(2011), 《지금은 없는 이야기》, 사계절, 20~31쪽.

인권교육 새로고침

2부
인권을 통한 교육

'무엇을 배우는가'는 '어떻게 배우는가'의
문제와 결코 떨어질 수 없습니다. 인권을
무시하는 방법으로 인권 감수성을
교육한다는 게 가능할까요? 인권 감수성을
기르고 인권의 가치에 신뢰나 매력을
느끼려면 인권교육의 과정 안에서부터
참여자가 인권을 존중받는 기쁨을
경험하고, 인권이 자기의 삶을 지지해 주는
언어라는 느낌을 갖는 게 중요합니다.

참여형 교육이 따로 있나?
인권교육 방법론, 기법에서 철학으로

좋은 프로그램은 어떻게 만들어지는가?
활동 프로그램을 엮어 내는 마음들

왜 '질문'을 질문하는가?
질문이 빚어내는 인권교육의 세계

서사가 살아 있는 교육이란 무엇인가?
인권교육과 서사적 상상력

구멍 없는 교육안이 가능한가요?
인권교육 기획에서 놓치지 말아야 할 것들

참여형
교육이
따로 있나?

인권교육 방법론,
기법에서 철학으로

"인권교육은 참여적이어야 한다는 원칙을 양성 과정 때 배웠는데, 막상 현실에서 녹여 내기가 쉽지는 않아요. 단시간에 많은 내용을 전달하려다 보니 강연 위주로 교육을 짜 가게 되는 경우가 많아요."

"인권 침해 사례를 여러 개 소개하고 이런 일은 없어야 한다는 식으로 교육을 하는 경우가 많잖아요. 그런데 그런 교육을 하다 보면 참여자의 집중력이 갈수록 흐려지는 것 같고, 옳다 그르다는 식의 이분법으로 접근하는 건 아닐까, 이게 맞나 싶더라고요. ㅠㅠ"

"참여형 교육으로 해 달라는 교육 요청을 받을 때면, 정확하게 뭘 요청하는 건지 헷갈릴 때가 있어요. 재밌게 해 달라는 건지, 토론 시간을 넣어 달라는 건지, 모둠 작업을 해 달라는 건지. 그러다 보니 이런 질문이 생겼어요. 참여형 교육이 뭐지? 참여형 교육이 따로 있나?"

"참여자들에게 어떤 과제를 제시했는데 예상했던 반응이 나오지 않아 당황한 적이 있어요. 제가 과제를 잘못 제시했던 건지, 아니면 다른 요소가 영향을 끼친 건지 모르겠어요."

"교육이라는 게 생물과 같아서, 어떨 땐 아무리 열심히 준비해 가도 반응이 없는데 또 어떨 땐 참여자들의 반응이 후끈 달아오를 때도 있고 그래요. 제가 무언가를 놓치고 있는 건지, 아니면 그건 교육가의 영역 밖의 일인지 잘 모르겠어요."

"인권교육은 인권에 대한, 인권을 위한, 인권을 통한 교육이어야 한다." 인권교육을 하고 있는 분들이라면 한 번쯤 들어 보았을 명제일 겁니다. 그런데 이 명제를 얼마나 숙고하고 교육에 반영하느냐는 사람에 따라 차이가 있어 보입니다. 인권교육은 본질적으로 실천적 성격을 갖습니다. 인권에 관한 정보나 지식을 나누고 학습하는 이유는 삶과 사회를 인권적으로 재구성하기 위해서입니다. 인권 침해의 현실과 구조적 배경, 관련된 법과 규범, 이용 가능한 권리 회복 절차, 문제 해결을 위한 대안, 목소리 내기와 실천의 중요성 등이 인권교육의 주요 내용으로 다루어지는 이유이기도 하죠. 그렇다면 '인권을 통한 교육'은 특별히 무엇을 의미하고자 하는 것일까요?

가르침과 배움의 이분법을 넘어

교육이라는 말을 들었을 때 떠오르는 단어를 물어보면 '학교, 강의, 일방적, 권위, 지루함, 참을 인忍, 시계'와 같은 단어들을 떠올리는 사람들이 많습니다. 맛없는 정보를 억지로 삼켜야 했던 시간, 교사의 권위에 짓눌려 숨소리조차 내지 못하고 째깍째깍 시계 소리만 들렸던 교실의 기억이 '교육'이란 단어를 통해 소환되는 것입니다. 그 시간을 인내하는 동안, 의식적이든 무의식적이든 '나는 가만히 듣고 배워야 할 모자란 사람'이라는 위치에 자기를 두고 있을지도 모릅니다.

스페인의 교육운동가였던 프란시스코 페레는 권위에 복종하는 인간을 만들어 내는 제도 교육을 비판하며 '무지의 체계적 조직화'라고 표현한 바 있습니다.[1] 의문을 제기할 수 없는 '닫힌 교육'은 결국 자기 삶을 옥죄고 배반하는 관점과 언어를 배우게 되는 '군림하는 교육'이 되기 쉽습니다.

감독이자 시인, 유하 역시 〈학교에서 배운 것〉이라는 시를 통해 권위주의 교육의 본질을 잘 묘사한 바 있습니다.

---

[1] 박홍규·프란시스코 페레, 이훈도 옮김(2013), 《꽃으로도 아이를 때리지 말라》, 우물이있는집.

학교에서 배운 것

유하

인생의 일할을
나는 학교에서 배웠지
아마 그랬을 거야
매 맞고 침묵하는 법과
시기와 질투를 키우는 법
그리고 타인과 나를 끊임없이 비교하는 법과
경멸하는 자를
짐짓 존경하는 법
그중에서도 내가 살아가는 데
가장 도움을 준 것은
그런 많은 법들 앞에 내 상상력을
최대한 굴복시키는 법[2]

　　인권교육의 시간에도 권위주의 교육의 그림자는 어슬렁거립니다. 교육장에 들어서는 사람들은 뒤쪽부터 자리를 채웁니다. 가까이 다가가 눈이라도 마주치려 하면 행여나 교육가가 무언가를 질문할까 봐 눈길을 피합니다. 평소에 대화를 즐기고 자신 있게 말을 쏟아 내던 사람도 교육이 시작되면 일단 입을 꾹 다물어 버립니다. 왜 사람들은 교육에서 말하기를 두려워하게 된 것일까요? 틀릴까 봐, 마음을 들킬까 봐 두려워하는 마음과 '교육은 강사로부터 듣는 시간'이라는 전형적 해석이 대개 그 바탕에 깔려 있는 것입니다. "선생님, 이렇게 해도 되나요?", "전지는 다 채워야 해요?", "화장실 다녀와도 돼요?" 나이를 불문하고 재차 인권

2　유하(1999), 《나의 사랑은 나비처럼 가벼웠다》, 열림원.

교육가에게 확인을 구하는 사람들도 있습니다. 평생을 걸쳐 일상 곳곳에서 권위자의 허락을 구해야 하는 삶의 습관이 따라붙는 탓입니다. "저에게 묻지 않으셔도 돼요. 자유롭게 하시면 됩니다"라는 말조차 일시적인 자유의 '허용'처럼 받아들여지는 건 아닐까 염려되는 순간들도 있습니다.

인권교육가 역시 '마이크를 쥔 권력'을 행사하거나 권위주의에 도취될 위험이 있습니다. 인권교육가 역시 이 사회가 가르쳐 온 지배적인 교육의 '습'으로부터 자유로울 수 없기 때문입니다. 우리가 타인과 대화를 나눌 때를 떠올려 보면 그 사람의 대화가 맛깔나다, 찰지다, 나를 풍요롭게 한다 싶은 순간들이 있습니다. 혼자만의 생각으로는 도통 풀리지 않았던 고민의 갈피를 잡게 되거나 대단한 답을 찾지는 않았더라도 문제가 무엇인지 명료해져 사유의 지평이 확장될 때, '나만 이런 생각을 하는 게 아니구나'라는 공감이 위안을 선사할 때가 그렇습니다. 이 경험을 뒤집어 보면, 말하기도 듣기도 피곤해지는 순간이 왜 찾아오는지도 분명해집니다. 내 고민을 사소하고 부차적인 것으로 취급할 때, 들어 주는 척할 뿐 결국 자기 할 말만 할 때, 취조하듯 문답이 오갈 때, 내가 원하는 것은 공감인데 섣부른 해답을 제시하려고 할 때가 그렇습니다. 그 뒤에 남는 것은 '정복당한 느낌'이거나 '지루함'이죠. 참여자들이 '가르치려 든다' 혹은 '왜 훈계하나?'며 교육에 얼어붙은 마음을 표현하는 맥락도 이와 유사합니다.

단순히 교육가의 어투가 친절한지, 무뚝뚝한지와 같은 차원의 문제가 아닙니다. 교육가가 아무런 주장을 전개하지 않아야 한다는 이야기도 아닙니다. 핵심은 '메시지의 독점'에 있습니다. 참여자는 말이 '섞이지 않고' 튕겨져 나올 때, 이것이 대화가 아님을 순식간에 눈치챕니다. 교육가가 교육장에 모인 사람들이 누구인지에 대해서는 별 관심 없이 자기 이야기만 하려고 온 사람인지, 아니면 참여자의 삶에 관심을 가진 사람인지도 금세 알아냅니다. 전자의 경우로 인식하는 순간, 참여자들은 더 꽁꽁 입을 닫습니다. '독백의 교육'에서 참여자들은 교육가의 말을 소화하기에 급급하거나 체하듯 돌아갑니다. 교육가 역시 자신의 세계를 확장하지 못하고 제자리에 머문 채 교육이 끝납니다. 교육 경험의 횟수는 늘었지만, 교육을 통한 성장은 교육가에게도 일어나지 않은 것입니다.

인권을 어떻게 배울 수 있는가

'무엇을 배우는가'는 '어떻게 배우는가'의 문제와 결코 떨어질 수 없습니다. 혹독한 조련사가 가르치는 훈련장에서는 '기능' 향상이 목표가 됩니다. 반면 인권교육이 목표로 하는 것은 참여자의 '인권 감수성', '인권의 가치에 대한 신뢰(매력)', '인권을 행사하는 경험'입니다. 인권을 무시하는 방법으로 인권 감수성을 교육한다는 게 가능할까요? 인권 감수성을 기르고 인권의 가치에 신뢰나 매력을 느끼려면 인권교육의 과정 안에서부터 참여자가 인권을 존중받는 기쁨을 경험하고, 인권이 자기의 삶을 지지해 주는 언어라는 느낌을 갖는 게 중요합니다. 비록 짧은 시간일지라도 누군가에겐 인권교육이 인권을 경험하고 행사해 보는 최초의 시간일 수 있습니다. 그래서 인권교육에서는 '권위주의적 교육' 혹은 파울루 프레이리가 말한 '은행 저축식 교육'과 선을 긋기 위한 부단한 노력이 강조됩니다. 그 핵심에는 전통적 의미의 교사-학생 사이의 위계, 가르침과 배움이라는 이분법을 해체하려는 노력이 있습니다.

'은행 저축식 교육'에서의 교사-학생 관계

1. 교사는 가르치고 학생들은 배운다.
2. 교사는 모든 것을 알고 학생들은 아무것도 모른다.
3. 교사는 생각의 주체이고 학생들은 생각의 대상이다.
4. 교사는 말하고 학생들은 얌전히 듣는다.
5. 교사는 훈련을 시키고 학생들은 훈련을 받는다.
6. 교사는 자기 마음대로 선택하고 실행하며 학생들은 그에 순응한다.
7. 교사는 행동하고 학생들은 교사의 행동을 통해 행동한다는 환상을 갖는다.
8. 교사는 교육 내용을 선택하고 학생들은(상담도 받지 못한 채) 거기에 따른다.
9. 교사는 지식의 권위를 자신의 직업상의 권위와 혼동하면서 학생들의 자유에 대해 대립적인 위치에 있고자 한다.
10. 교사는 학습 과정의 주체이고 학생들은 단지 객체일 뿐이다.❸

'독백의 교육'을 '대화의 교육', '상호 배움'의 시간으로 전환하려면 어떤 변화가 필요할까요? 인권교육가 홀로가 아닌, 참여자도 주인공이 되는 교육 무대면 더 좋지 않을까요? 인권교육이 문제 해결의 과정으로 초대받는 시간이라면 참여자가 교육 안에서 문제를 발견하고 문제 해결의 힘을 키우는 연습을 할 수 있어야 하지 않을까요? 주체적으로 생각하는 시간, 솔직한 이야기가 오가는 시간, 서로에게 공감하면서 새로운 인권의 언어를 만들어 가는 시간, 새로운 시선을 만나고 꿈꾸는 변화를 표현할 수 있는 시간을 만들기 위한 고민들이 인권교육 방법론의 발전을 만들어 왔습니다.

참여자들이 새로운 질문과 정보, 이야기를 만나고 그에 대해 직접 분석해 보면서 문제 해결의 힘을 키워 나가는 조직화된 시간으로 인권교육을 정의한다면, 어떻게 이야기를 나누고 문제를 분석할 것인가가 중요한 과제로 대두될 수밖에 없습니다. 파멜라 메츠가 《도덕경》 81장을 가르침과 배움이라는 열쇳말로 다시 풀어낸 《배움의 도 - 가르치는 이와 배우는 이를 위한 노자의 도덕경》에는 이런 글귀가 나옵니다.

#조산원 교사

슬기로운 교사는 가르칠 때 학생들은 그가 있는 줄을 잘 모른다.
다음가는 교사는 학생들에게 사랑받는 교사다. 그 다음가는 교사는
학생들이 무서워하는 교사다. 가장 덜 된 교사는 학생들이 미워하는
교사다.
교사가 학생을 믿지 않으면 학생들도 그를 믿지 않는다. 배움의 싹이 틀
때 그것을 거들어 주는 교사는 학생들로 하여금 그들이 진작부터 알던
바를 스스로 찾아낼 수 있도록 돕는다.
교사가 일을 다 마쳤을 때 학생들은 말한다. "대단하다! 우리가
해냈어!"❹

"대단하다! 우리가 해냈어!" 크든 작든, 참여자들이 뭔가 해내고 만들고 발견했다는 감탄이 있는 교육을 만드는 것은 참여자에게 정당한 위치를 돌려주는 것이기도 합니다. 《우리가 걸어가면 길이 됩니다》에서 파울루 프레이리는 민중들이 자기의 역사를 만들어 가기 위해서는 지배자들과 다른 언어를 만들 권

3 파울루 프레이리, 남경태 옮김(2002), 《페다고지》, 그린비, 91~92쪽.
4 파멜라 메츠, 이현주 옮김(2004), 《배움의 도 - 가르치는 이와 배우는 이를 위한 노자의 도덕경》, 민들레, 29쪽.

리가 있어야 한다고 말한 바 있습니다. 참여자들이 인권교육가를 통해 다른 언어를 '만날' 기회를 갖는 것도 중요하지만, 다른 언어를 직접 '만들' 기회를 엮는 것은 더 중요합니다. 교육가 혼자서 정답이나 지침을 제시해야 한다는 강박을 내려놓으면, 참여자들과 함께 구체적 대안을 상상하는 작업이 훨씬 더 즐겁고 울림이 있는 시간으로 다가옵니다. 이 말은 교육가의 역할을 최소화해야 한다는 말과는 다릅니다. 내면화된 주류적 가치와 통념으로부터 거리 두기를 할 수 있는 틈새가 열려야 자기 언어를 벼릴 기회가 열립니다. 인권교육가는 적절한 조율과 안내를 통해 바로 그 '틈새를 만들어 내는 사람'입니다. 참여자들이 낯선 여행 속에서 길을 잃지 않도록 이정표를 점검하고, 참여자들의 이야기가 곡선을 그리며 서로에게 파고들 수 있도록 논점을 포착해 토론의 장을 조성하고, 문제의식이 더 명료해질 수 있도록 인권의 가치에 조명을 쏘고, 관련 정보와 지식을 안내하는 중요한 역할이 인권교육가에게는 남아 있습니다.

'참여형 교육'은 따로 없다

물론 모든 교육에서, 모든 순간에 '상호 배움'을 만들어 낸다는 것은 불가능합니다. 인권교육가와 참여자 사이의 권력 구도를 일순간에 완전히 해체하는 것도 불가능합니다. 교육을 하다 보면 어떤 순간에는 인권교육가에게 인권의 기준이나 가치, 상대적 약자의 입장을 명확하게 옹호해야 할 책임이 요구되기도 합니다. 그럼에도 그 구도를 조금이라도 깨고 평등한 '상호 배움'의 가능성을 확대하려는 고민이 '참여적 교육'에 대한 지향을 낳았습니다. '군림하는 교육'과 '가치 지향적 교육' 사이에는 차이가 있는 법이니까요. 듣기만 하는 사람이 아닌 '말하고 듣고 생각하는 사람'으로, 지시와 명령을 따르는 사람이 아닌 '질문을 제기하는 사람'으로, 인권의 독자^{讀者}에서 인권의 저자^{著者}로 인권교육에 함께한 이들의 위치를 이동시키기 위한 언어가 바로 참여입니다. '설치고 말하고 생각하라$^{\text{Go wild, Speak loud, Think hard}}$'는 페미니즘의 구호처럼, 인권교육의 장 안에서 설쳐 보고 말해 보고 생각해 보는 경험은 인권 감수성 향상을 위해 필수적입니다. 스스로 생각하고 말하고 움직여 본 기억은 휘발성의 정보 습득과는 다른 힘을 갖습니다. 몸에 저장된 기억은 사유의 지속성을 낳고 그래서 삶과 분리되기가 쉽지 않습니다. 인권교육이 '참여적이어야 한다'는 원칙을 계속해서 되뇌고, '교육 대상자'가 아닌 '참여자'라는 개념을 고집하는 이유도 여기에 있습니다.

 그렇다면 인권교육이 말하는 참여란 구체적으로 무엇을 의미하는 걸까요? 포스트잇에 답변을 적어 제출하거나 모둠 작업을 하면 참여가 일어난 것일까요? 인권교육가보다 참여자가 말하는 시간이 더 많아야 참여적인 교육이 되는 것일까요? 참여란 어느 특정한 교육 방식을 뜻하는 말일까요? "지루하지 않게 참여형 교육으로 진행해 주세요." 이런 교육 요청이 들어올 때면, 참여가 재미를 불러일으키는 교육 기법 정도로 이해되는구나 싶기도 합니다. 인권교육에서도 브레인스토밍, 연극, 놀이, 체험, 토론, 예술 등을 활용한 다채로운 교육 방식이 시도되고 있습니다. 그런데 이런 프로그램들이 재미를 자아내는 요소로서만 채택된 것은 아닙니다. 참여자들의 이야기를 어떻게 하면 교육이라는 무대 위로 초대할 수 있을까? 교육이 다루는 주제를 가장 역동적이고 효과적으로 경험할 수 있는 방법은 무엇일까? 이런 고심 끝에 인권교육 '활동' 프로그램이 만들어지는 것입니다. 활동 프로그램을 진행하더라도 그 활동을 통해 나누려고 하는 메시지와 교육이 끝난 이후에도 가져가면 좋을 질문거리를 함께 고민하지 않는다면, 활동만 있고 인권에 대한 배움은 일어나지 않는 시간이 되고 맙니다.

그렇다면 '프로그램 = 상호 소통적'이고 '강연 = 일방적'인 것일까요? 강연 중심의 교육이라고 할지라도 그 교육의 내용에 내 삶의 이야기나 내가 찾고 싶었던 언어가 담겨 있다고 느껴지면 참여자들은 눈에 생기를 띠거나 자세를 고쳐 앉거나 표정으로 응답합니다. 그럴 때는 한두 가지 질문으로도 교육에서 풍성한 대화가 오갈 수 있습니다. 모두가 입을 열거나 글을 쓰거나 작업 결과물을 만들어 내는 방식이 아니더라도 어떤 참여자의 이야기에 교육장에 모인 모두가 귀를 기울일 때, 그래서 '우리가 여기 함께하고 있다'는 교육장의 공기가 느껴질 때도 참여가 일어났다는 생각이 듭니다. 교육가와 참여자, 참여자와 참여자가 서로에게서 영향을 주고받으며 진동을 느낀 교육의 여운은 오래도록 이어지는 법입니다. 강연으로 인권교육을 진행하더라도 어떻게 참여자의 삶에 기초해 강연의 서사를 구성할지, 어떤 질문을 통해 참여자들의 이야기를 잠시라도 초대할지를 고민하면서 하는 교육은 참여적일 수 있습니다. 매끄럽고 능수능란한 강연에 그저 손뼉 치는 관객으로만 참여자를 남겨 둘지, 참여자들이 어떤 지점에서 고민하고 서성이고 있는지를 질문하고 교육 안으로 초대할지가 중요합니다. 참여자들 각자가 쥐고 있었던 퍼즐 조각들이 빛을 발하며 모습을 드러내는 순간은 물론 후자의 경우에 열립니다.

참여적 인권교육을 기획할 때, 인권교육가들이 느끼는 긴장 또는 두려움이 있습니다. 어떤 활동 프로그램을 짜 갔는데 참여자들의 호응이 없으면 어쩌나, 어떤 질문을 던졌는데 묵묵부답이면 어쩌나, 예측 가능한 범위를 넘어서는 참여자의 질문이나 반응이 나오면 어쩌나 하는 것들입니다. 그런 의미에서 강연이 교육가에게는 가장 '안전한' 교육 방법일지도 모릅니다. 그러나 실패의 경험 없이 참여자들의 체질에 맞는 활동 프로그램을 짜게 되지도, 참여자의 입에서 자물쇠를 걷어 내게 되지도, 다양한 반응을 다룰 역량이 생기지도 않습니다. '아무것도 하지 않는 것보다는 무엇이라도 해 보는 게 낫다'는 마음으로 참여적 교육의 무대에 인권교육가들이 자꾸만 서 보는 것이 중요합니다. 참여적 교육을 만들려는 노력이 강연과 활동 프로그램 중심의 교육 사이의 거리를 좁히고, 참여자의 삶에 대한 관심에 바탕한 교육의 흐름을 만드는 역량으로 이어집니다.

참여자들에게 어떤 과제를 제시할 것인가

활동 과제는 참여자들을 교육 속으로 초대하는 초대장과 같습니다. 어떤 활동 과제를 선택할 것인지는 인권교육가가 참여자들에게 어떤 이야기를 듣고 싶은지에 따라 달라집니다. 교육이 좋았다고 또는 망쳤다고 느낄 때, 평가에 가장 큰 영향을 미치는 기준은 참여자들과 나눈 대화의 질과 인권교육가와의 '궁합'인 경우가 많습니다. 참여자들의 이야기를 청하는 과제를 제시했지만 결국엔 '나만 혼자 힘들게 떠들고 온 것 같은 느낌'이나 '이야기가 예상치 않은 방향으로 전개되는 느낌'이 남았다면, 과제를 제대로 제시했는지를 점검할 필요가 있습니다. 교육가와 참여자들이 한데 어우러져 풍성한 인권교육 밥상을 차리기 위해서는 무엇을 놓치지 말아야 할까요? 인권교육을 오랫동안 해 온 사람들도 엉뚱한 과제를 던져 교육이 미끄러지는 순간들을 종종 만나게 됩니다.

교육이 미끄러졌던 순간들

"노조 활동을 갓 시작한 청소 노동자분들을 만난 교육이었어요. 인간답게 사는 데 필요한 항목들을 먼저 꼽아 보고, 그에 따라 생계비는 얼마가 적당한지 따져 보는 활동('최저 임금 밥상' 프로그램)을 진행했거든요. 현재의 최저 임금 수준으로는 인간다운 삶을 꾸리기 힘들고, 그래서 최저 임금 제도에 큰 문제가 있다는 이야기를 자연스럽게 나누고 싶어 기획한 활동이었어요. 그런데 대부분의 참여자가 먹고사는 데 필요한 최소한의 것들만을 충족시키면서 평생을 사셨기 때문에, 현재의 최저 임금보다 더 낮게 필요한 생계비를 책정하신 거예요. 그때 무슨 말을 어떻게 더 이어 가야 할지 막막해지더라고요."

"구성원들 사이에 내부 갈등이 있는 공간에 교육을 갔었어요. 민주적 조직 문화를 고민하는 시간이었는데 몇 가지 질문을 가져가서 참여자들과 이야기를 나눠 보자고 생각했죠. '조직 안에서 나에게 맡겨진 일은 가치 있는 일로 존중받는가?' '조직 안에 문제가 있다고 여기지만, 별반 달라질 게 없다는 생각이 든다?' 같은 질문이요. 근데 대화와 논의가 깊어지기는커녕 분위기가 완전 싸해지더라고요. 구성원 서로에 대한 신뢰가 이미 낮은 상태라 대화를 통해 문제를 해결하고픈 의지가 별로 없었던 거예요. 저는 그 정도일 거라고는 생각하지 못했거든요. 그걸 눈으로 적나라하게 확인하는 데 그쳤죠 뭐."

"청소년 기관 실무자들과 함께 청소년들이 겪고 있는 심리 정서적 고통에 어떻게 다가서면 좋을지 이야기 나누는 시간이었어요. 모둠별로

'청소년들이 어떨 때 정신적으로 안녕하다고 생각하는지' 항목을 꼽아 보고, 빙고 놀이를 진행하려고 했거든요. 그런데 모둠마다 떠올린 내용이 너무 천차만별이어서 빙고 놀이 자체가 성립이 안 되더라고요. 공통된 게 나와서 지우는 맛이 있어야 하는데, 핑퐁 핑퐁 하며 발표만 이어지고 내용도 예상 밖으로 너무 넓고요. 생각해 보니 제가 던진 과제 자체가 너무 광범위했던 거예요. 초점을 좀 더 분명히 해서 과제를 제시했어야 했는데……."

"제가 진행한 교육은 아니고 어떤 교육에 참여자로 갔는데, 자기가 겪은 차별 경험을 써 보라고 하더라고요. 저는 동네 모임에서 제가 기혼자 중에 나이가 제일 어리다는 이유로 통장 관리를 떠맡은 경험을 썼어요. 발표를 하래요. 참여자들이 서로 잘 모르고 아직 긴장감이 느껴질 때였거든요. 저야 별 얘기 아니니까 발표해도 괜찮았는데, 순식간에 사람들이 다들 발표 안 하려는 분위기가 되더라고요. 발표까지 하게 될 거라곤 생각하지 못했을 테니까. 그런데 진행자가 이번에는 자기가 쓴 게 어떤 유형의 차별에 해당하는지 카드를 골라 보라고 하더라고요. 장애 차별, 종교 차별, 나이 차별, 성차별 등 〈국가인권위원회법〉의 차별 정의 조항에 있는 사유들을 각각의 그림 카드로 만든 것 중에서 하나만 골라 보래요. 제 경험은 여러 차별 사유들이 복합적으로 얽혀 빚어진 것인데, 만약 제가 남자였다면, 흔히 '돈 관리가 서툴다고 생각되는' 비혼이었다면 그래도 통장 관리를 맡겼을까 싶기도 한데, 하나만 고르라니까 난처하더라고요. '못 고르겠다' 이렇게 나가게 된 거죠. 다른 사람들도 비슷한 반응이었어요. 그 뒤론 교육 분위기가 싸해졌죠."

인권교육가들의 고백을 찬찬히 살펴보면, 참여자들에게 과제를 제시할 때 무엇을 고려해야 하는지가 드러납니다. 교육 요청의 맥락이나 참여자들이 처한 삶의 조건, 교육 현장의 분위기 등을 제대로 읽지 못한 채 과제를 설정하면 인권(교육)에 대한 반감이나 무력감만 키울 수 있습니다. 과제를 통해 다루고자 하는 이야기의 범위가 모호하거나 너무 넓어도 문제입니다. 각자가 해석한 방식대로 활동이 진행되고, 함께 모여 있지만 서로 딴 얘기만 나누다가 교육이 끝나 버릴 수도 있습니다. 제시한 과제가 참여자들에게 안전하게 느껴지는지, 교육 흐름상 적절한 순간에 과제가 던져지는지, 다루고자 하는 교육 주제와 상응하는지도 살펴야 합니다. 잘못 제시한 과제는 인권에 대한 잘못된 이해로 이어질 우려가 있습니다. 마찬가지로 인권교육가가 인권을 어떻게 이해하느냐도 과제 선정과 기획에 영향을 미칩니다.

교육이 풍성해졌던 순간들

"지자체 공무원분들과 인권에 기초한 행정이 무엇인지 이야기하는 시간이었어요. '우리 시가 인권 친화적인 도시인지 점검하기 위한 체크리스트를 만든다면, 어떤 질문을 포함하고 싶은지' 적어 보는 활동을 진행했어요. '시청 앞에서 열리는 시 관련 집회 건수는 몇 건인가', '직장 상사로부터 상처받는 말을 얼마나 자주 듣게 되나', '점심시간 메뉴는 얼마나 다양한가', '정시에 퇴근하는 날이 일주일에 몇 번인가', '다양한 문화적인 혜택을 균등하게 누릴 수 있는가', '내가 부당한 대접을 받을 때 동료들이 얼마 만에 관심을 갖는가', '소수자들을 위한 정책에 우선순위를 두는가' 같은 주옥같은 문장들이 쏟아져 나오더라고요. 참여자들이 중요시하는 인권 기준이 무엇인지 알 수 있었고, 이를 바탕으로 인권 행정에 대한 이야기를 생동감 있게 풀어낼 수 있었어요."

"쉼터에서 생활하는 여성 청소년들과 함께하는 인권 감수성 교육이었어요. 참여자들의 삶의 서사 속에 빼곡하게 인권 이야기가 숨어 있을 것 같았거든요. '지금까지 내가 살아온 이야기로 영화나 소설을 만든다면 어떤 제목을 붙이고 싶은지'를 써 보라고 했어요. 처음엔 좀 곤란한 표정을 지었지만 다들 하나씩 제목을 생각해 내더라고요. 자신이 살아온 시간을 반추하면서, 자연스럽게 지금 여기 살아남아 있는 자신을 바라보게 되더라고요. 저도 참여자들도 울컥하는 시간이었어요."

"성매매 경험이 있는 여성들과 만난 교육이었어요. 〈선녀와 나무꾼〉, 〈심청전〉, 〈인어공주〉 같은 옛이야기를 가져가서 뒤집어 읽기를 시도했어요. 포기하지 않고 탈출에 성공한 생존자로서의 선녀를 소개했더니 나무꾼과 작당한 사슴도 문제라는 이야기를 누군가 꺼내 주었어요. 이어서 용왕이 남자가 아니었으면 심청이가 인당수에 빠질 일은 없었을 거라는 이야기, 왕자가 인어공주 데리고 놀다가 버린 게 문제라는 이야기까지, 정말 다양한 이야기들이 쏟아져 나왔어요. 놀라운 이야기의 시작이었죠. 그러면서 경찰과 법원을 거쳐 이곳 쉼터에 오기까지 겪은 부당한 경험을 꺼내 놓는 참여자가 한두 분 생겼어요. 두 번째 교육 때는 3가지 권리 이름을 가져가서 이 권리가 정말 절실히 필요했던 순간들을 전지에 적어 보시라고 부탁했거든요. '평등하게 대접받을 권리', '집다운 집에서 살 권리', '내 몸의 주인이 될 권리'였나 그랬을 거예요. 각 권리마다 정말 전지 빼곡하게 경험들이 쏟아져 나왔어요. 한 분이 그러시더라고요. 베개를 베고 천장을 올려다보았을 때 마음이 편하다 싶었던 게 이곳 쉼터에 와서 처음이었다고. 그분이 30대 정도로 보였거든요. 그 말을 듣고 다들 울컥해지기도 하고."

교육이 풍성해진 순간들을 들여다보면, 교육의 성패를 가르는 핵심이 바로 참여자에 대한 이해 또는 참여자의 삶에 대한 존중임을 알 수 있습니다. 참여자가 어떤 상황에 처해 있는지, 어떤 이야기로 접근해야 참여자들의 이야기에 정당한 무게를 부여할 수 있는지, 참여자의 이야기를 진정으로 듣고 싶어 한다는 느낌을 어떻게 하면 전달할 수 있는지, 참여자를 가해자나 피해자로 고정하지 않고 인권의 언어를 써 내려 갈 주체로 초대하려면 어떤 질문을 던지면 좋을지를 고민하면서 활동 과제가 제시되었기에 그만큼의 반응이 일어난 것입니다. 교육 현장에서도 섣부른 판단이나 성급한 조언으로 앞서가려 하지 않고 옆에 서서 이야기를 경청하는 자세를 놓치지 않았기에 참여자들도 마음을 열어 주었습니다. 참여자의 삶을 짐작하기 힘든 낯선 집단을 만나는 교육도 있습니다. 그럴 때는 교육을 요청한 사람과 충분히 대화를 나누는 것은 기본이고, 관련 기사나 구술 인터뷰 자료 등 간접적인 경로를 통해서라도 참여자의 삶을 짐작해 보면 교육을 준비하는 데 큰 도움을 얻을 수 있습니다.

방법론, 기법에서 철학으로

이처럼 인권교육가의 문제의식에 따라 참여자에게 건네는 질문이나 과제의 방향이 달라지고, 참여자의 어떤 기억이 모이고 흘러갈지에도 영향을 미칩니다. 인권 관련 법을 중심적으로 다루는 교육을 예로 들어 봅시다. 법 내용의 이해에 목표를 둔 교육가는 참여자들로 하여금 법 조항의 의미를 이해하고 어떤 장면이 법 위반인지 아닌지를 분별하게 하는 데 초점을 맞추게 됩니다. 반면, 그 법이 등장한 맥락이나 현실적 한계까지 참여자들과 나누고 싶은 교육가는 문제적 장면들을 해결하기 위해서는 어떤 내용의 법이 필요한지, 그리고 현재의 법이 놓치고 있는 존재는 누구인지를 질문하고 토론하는 기회를 만들 것입니다. 전자가 법적 테두리 안으로 인권에 대한 논의를 수렴시키는 방식이라면, 후자는 법을 매개로 삼되 법의 한계가 곧 인권의 한계가 되지 않도록 사유의 범위를 확장하는 방식입니다. 전자에서는 교육가의 지식이 얼마나 참여자들에게 잘 '전수'되었는지가 중요하다면, 후자에서는 생각의 '교류'를 통해 교육가와 참여자 모두의 인식 지평이 확장되었는지가 중요합니다. 물론 〈장애인차별금지법〉이나 〈서울시 학생인권조례〉처럼 운동의 성과로 법이 갓 제정되었을 때는 법의 내용을 하나하나 이해하는 것만으로도 큰 의미를 가질 수 있습니다. 그러나 거기에만 머물러서는 현실의 변화 과제를 놓치기 쉽고, 법의 무수한 개선 과제도 발견하기 어려워집니다. 인권교육가의 철학이 교육의 방법론을 엮는 핵심에 자리하고 있는 것입니다.

결국 인권교육 방법론은 다양한 기법과 이를 활용한 프로그램을 의미하지 않습니다. 참여자들의 흥미나 집중을 이끌어 내는 도구만도 아닙니다. 참여자들, 특히 권력으로부터 밀려난 사람들을 가깝고 깊게 만나고 호흡하고 싶었던 인권교육가들의 열망, 그리고 참여자들에게 언어를 만들 권리가 있다는 믿음에 기초하여 무수한 말 걸기를 시도하는 '철학'적 태도입니다. 어떻게 하면 자신의 언어를 빼앗긴 사람들이 자신의 삶을 직접 말하도록 할 수 있을까? 오답 처리가 될지도 모른다는 두려움을 내려놓고 참여자들이 자신의 감정과 경험을 신뢰하고 집중하도록 도울 방법은 없을까? 권력 앞에 움츠러든 삶의 자존을 회복하기 위해서는 어떤 질문을 만나면 좋을까? 인권교육가가 준비한 각본으로 끝나지 않고 그 이상을 함께 빚어내는 교육 무대는 어떻게 가능해지는가? 이런 고민들이 인권교육 방법론에 담겨 있는 것입니다.

좋은
프로그램은
어떻게
만들어지는가?

활동 프로그램을
엮어 내는 마음들

"남들은 어떻게 교육하나 궁금해질 때가 있어요. 프레젠테이션 자료 내용도 궁금하고 어떤 프로그램을 즐겨 사용하는지도 궁금하고요. 뭔가 제 교육에도 도약이 필요한데, 뭘 어떻게 시도해 보면 좋을지 모르겠어요."

"참여자들이 과연 활동 프로그램에 참여해 줄까 확신하기도 어렵고, 짧은 시간 동안 많은 걸 전달하고픈 마음에 강연을 주로 하게 되네요. 저도 좀 역동적인 교육을 해 보고 싶기는 한데……."

"소수자들의 삶에 대한 공감을 불러일으키고 싶어서 프로그램을 준비해 갔는데, 퀴즈 정답 맞히기처럼 되어 버려서 당황한 적이 있어요. 제가 뭘 놓친 거죠?"

"어떤 사람들은 현장에서 나온 참여자들의 다양한 이야기를 순식간에 유형화해서 쟁점을 잘 잡아 내서 교육하더라고요. 그런데 저는 그런 순발력은 약한 편이에요. 따라가려다 가랑이 찢어질 것 같고. 저에게 맞는 방법은 무엇일까요?"

"오래전에 개발된 인권교육 프로그램을 지금도 그대로 모범 교안으로 제시하고 모든 강사들에게 활용하도록 하는 곳들이 있더라고요. 물론 잘 만든 프로그램은 고전처럼 계속 사용해도 되겠지만, 시간도 지났고 어떤 참여자와 만나느냐에 따라 초점도 달리해야 할 것 같은데……. 어떤 식으로 변형해 볼 수 있을까요?"

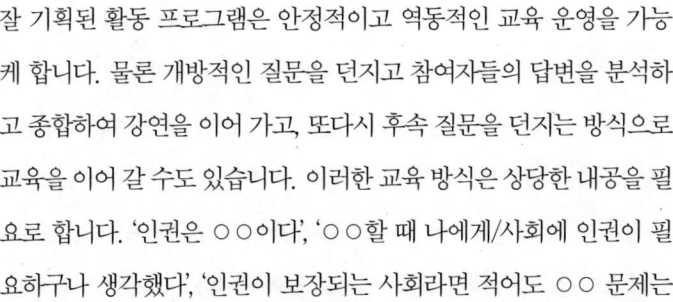

잘 기획된 활동 프로그램은 안정적이고 역동적인 교육 운영을 가능케 합니다. 물론 개방적인 질문을 던지고 참여자들의 답변을 분석하고 종합하여 강연을 이어 가고, 또다시 후속 질문을 던지는 방식으로 교육을 이어 갈 수도 있습니다. 이러한 교육 방식은 상당한 내공을 필요로 합니다. '인권은 ○○이다', '○○할 때 나에게/사회에 인권이 필요하구나 생각했다', '인권이 보장되는 사회라면 적어도 ○○ 문제는 없어야 한다'와 같은 열린 질문들은 다양한 영역과 층위의 이야기들을 초대하게 마련입니다. 다양한 이야기들이 교육장에 쏟아져 나온 만큼 교육이 더 풍성해질 수도 있지만, 정반대의 위험도 있습니다. 인권교육가도, 참여자도 어지러운 말들의 정글 속에서 길을 잃고 헤매거나 허공으로 이야기들이 흩어져 버릴 수 있는 것이죠. 그래서 구조화된 방법론을 좀 더 체계적으로 활용하여 활동 과제를 설계할 필요가 있습니다.

내가 만날 참여자의 특성과 교육 주제에 맞는 자기만의 활동 프로그램을 준비해 갈 때, 교육가에게는 든든한 동반자가 생기는 셈입니다. 그렇다고 현장에서의 상황을 무시하고 준비해 간 활동 과제를 고수하는 것은 위험합니다. 교육을 기획할 때 예상한 참여자의 상황과 막상 현장에서 만난 참여자의 상황이 다른 경우가 있기 때문입니다. 자발적으로 선택한 교육이니까 적극적 활동 참여가 가능하다고 생각했는데 막상 만난 참여자들이 과연 자발적으로 이 교육을 신청한 게 맞나 싶을 때가 있습니다. 몸을 움직이는 활동을 기획했는데 더운 여름 선풍기 몇 대가 겨우 돌아가는 열악한 교육장을 만나게 될 때도 있습니다. 이럴 때는 과감하게 활동 과제를 수정하거나 내려놓는 결단이 필요합니다. 경험을 통해 효과가 검증된 활동 프로그램이지만, 참여자가 누구냐에 따라 반응이 달라지기도 합니다. 교육가도 저마다의 기질과 강점이 다르기 때문에 자기에게 맞는 방법을 주로 활용합니다. 몸에 맞지 않는 옷은 흘러내리거나 거추장스럽기만 할 뿐이니까요. 그러나 익숙한 방식만 반복하다 보면 인권교육가 자신에게도 교육이 밋밋하고 신선하지 않게 여겨질 수 있습니다. 프로그램의 '변형과 창조'를 꾸준히 시도해 봄직한 이유입니다. 꾸준히 도전해야 프로그램을 기획하는 교육 역량도 높아집니다.

무엇을 나누고 싶은가가 프로그램을 좌우한다

활동 프로그램을 어떻게 설계할까 고민할 때 핵심은 '어떤 이야기를 참여자들과 나누고 싶은가'에 있습니다. 나누고픈 교육 주제를 가장 집약적이고 역동적으로 다룰 수 있는 교육 방법이 무엇일까를 찾아내고자 하는 무수한 시도 속에서 다양한 활동 프로그램들이 만들어져 왔습니다.

친숙한 이야기로부터 출발해 인권에 대한 호기심을 불러일으키고 싶다면

참여자들이 인권에 대해 평소 갖고 있던 생각이나 경험을 교육의 출발점으로 삼으면, 이후 교육에서 어디에 초점을 맞춰 인권 감수성을 깨우면 좋을지 판단하는 데 큰 도움이 됩니다. 익숙한 일상의 경험이 인권이라는 언어와 만나 어떤 이야기로 빚어지는지를 발견하는 시간은 참여자들이 인권에 대한 호기심과 호감을 갖게 만드는 데도 효과적입니다. 인권교육가가 질문을 던지고 참여자는 그에 대한 자기의 응답을 다양한 방식으로 표현하도록 합니다. 브레인스토밍 또는 브레인라이팅 기법을 활용하는 방법입니다. 포스트잇이나 A4 종이에 자기 생각을 적어 발표하고 토론하도록 요청할 수도 있고, 학교나 집 등 여러 공간의 그림을 그려 두고 각 구역마다 일어나는 인권 문제를 찾아 인권 지도를 그려 볼 수도 있습니다. 좀 더 변형한다면 내가 먹을 인권 밥상에 꼭 올리고 싶은 권리들을 음식 모양으로 표현('인권 밥상' 프로그램)하도록 요청할 수도 있고 전지에 사람 형상을 그려 놓고 신체 부위와 연관해서 필요한 권리를 상상('인권의 실루엣' 프로그램)하도록 할 수도 있습니다.❶ 이 활동 프로그램의

1 각 프로그램의 구체적 진행 방안에 대해서는 '인권교육센터 들' 홈페이지(www.hrecenter-dl.org)에 게시된 교육 후기 글들을 참고하세요.

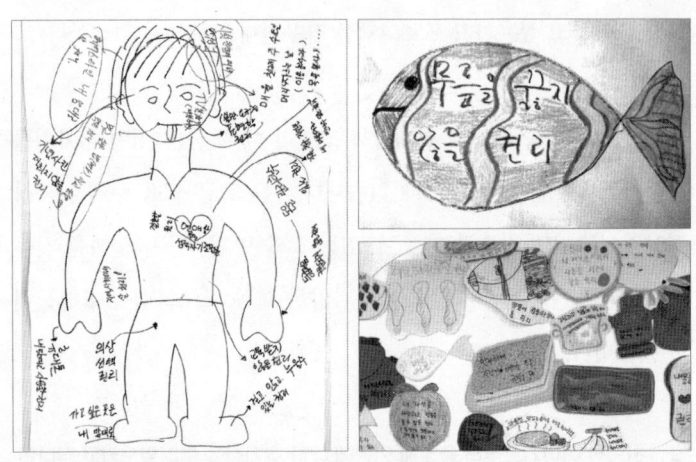

'인권의 실루엣'(좌) '인권 밥상'(우)

가장 큰 장점은 참여자들의 생생한 입말을 교육 현장에 초대할 수 있다는 데 있습니다. 인권 밥상을 차릴 때 무릎 꿇지 않을 권리, 이름으로 불릴 권리, '소가 되지 않을 권리(번호와 등급이 매겨진 소의 사육 방식에서 인간을 등급화하는 방식과의 유사점을 발견한 청소년의 말입니다) 등이 나왔을 때, 그 권리의 이름은 오래도록 잊히지 않는 이야기로 새겨졌습니다. 어떤 질문 과제를 던질 것인가는 교육의 목표에 따라 당연히 달라집니다. 참여자들이 인권에 대해 갖고 있는 인식의 스펙트럼을 확인하고 싶다면 '인권은 ~이다. 왜냐하면……'과 같은 질문을 던질 수 있고, 참여자들이 자기의 위치성에 대해 어떻게 인식하는지 확인하고 싶다면 '대한민국에서 여성/청소년/장애인 등으로 사는 것은 ~이다. 왜냐하면……'과 같은 질문을 던져 볼 수 있습니다. "대한민국에서 청소년으로 산다는 것은 '간단'하다. 왜냐하면 닥치고 시키는 대로 하면 되기 때문이다." 이 문장이 포스트잇에 적혀 나왔을 때 교육 현장에서는 깊은 탄성과 울분이 함께 터져 나왔고, 이 문장 하나로 많은 이야기를 나눌 수 있게 되었습니다. 교육이 이루어지는 공간에서 일어나는 인권 문제나 참여자들이 일상적으로 겪고 있는 인권 문제를 좀 더 구체적으로 파악하고 싶을 때는 직접적인 질문을 던져 볼 수 있습니다. '우리 일터 홈페이지에 대나무숲이 생긴다면 ○○에 대한 글이 엄청 올라올 것 같다'거나 '이런 말만 안 들어도 내 삶이 좀 더 행복해질 것 같다'거나 '내가 만난 진상 어른 Best 3는?'과 같은 질문이 대표적이겠죠. "너만 전학 가면 내 속이 다 편하겠다."(담임 교사) "쟤 뭐야?"(학급 친구) "꾀병 부리지 말고 학원이나 가."(보호자) "나이 많다고 할 말 없어지면 가오 잡고 센 척하는 어른들 모두." 어느 초등학교에서 이루어진 인권교육에서 참여자들이 쏟아 낸 이야기들은 그이들의 삶을 파노라마처럼 펼쳐 보여 주었습니다.

질문만 과제로 제시할 때도 있지만 때론 변형을 시도하기도 합니다. 다양한 감정과 상황을 초대하고픈 마음에서 느낌 단어(기쁘다, 우울하다, 지겹다, 서럽다 등)를 미리 보여 준 다음, '나에게 일터는 ~다. 왜냐하면……'이라는 문장을 완성해 보도록 요청했습니다. 다양한 느낌 단어를 통해 일터에서 언제 우리가 웃게 되는지, 어떨 때 서러운지 등 다채로운 이야기가 교육 현장에 초대되었습니다. 정규직 노동자들만 참여하는 교육에서 이 공간에 함께 일하는 비정규직 동료들과 다른 업무를 담당하는 동료들의 사정도 함께 떠올리기를 원하는 마음에서 문장의 주어를 바꾸어 보기도 했습니다. '○○에게 우리 일터는 ~다. 왜냐하면……' 그러자 자기 문제에 머무르지 않고 동료들이 겪는 어려움과 부당한 조건을 짚는 참여자들이 생겨나기 시작했습니다. 일시적이라 해도 교육장 안에서 연대가 무엇이고 왜 필요한지 느낄 수 있는 '순간'이 만들어졌습니다.

교육장이 의견을 적어 낸 사람이 누구인지 드러나도 괜찮은 장소인지, 아니면 익명성을 보장할 필요가 있는 장소인지에 따라 활동과 발표의 세부적 방식이 조금씩 달라져야 하는 것은 물론입니다. 관리자나 상사가 함께하는 교육이라면 익명성을 보장할 방안을 염두에 두는 게 일반적으로는 좋습니다. 교육장에 나온 의견을 다룰 때에도 기획적 접근이 필요합니다. 종이에 적어 제출했거나 발표된 결과물들을 단순 나열해 읽으면 늘어지고 교육의 갈피가 흩어지기도 쉽습니다. 유사한 맥락의 이야기들을 분류하고 유형화하면 교육의 흐름도 살릴 수 있고, 각자가 적은 이야기지만 이야기들 사이의 공통성도 자연스럽게 드러낼 수 있습니다. 참여자들의 이야기를 짚고 공감하는 차원으로만 교육을 마무리하는 것으로는 부족합니다. 참여자들의 이야기로 시작하는 것이지 거기에 멈추는 것은 아닙니다. 참여자들의 이야기를 인권의 관점이나 기준으로 재해석함으로써 의식과 감수성을 끌어올리는 과정이 뒤따라야 합니다. 때로는 인권의 가치와 어긋나는 이야기가 참여자들의 이야기로 등장하기도 합니다. 예를 들어 돌봄 종사자와 함께하는 교육에서 자신들에게 필요한 권리로 '때려서라도 잘못된 행동을 바로잡을 권리'를 이야기한 참여자가 있다면 그냥 넘어갈 수 없겠지요. 무엇으로부터 기인한 생각인지 살피고 생각의 전환을 도울 수 있는 이야기를 이어 갈 필요가 있습니다.

몸으로 겪어 본 느낌으로부터 출발하는 교육을 하고 싶다면

당사자가 되어 보거나 비슷한 상황에 놓이는 경험을 통해 공감대를 넓히고 싶을 때는 이른바 '체험형' 활동 프로그램을 기획합니다. 등굣길 교문 단속이 문제라고 이야기하는 것과 교문 단속의 현장을 재현하면서 학생의 입장이 되어 본 다음 느낌과 문제점을 짚는 것에는 당연히 차이가 있을 겁니다. 장면의 재현은 문제적 현실을 교육 현장에 현실감 있게 초대합니다. '그땐 그런 일도 있었지.' 박물관에나 보내고 싶은 인권 침해 장면을 골라 정지 동작이나 움직이는 장면으로 표현한다거나 '바쁜 출근길 휠체어를 타고 지하철에 오른 장애인이 겪음직한 상황'을 직접 재현한다거나 하면, 참여자들과 나눌 수 있는 이야기의 질과 농도가 달라집니다. 문제에 대한 깊어진 공감대가 사유의 지평을 넓히기 때문입니다.

'차별의 소리 터널' 프로그램도 그 일환으로 기획된 프로그램입니다. 사람들로 이루어진 터널 사이를 눈을 감고 지나가는 동안, '어떤 사람'이 평소 듣게 되는 차별의 소리를 들려줍니다. 그 소리들을 껴안고 살아가는 사람이 누구인지 터널을 빠져나온 다음 추측해 보고 그 말들이 자신에게 어떤 느낌을 주었는지 이야기를 듣는 프로그램입니다. 사회적 약자나 소수자들이 어떤 말들에 압도되어 살아가고 있는지, 한 존재를 향한 차별이 어떤 식으로 작동하는지 자세히 살피기 위해 '차별의 소리'를 직접 들어 보는 체험 프로그램을 기획하게 되었습니다. 한 사람이 살아가면서 주로 듣게 되는 말들을 살펴보면 그 사람이 사회적으로 어떤 위치에 놓여 있는지가 고스란히 드러납니다. "어디서 말대꾸야?", "집에서 하는 일이 도대체 뭐야?", "몸도 불편하면서 왜 밖에 돌아다녀요?"와 같은 무시나 조롱, 걱정을 빙자한 핀잔에 압도되어 살아가고 있는 이들의 위치에 직접 놓여 보면서 도대체 무슨 일이 일어나는지를 몸소 경험하는 것입니다. 때로는 응원이나 격려의 말조차 아프게 다가갈 수 있다는 게 확인되기도 합니다.

터널을 지나는 동안 참여자들에게 눈을 감도록 부탁했습니다. 눈을 감으면 소리에 더 잘 집중할 수 있고, 온전히 '그 사람'이 되어 보는 마음의 집중도 도울 수 있기 때문이었습니다. 터널을 이룬 사람들에게도, 눈이 마주치지 않기 때문에 차별의 소리를 입 밖으로 꺼낼 때의 심리적 부담을 덜어 줄 수 있었습니다. 그런데 눈을 감은 참여자들

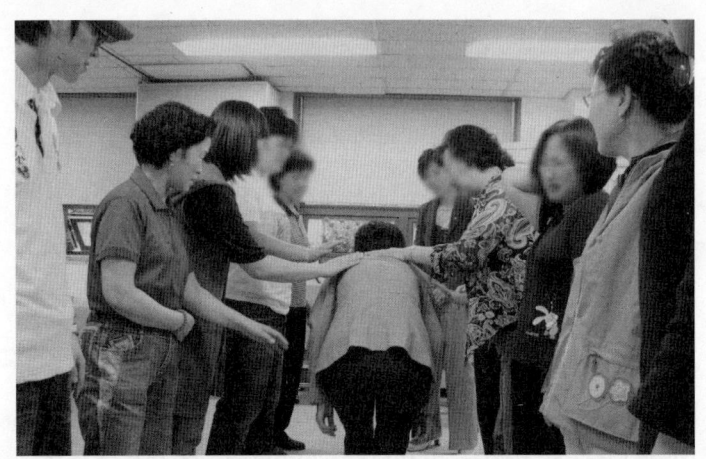

'차별의 소리 터널'

이 안전하게 터널을 지날 방법이 필요했습니다. 눈을 뜬 교육가가 앞장서고 다른 참여자들이 어깨를 짚고 지나가면 되겠다 싶었지요. 그렇게 하니 교육가도 터널을 지나는 동안 차별의 소리를 함께 들었기에 체험을 '지켜보는' 게 아니라 '함께 겪는' 사람이 되었습니다. 덕분에 터널을 지나온 다음, 누구였다고 생각하는지, 어떤 소리가 가장 크게 마음을 할퀴었는지 참여자를 인터뷰할 때 교육가의 감수성도 더 깊어질 수 있었습니다. 애초에 한 번에 터널을 지나는 사람을 여러 명으로 기획한 이유는 정해진 시간 동안, 모든 참여자가 차별의 터널을 이루기도 하고 지나가기도 하는 경험을 고루 누리기를 바라서였습니다. 체험만 하고 교육을 끝낼 수는 없으니까요. 그런데 터널을 지나온 뒤, 터널을 지나는 동안 각자에게 꽂힌 말들도 다르다는 걸 발견하게 되었고 그 덕분에 인터뷰의 내용도 보다 다채로워질 수 있었습니다.

이 프로그램의 변형 과정을 살펴보아도 몇 가지 교훈을 얻을 수 있습니다. 초기에는 모든 참여자의 등에 '어떤 상황에 놓인 사람'이 적힌 종이를 붙여 주고 교육장을 돌아다니며 서로에게 차별의 소리를 주고받는 형태('등 뒤의 소수자' 프로그램)로 진행했습니다. 교육장 안이 순식간에 차별의 소리로 가득 찼지만, 그 소리들이 섞이고 어수선하여 각자에게 어떤 경험이 일어나고 있는지 확인하기 어려웠습니다. 눈을 서로 마주보며 지나다 보니 장난이 섞이는 경우도 있었고요. 어떻게 하면 차별의 말 하나하나에 집중할 수 있고, 무엇이 경험되었는지 토론하는 데 용이할까를 고민하던 끝에 소리 터널을 만드는 방법이 떠올랐습니다. 앞선 형태보다 더 집중적인 활동이 가능해졌고 체험의 효과도 커졌습니다. 그런데 오랜 시간 참여자들이 선 채로 활동해야 하는 어려움이 있었습니다. 더불어 참여 인원이 적어 길쭉한 터널을 형성할 수 없는 경우도 있었습니다. 그래서 참여자 일부를 교육장 앞으로 초대한 뒤, 한 사람은 의자에 앉고 그 뒤를 둘러싼 사람들이 하나씩 차별의 소리를 말하는 형식을 시도해 보기도 했습니다. 교육장의 조명을 조정하여 하나의 '연극 무대'처럼 만들었더니 더 극적 효과를 높일 수 있었습니다. '뒤'에서 들려오는 소리들이 사람을 어떻게 할퀴는지를 함께 살필 수 있는 방법입니다.

차별의 소리 터널을 지나는 사람으로 누구를 선정할 것인가는 교육의 주제에 따라 달라집니다. '빨간 바지를 입고 나타난 남교사', '술자리 성희롱에 대해 문제 제기를 하는 여성', '탈가정 청소년 알바', '비혼의 40대 여성', '주민들에게 할 말은 하는 경비 노동자', '병역거부를 이유로 외국에 난민 신청을 한 한국 남성'처럼, 존재에 따라 나눌 수 있는 핵심 이야기가 조금씩 다릅니다. 첫 번째는 '여성'이 터널을 지나고, 다음에는 '결혼 이주 여성'이 지나고, 그다음에는 '장애 여성'이 지나는 방식으로 프로그램을 진행하면, 여성들 사이의 공통점과 차이점이 선명하게 드러나기도 합니다. 프로그램의 변형은 교육의 목표가 달라지면서 자연스럽게 일어나는 것입니다.

이처럼 소수자가 어떤 처지에 놓여 있는지, 차별을 경험할 때 어떤 느낌이 드는지 몸으로 기억할 수 있다는 것이 체험형 프로그램의 가장 큰 장점입니다. 이때는 상황이 장난스럽게 희화화되지 않도록 참여자들의 상황 몰입과 진지함을 이끌 방안에 대한 고민이 필요합니다. 어떤 프로그램도 언제나 적합한 것은 아닙니다. 참여자 중에 당사자가 포함되어 있을 때는 차별의 소리를 반복해서 경험하도록 하는 것 자체가 폭력적일 수 있습니다. '나는 차별의 소리를 재생하는 데 동참하지 않겠다'거나 '차별을 재현하는 방식이 인권적인가. 반차별을 배우기 위해 꼭 차별을 체험해야 하는가'라는 피드백을 받은 적도 있습니다. 중요한 질문이고 곱씹어 보아야 할 대목입니다.

나아가 차별을 경험하는 것만으로 반차별 감수성이 고양되는 것은 아닙니다. '그 사람들은 이렇게 힘든 말을 자주 듣고 사는구나'와 같은 얕은 공감대에 머무르지 않도록 하기 위해서는 체험 이후의 인터뷰와 강연의 내용을 어떻게 구성할지를 집중적으로 고민해야 합니다. '차별의 소리들은 어떤 편견이나 부당한 논리에 기초해 있는가?', '어떤 말들이 사람을 무력하게 만드는가?', '왜 누군가는 부당한 말들을 일상적으로 감수할 수밖에 없는가?', '같은 행동을 해도 누구에게만 책임이 집중되는가?'와 같은 질문과 피드백이 구성되어야 합니다. 소수자의 열악한 처지만 강조하지 않고 이들이 자기 힘을 발휘할 수 없도록 만드는 조건이 무엇인지, 무엇이 차별을 공고하게 하는지를 탐색하는 과정이 중요한 것입니다. 나도 언제 이런 소리를 들을 수 있는지, 어떨 때 나도 이런 소리를 내뱉게 되는지에 대해서도 살펴보면, 단지 교육장 밖 '그/녀들만의 문제'로만 남겨 두지 않을 수 있습니다.

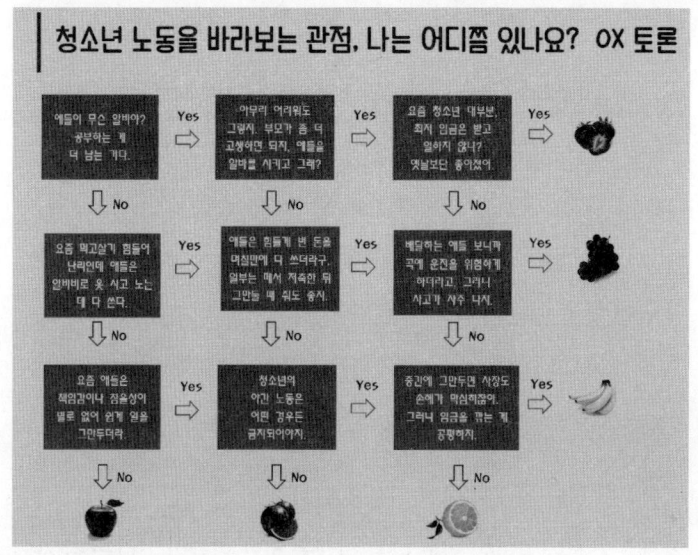

OX 쟁점 토론

서로의 견해/입장의 차이를 통한 배움을 조직하고 싶다면

한국 사회에서는 성숙한 토론 문화를 배우거나 접할 기회가 별로 없습니다. 그러다 보니 토론을 '말싸움'과 동의어로 생각하는 사람들도 많아서 억지를 부려서라도 상대방을 꺾고 승리를 쟁취하려 드는 경우가 많죠. 토론의 내용보다는 토론의 형식만을 앞세운다거나, 게임처럼 편을 갈라 찬반을 다투게 하거나, 토론 규칙을 잘 지키고 언변이 좋은 사람들의 견해가 우위를 점할 수밖에 없도록 만들어진 토론 수업도 많습니다. 인권교육에서는 찬반 자체나 어떤 견해의 '승리'가 목표가 되기보다는 참여자들이 현재 가지고 있는 견해를 솔직하게 드러내고, 무엇 때문에 그 생각의 차이가 비롯되는지를 살펴보는 데 중점을 둡니다. 대표적으로 OX 토론은 인권교육에서 가장 널리 쓰이는 교육 기법 가운데 하나입니다. 관련 법에 대한 지식이나 견해를 점검하는 퀴즈식 프로그램에서부터 어떤 쟁점에 관한 입장 차이를 묻는 토론식 프로그램에 이르기까지 활용 방식 자체도 다양합니다. "가난한 사람들을 나라가 지원하면 더 게을러진다", "배달 사고는 곡예하듯 오토바이를 험하게 몰기 때문에 일어난다", "학생 인권이 강조되면 교사들의 권위가 무너진다", "위험한 난민을 보호하는 것보다 국민이 우선이다"와 같은 쟁점 질문을 던지고 참여자들의 인식의 차이와 그렇게 판단한 근거를 드러내고 토론하는 방식이 가장 대표적입니다. 적은 수의 참여자라면 전체에게 의견을 물을 수도 있고, 때에 따라서는 몇 사람만 교육장 앞으로 초대해서 OX 의견을 물어보고 토론을 진행할 수도 있습니다. 교사, 보호자, 보육 종사자, 사회 복지사처럼 균질적인 집단 안에서 이런 질문을 던져 보면 한 집단 안에서도 다른 의견을 가진 사람들이 있고 다른 선택을 하는 이들이 있다는 걸 자연스럽게 드러낼 수 있게 됩니다.

그런데 두 가지 견해로만 양분해서 토론을 진행할 경우, 미세하고 다양한 차이의 결들을 드러내기 어려운 상황들도 있습니다. 그래서 변형한 방식이 바로 스펙트럼 쟁점 토론입니다. O와 X를 수평선의 양 끝으로 설정하고 해당 문항에 대한 자기 생각이 어디쯤 위치하는지 스스로 가늠해 자리를 정해 보는 방식입니다. 생각의 분포를 시각화할 수 있다는 장점도 있고, 자신이 왜 그 자리에 서 있는지 인터뷰하는 과정에서 자기 생각을 보다 명료하게 정리할 수 있습니다. 때에 따라서는 타인의 의견을 듣고 자기 생각이 움직였다면 위치를 다시 이동해도 괜찮다는 규칙을 적용하기도 합니다. 타인의 의견에 대해 좀 더 주의를 기울일 수 있고, 어떤 의견이 왜 좀 더 설득력 있게 들렸는지가 드러날 수도 있고, 첫 번째 선택을 고수하기 위해 억지 근거를 계속 만들어 내는 허점을 피할 수 있습니다.

OX 토론 활용 프로그램에서 가장 중요한 건 문항 설계입니다.

토론의 목표는 궁극적 정답을 제시하거나 다수결로 우세한 입장을 가르는 데 있지 않습니다. 토론을 만들어 가는 과정에서 미처 헤아리지 못했던 측면은 무엇인지, 생각의 전환이 일어나기 위해서는 어떤 경험과 조건이 필요한지, 애초 제시된 쟁점보다 우리를 더 지혜롭게 만드는 쟁점은 무엇인지를 발견하는 데 목표가 있습니다. 예를 들어 보호자 교육에서 "나는 우리 아이가 착했으면 좋겠나?"와 같은 질문을 던져 봅니다. '그렇다'를 선택하는 사람도 있고 '아니다'를 선택하는 사람도 있습니다. 착하다의 기준이 저마다 다르기 때문입니다. 부모인 나와의 관계에서는 고분고분해지길 바라면서 세상에 나가서는 '챙길 건 챙기고 영리하게' 굴었으면 좋겠다는 이중적 기준을 가진 이들도 있습니다. 무엇을 양육의 목표로 삼고 있는지, '착한 아이'라는 이름 속에 어떤 통제의 욕망이 들어가 있는지, 그리고 거기서 생략된 질문은 무엇인지(예를 들어 당사자인 자녀는 어떤 사람이 되고 싶어 하는가와 같은 질문이 대표적입니다)를 드러내면서 '어린이·청소년의 인권'에 대해 더 깊이 숙고하는 시간으로 이어 갈 수 있습니다.

상황 속으로 초대해 생생한 토론을 벌이고 싶다면

교통 법규를 지켜야 한다고 생각하며 언제나 성실히 지켜 온 사람들도 막상 기차를 놓칠지 모르는 급박한 상황이면 빨간 신호등인데도 횡단보도를 건널지 모릅니다. 사람들한테 '갑질'이나 하는 못된 사람한테는 강하게 항의를 해야 한다고 생각하는 사람도 막상 자기 밥줄이 걸린 문제가 되면 항의하기가 쉽지 않습니다. '그렇다/아니다'에 대해 일반적으로 토론하는 것과 '상황 속에서 토론하는 것'은 이처럼 다릅니다. 상황을 다각적으로 살펴볼 수 있고, 하나의 작용이 어떤 다른 작용으로 이어지는지를 역동적으로 살필 기회를 제공합니다.

실제로 일어난 인권 침해 사건이나 있음직한 가상의 사건을 제시하고, 참여자들로 하여금 그 상황 속에서 문제점을 분석해 보는 경험을 제공하면 좀 더 생동감 있는 토론이 가능해집니다. 단순히 상황을 재현하는 것이 아니라, 문제를 드러내고 변화를 시도하는 상황 속으로 들어가 보는 것입니다. 학교의 중요한 변화를 교장이 독단적으로 통보했을 때 교장실을 찾아가 항의하는 장면을 만든다거나, 문제가 있는 법률안에 대한 공청회가 열렸다고 가정하고 참여한 시민으로서 의견을 제시하게 한다거나 하는 방식입니다. 토론의 대상이 되는 상황지를 구성할 때는 참여자들이 상황을 짧은 시간 안에 파악할 수 있게끔 문제의 핵심을 간략하게 기술하고, 다루어야 할 쟁점을 분명히 제시할 필요가 있습니다. 예를 들어, "시^{市}에서 청년 수당 제도를 도입하면서 수당의 사용처를 학원 수업료 등 몇 가지로 제한하는 정책 시안을 발표했다. 시에서는 세금으로 마련된 재원이 유용하게 사용된다는 증거가 있어야 정책의 연속성이 담보되고 '술값으로 탕진한다'는 등의 반대 의견도 잠재울 수 있다고 이야기한다. 반면 이렇게 제한을 두면 애초 취지에도 맞지 않고 청년들에게 낙인 효과를 주게 될 것이라고 주장한다"라는 사례와 같이 쟁점이 분명히 드러날 필요가 있는 것입니다. 상황지에서 이미 정답을 제시하고 있거나 누군가를 특별한 '악인'으로 고정해 버리면 토론할 동기를 오히려 꺾게 됩니다. 모둠별로 논거를 준비할 시간을 가진 다음에 상황 속 토론을 전개하면 더 다채로운 토론이 이루어질 수 있게 됩니다.

'문제적 인간을 소환하라' 프로그램도 바로 이와 같은 고민에서 개발되었습니다. 참여자들에게는 자신들이 가진 지식과 감수성을 최대한으로 끌어올려 문제가 된 사건을 꼼꼼히 파헤쳐 보도록 하기 위해 '(인권) 전문가의 망토'를 입힙니다. 참여자에게 인권 침해 사건의

'문제적 인간을 소환하라'

피해자로부터 도움을 요청받은 인권단체 활동가나 국가인권위원회와 같은 권리 회복 기구의 위원이라는 역할을 부여하는 것입니다. 이어서 교육에서 다룰 사건의 '개요'를 제시하고, 사건의 중심에 있는 '문제적 인간'을 곧이어 교육장에 소환할 테니 그 사람에게 던질 질문이나 반론 논거를 뽑아 보라고 요청합니다. 예를 들어 교권 침해로 징계를 받게 된 학생이 부당함을 주장하는 상황이라고 가정하고, 징계를 주장하는 교사에게 질문하거나 전하고 싶은 바를 뽑아 보도록 하는 것입니다. 질문이 어느 정도 뽑혔다 싶으면, '문제적 인간'을 교육장 안으로 불러옵니다. 인권교육가가 직접 그 역할을 맡아도 좋고, 보조 진행자에게 그 역할을 부탁해도 좋습니다. '문제적 인간'의 역할을 맡은 사람은 참여자들이 어떤 논거를 주로 제시할지, 어떤 반론을 던지면 토론의 깊이를 더할 수 있을지를 미리 예상하고 준비해 두어야 합니다. '문제적 인간'이 등장할 때는 잠시 교육장 문을 열고 나갔다가 다시 들어온다든지, 모자를 쓴다든지, 가슴에 역할의 이름표를 단다든지 하는 방식으로 상황 토론이 시작되었음을 분명하게 인식할 수 있도록 하는 게 더 효과적입니다. '문제적 인간'을 맡은 진행자는 참여자들이 던지는 질문에 대해 사건의 개요에 기반을 두고 답을 하되, 핵심적인 쟁점에 관한 토론이 형성되지 않고 주변에만 맴돌 때 쟁점을 부각시키는 이야기나 질문을 보탬으로써 논점을 이동시키고 토론의 밀도를 높여 줄 필요가 있습니다.

'문제적 인간'을 소환하는 방식은 교육장에 구현된 현실 속으로 참여자들이 직접 빠져들게 합니다. 토론을 진행하다 보면, 인권 침해를 낳는 편견과 무지, 인권 침해를 당한 당사자에게 미치는 심리적 영향, 인권 침해를 정당화하는 논리, 그 논리의 밑바닥에 깔린 이해관계 등을 풍부하게 드러낼 수 있습니다. 상황 속 토론이 끝나고 나면, '문제적 인간'의 이야기들 가운데 어떤 논리에 대응하기가 가장 어려웠는지, 어려웠다면 왜 어려웠는지, 자칫 놓치기 쉬운 진실은 무엇이었는지를 추가로 짚어 볼 필요가 있습니다. 어떤 질문이나 논거가 입장의 변화를 만들어 낼 수 있는지를 치열하게 궁리하고 또 직접 맞서기도 하면서 일종의 상황 대처 훈련('현실을 위한 리허설'이라 부를 수도 있습니다)이 가능해지기도 합니다. 물론 이와 같은 교육이 잘 진행되기 위해서는 상황 속 토론에 적합한 사례와 준비된 진행자가 필요합니다. '문제적 인간'의 역할을 맡은 진행자가 사건을 꿰뚫고 있는 만큼, 적절한 대사와 실감 나는 연기로 참여자들의 지성과 감성을 자극하는 만큼 더 깊은 토론이 오갈 수 있습니다. 자칫 토론이 갑론을박으로만 치우치지 않도록 인권적 쟁점을 놓치지 않고 이끌어 나가는 것이 중요합니다.

'우리'와 '그들'의 경계를 허무는 반차별 감수성을 키우고 싶다면

초기에 인권교육은 성소수자, 장애인, 청소년 등 소수자들이 각각 겪는 차별의 목록이나 그들에게 보장되어야 할 권리의 목록을 참여자들이 직접 찾아보는 방식의 프로그램을 주로 사용했습니다. 물론 각 소수자들이 겪고 있는 인권 침해의 문제나 각각의 소수성이 구성되고 유지되는 맥락에 대해 하나하나 깊이 있게 이해하는 것은 중요합니다. 그러나 '그들'에 대해 말하면 할수록, 의도치 않게 자석의 N극과 S극처럼 '그들'은 '우리'로부터 점점 멀어진다는 느낌을 지울 수 없었습니다. 각각의 소수성에 대해 깊이 살피기 전에 먼저 '우리와 그들'이라는 경계를 허무는 작업부터 시작하면 어떨까? 그런 고민에서 만들어진 것이 바로 초대장 목록을 뽑아 보는 프로그램이었습니다.

먼저 차별의 현주소를 다양한 측면에서 살펴볼 수 있도록 활동 과제를 제시합니다. 모둠별로 해당 모임에 초대하면 좋을 사람들을 의논해서 자유롭게 작성해 보는 시간을 가집니다. 나이 차별 없는 세상을 꿈꾸는 사람들의 모임, 한국인임을 의심받는 사람들의 모임, '우리는 기계가 아니다' 영혼 있는 삶을 꿈꾸는 사람들의 모임, '집다운 집'에서 살고 싶은 사람들의 모임 등에 초대할 사람들을 떠올려 적어 보도록 한 것이지요. 한 모둠 안에서 찾아낸 목록이 한정적일 수 있다는 점을 고려해서, 한 모둠에서 1차 작업이 끝난 전지를 옆 모둠으로 돌려 목록을 추가하는 시간을 가지기도 했습니다. '위키백과'가 수많은 사람의 의견과 수정을 거쳐 하나의 개념 사전을 완성해 가는 방식에서 착안한 것인데, 옆 모둠의 논의 결과를 주의 깊게 살펴보는 시간도 가질 수 있고 더불어 남겨진 여백을 새롭게 채우는 효과도 거둘 수 있었습니다.

초대장 목록을 작성하는 프로그램은 차별의 그물망에 갇혀 있는 건 '그들'만이 아니라 '우리'이기도 함을 꿰뚫어 보고, 서로 연결된 존재들의 연대를 상상할 수 있도록 돕습니다. 예를 들어 나이 차별 없는 세상을 꿈꾸는 사람들'의 모임에는 나이가 어려 미성숙하다는 이유로

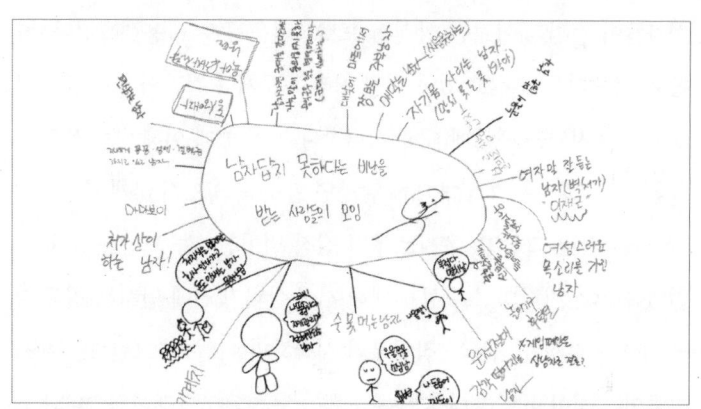

연결을 꿈꾸는 초대장

차별당하는 어린이·청소년에서부터 나이가 많다는 이유로 일자리를 구하기 힘든 노인까지 전형적인 나이 차별의 문제뿐 아니라 30대에 새 직장을 구하는 사람이나 50대에도 사회운동을 하고 있는 사람들처럼 '생애 주기'에 따른 나이다움의 규범에서 벗어났다고 평가받는 다양한 사람들이 초대장을 받게 됩니다. 나이 차별이라고 하면 대개 어린이·청소년이나 노인만의 문제로 생각하기 쉬운데, 사실상 나이에 따른 위계나 생애주기를 둘러싼 고정 관념으로 인한 차별로부터 안전지대에 있는 이들은 거의 없다는 점이 자연스럽게 짚어집니다. '우리는 기계가 아니다'라고 외치고 싶은 이들의 목록에도 학습 기계로 취급당하는 학생에서부터 언제 아이 낳을 거냐며 재촉당하는 여성, 위험을 무릅쓰고 위험에 뛰어들 것만을 강요받는 소방관까지 여러 존재들이 초대장의 목록에 오릅니다. 이 과정을 통해 인권과 차별의 문제가 '그들'만의 문제가 아니라 '우리'들의 문제로 가깝게 인식됩니다.

참여자들이 모둠별로 찾아낸 목록들을 나열적으로 발표하는 것만으로는 차별을 꿰뚫는 원리를 정리하기에 충분치 않습니다. 인권교육가는 발견된 목록들에서 파악되는 공통점이 무엇인지, 이른바

'정상성'을 규정하는 규범이 갖는 허점은 무엇이고, 그 규범이 사람들의 삶을 어떻게 옥죄는지를 정돈하여 반차별 감수성으로 발전시킬 수 있도록 안내할 필요가 있습니다.

프로그램 자체보다 더 중요한 것

앞서 살펴본 바와 같이, 어떤 프로그램을 어떻게 설계하느냐에 따라 나눌 수 있는 이야기의 방향과 밀도가 달라집니다. 그런 의미에서 프로그램을 잘 구조화하는 역량을 강화해 나가는 것이 인권교육가에게는 중요합니다. 그러나 프로그램 자체보다 더 중요한 것은 '프로그램 이후'입니다. 프로그램을 통해 교육의 현장에 터져 나온 이야기들을 어떻게 다룰 것인가가 인권교육가에게는 더 깊은 고민이 필요한 질문입니다. 때로는 인권의 가치와 부딪히는 이야기가 나오거나 누군가의 인권은 제외한 채 이야기가 전개되기도 합니다. 인권교육이라는 무대는 무대에 오른 참여자들이 교육가가 짜 놓은 각본대로 움직이지 않기 때문에 '살아 있는 무대'이기도 합니다. 인권교육가는 그 살아 있는 무대에서 참여자가 가진 통념을 의심해 보게끔 하는 질문을 던지는 사람입니다. 인권교육에서 중요한 것은 '인권의 가치'이지, 교육가로서의 만족감('프로그램의 효과'에 대한 검증이나 참여자들로부터의 '박수' 같은 것들이 대표적이겠지요)이 아니기 때문입니다.

여러분은 지금까지 어떤 방법을 주로 택하여 교육을 해 왔나요? 그 프로그램은 내가 만난 참여자들과의 대화를 도왔나요? 부족함이 있었다면 어떻게 변형해 보면 좋을까요? 찬찬히 기억을 더듬고 그 기억의 역사를 따라가다 보면, 각자만의 방법론을 써 내려 갈 수 있을 겁니다.

왜
'질문'을
질문하는가?

질문이 빚어내는
인권교육의 세계

"같은 강연을 하더라도 준비한 강연록을 쭉 이어 가는 강사도 있고, 시의적절한 질문으로 참여자의 대답을 초대하고 자기 이야기를 다시 이어 가는 강사도 있더라고요. 질문을 하는 것 같기는 하지만 대답을 기다리지 않는 강사도 있고요. 뭔가 다른 지점이 있는 것 같기는 한데, 그게 딱 뭔지 잘 정리가 되지는 않네요."

"2시간 교육이면 1시간 30분 강연에 30분 질의응답 시간을 갖는 방식으로 진행하는 경우가 많잖아요. 교육을 하다 보면 강연이 늘어져 질의응답 시간이 줄어들기도 하고, 또 막상 질의응답 시간이 되어도 질문의 편차가 워낙 크다 보니까 어떨 땐 교육의 깊이를 더하고 어떨 땐 의미 없는 시간이 되기도 하고. 좀 다르게 교육을 구성할 수는 없을까 고민될 때가 있어요."

"참여자 가운데 누군가가 이야기를 꺼냈는데 무슨 이야기인지 잘 파악이 되지 않을 때도 있고, 생각의 전환을 돕고 싶은데 어떻게 말을 이어 가야 할지 잘 모르겠는 순간들이 종종 생기더라고요. 어떻게 준비를 해 가면 좋을까요?"

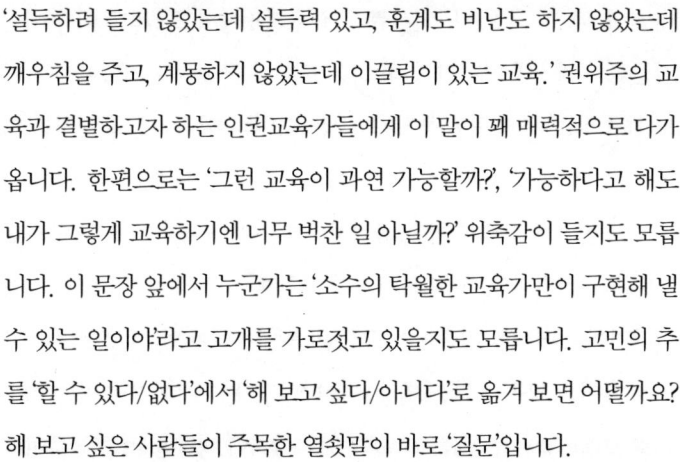

'설득하려 들지 않았는데 설득력 있고, 훈계도 비난도 하지 않았는데 깨우침을 주고, 계몽하지 않았는데 이끌림이 있는 교육.' 권위주의 교육과 결별하고자 하는 인권교육가들에게 이 말이 꽤 매력적으로 다가옵니다. 한편으로는 '그런 교육이 과연 가능할까?', '가능하다고 해도 내가 그렇게 교육하기엔 너무 벅찬 일 아닐까?' 위축감이 들지도 모릅니다. 이 문장 앞에서 누군가는 '소수의 탁월한 교육가만이 구현해 낼 수 있는 일이야'라고 고개를 가로젓고 있을지도 모릅니다. 고민의 추를 '할 수 있다/없다'에서 '해 보고 싶다/아니다'로 옮겨 보면 어떨까요? 해 보고 싶은 사람들이 주목한 열쇳말이 바로 '질문'입니다.

질문만으로 구성된 교육은 상상하기 힘듭니다. 참여자의 입장에서 보아도 질문만으로 가득 찬 교육은 롤러코스터에 승차한 기분을 느끼도록 만들겠죠. 여느 교육과 마찬가지로 인권교육에도 질문뿐 아니라 관련된 정보와 지식, 고백과 증언, 제안과 방향성 등이 담겨 있어야 흐름의 안정성이 생깁니다. 그런데 '질문이 있는' 교육과 '질문이 삭제된' 교육 사이에는 아주 커다란 간극이 있습니다.

질문이 빚어내는 세계

먼저 교육에서 질문이 수행하는 역할에 대해 정리해 볼 필요가 있습니다. 어떤 주장을 좀 더 설득력 있게 전달하기 위한 설의법은 질문의 형식을 빌렸지만 대답을 기다리지 않습니다. 반면 대개의 질문은 상대의 응답을 기다립니다. 인권교육가가 던진 질문을 통해 참여자는 응답을 위한 궁리를 시작하고 자기의 답을 입으로 또는 머릿속에서 오물조물 표현해 보면서 자기 생각을 정돈할 기회를 갖습니다. 질문을 통해 희미해진 기억이 소환되기도 하고 묻어 두었던 이야기를 꺼내 놓게 되기도 합니다. 인터뷰나 조사 과정에서도 인터뷰어가 어떤 질문을 던지느냐에 따라 전혀 다른 깊이의 구술이나 진술이 나오기도 하죠. 이렇게 질문은 참여자의 '생각하기'와 '말하기'를 촉진하는 역할을 수행합니다.

질문의 두 번째 역할은 참여자의 의견이나 경험을 교육 안으로 초대하는 것입니다. "여러분이라면 이럴 때 어떻게 하시겠어요?" "이 이야기에서 이상한 점은 없나요?" "비슷한 경험이 있었나요?" 참여자의 이야기를 교육 시간을 빼앗은 군더더기가 아니라 가치 있는 이야기로 초대하겠다는, 옳든 그르든 그 이야기에 정당한 비중을 부여하겠다는 교육가의 신념을 표현하는 것이 바로 질문입니다. 참여자들이 세상의 문법과 다른 인권의 문법을 만나다 보면 낯섦, 미심쩍음, 혼란스러움을 거치게 마련입니다. 인권에 대해 '말해 본' 경험이 거의 없는 이들도 많습니다. 인권교육가는 질문을 통해 참여자를 인권의 '화자(話者)'로, '저자(著者)'로, 자기 삶의 편집자로 이동시키는 초대장을 발송하는 셈입니다. 질문은 응답을 낳고, 응답은 다시 질문을 낳습니다. 질문을 통해 독백의 교육은 '대화의 교육'으로 전환됩니다.

질문의 세 번째 역할은 '여백을 통한 환기' 효과입니다. 질문을 던진 사람은 참여자의 응답을 기다리기 위해 잠시 말을 멈춥니다. "그 다음엔 어떻게 되었을까요?" "이 사람들은 무엇을 주장하기 위해 여기에 모여 있을까요?" "이 말 다음에는 어떤 말이 등장했을까요?" 그 사이 누군가가 자신의 대답을 꺼내 놓을 수도 있고 잠시 침묵이 이어질 수도 있습니다. 잠시 기다렸다가 인권교육가는 대답을 보여 줍니다. 대답을 바로 제시하기보다 여백의 시간을 가진 다음 대답을 제시함으로써, 그 대답과 참여자의 만남에 큰 울림을 일으킬 수 있게 됩니다. '아, 저렇게 되었구나.' '와, 저렇게 생각할 수도 있구나.' 참여자들은 자기가 머릿속으로 그려 보던 답과 제시된 답과의 차이도 가늠하게 되고 그 답이 가진 의미에 잠시 더 마음을 기울이게 됩니다.

퀴즈도 문답의 형태로 구성되어 있지만, 퀴즈에서 중요한 것은 흥미와 정답 맞히기입니다. 인권교육에서 말하는 질문은 단순히 참여자의 흥미를 불러일으키고 정답을 맞혀 보는 경험을 만들어 내기 위해서 활용되는 것이 아닙니다. 인권의 이야기에 좀 더 주체적으로 접근하고 깊숙이 고민해 볼 기회를 제공하기 위함입니다. 인권교육에서 퀴즈 형식의 방법을 활용할 때도 물론 있습니다. 이 경우에도 정답을 확인하는 데 초점이 있는 게 아니라, 오답에서도 의미를 찾는 데 초점이 있습니다. 노동인권교육에서 '근로 계약서'가 답인 문제를 냈습니다. 한 청소년이 '노비 문서'라고 답을 썼습니다. 그 답이야말로 더 많은 진실을 품고 있다는 생각이 들었습니다. 질문이 빚어내는 열린 세계에서 인권교육은 더 많은 이야기로 나아가게 됩니다. 여러분은 질문을 포함한 인권교육을 하고 계신가요? 적절한 순간에 적합한 질문을 던지는 교육을 하고 계신가요?

질문의 차이가 교육의 차이를 만든다

질문이 있는 교육을 준비할 때, 어떤 질문을 던지느냐가 중요합니다. 질문을 어떻게 던지느냐에 따라 이야기의 방향도 달라지고, 자칫 참여자들의 생각을 기존의 틀에 가둘 수도 있기 때문입니다. 한 대기업의 신입 사원 적성 검사에 아래와 같은 문제가 출제되어 화제가 된 적이 있습니다. 여러분이라면 몇 번을 고르실 건가요?

> Q. 신상품 개발 아이디어 공모전에서 상사의 작품이 당선되었다. 그런데 그것은 애초 당신이 제출했다가 상사에게 거절당했던 아이디어였다. 당신은 어떻게 하겠는가?
> ① 다음 기회를 기약하고 그냥 넘어간다.
> ② 공개적으로 상사의 부당함을 알린다.
> ③ 상사에게 그만한 대가를 요구한다.
> ④ 공개적으로 알리지 않지만 다른 직원들에게는 이러한 사실을 알린다.

이 기업이 ①번을 정답으로 처리했다는 사실이 알려져 많은 이들의 공분을 샀지만, 다른 보기가 정답이었다고 해서 문제적 현실이 달라지지는 않습니다. 여전히 선택에 따른 뒷감당은 개인의 몫으로 남겨져 있고, 부정의는 해소되지 않은 채 반복될 수 있기 때문입니다. 정답을 바꾸는 것이 아니라 질문을 바꿔야 우리에겐 새로운 선택의 길이 열립니다. '상사가 아이디어를 도둑질해 가는 문제가 반복되지 않으려면 어떤 조직 시스템과 문화의 변화가 필요한가'로 말이지요.

인권교육에서도 질문의 방향이 중요합니다. 몇 해 전, 학생 인권에 관한 설문 조사에서 '두발 규제를 강화하면 성적이 오른다'고 생각하는지를 질문해 보았습니다. 두발 규제의 불가피성을 주장하는 대표적인 통념에 대해 학생들은 실제 어떻게 생각하는지 확인하고 싶었습니다. 당황스럽게도 다수의 학생들이 '그렇다'고 답했습니다. 다음번엔 질문을 조금 틀어 이렇게 질문해 보았습니다. "두발 규제를 강화하면 내 성적이 오른다?" 이번엔 절대 다수의 학생들이 '그렇지 않다'고 답했습니다. 무엇이 응답의 차이를 만들었을까요? 앞의 질문은 지금껏 들어 온 통념을 의심하지 않고 답할 가능성이 높은 질문이었던 반면, 뒤의 질문은 자기 인생 경험에 비추어 현실적 판단의 가능성을 높였습니다. 질문의 차이가 생각의 차이를 만들어 낸 셈입니다.

'병든 아내를 살릴 신약이 개발되었는데 약값이 엄청 비싸 살 수가 없다. 당신이라면 약을 훔쳐서라도 아내의 병을 고칠 것인가?'라는 질문(이는 로렌스 콜버그의 '도덕성 발달 단계론'에서 제시된 대표적 질문입니다)은 개인의 윤리성을 시험대에 올립니다. 반면 인권교육이라면 개인에게 도둑이 될지 말지를 질문하지 않고, '사회'의 역할에 질문을 던질 겁니다. 아파서 죽는 것인가, 약을 살 수 없어 죽는 것인가? 생명이 먼저인가, 특허권이 먼저인가? 생명에 직결되는 필수 의약품에 대한 보편적 접근을 가능하게 하려면 법이 어떻게 바뀌어야 하는가? '테러범에게 고문을 가해서라도 폭발물의 위치를 알아낼 것인가 아니면 고문은 인권 침해이므로 하지 않을 것인가?'와 같은 질문도 그렇습니다. 극단적 상황을 가정하고 사람을 모퉁이로 몰아붙이면서 어떤 선택이 더 인권적인지를 묻는 방식으로는 인권에 대한 이야기를 풍성하게 길어 올리기 어렵습니다. 테러를 막기 위해 우리는 지금 무엇부터 시작해야 하는가? 고문을 해서라도 자백을 받아 내야 할 상황에 처하지 않기 위해, 곧 내가 고문 가해자가 되지 않기 위해 무엇을 할 수 있는가? 이런 질문이 나의 인간다운 선택을 돕는 조건에 한 걸음 더 다가가게 합니다. 이렇듯 질문을 어떻게 던지느냐에 따라 문제의 초점도, 이야기의 방향도 완전히 달라지기 마련입니다.

인권교육에서 주로 활용되는 질문의 유형

인권교육에서 주로 활용하는 질문은 대략 4가지의 유형으로 구분될 수 있습니다. 첫 번째는 참여자들에게 과제를 제시하는 질문입니다. 내가 생각하는 인권의 정의를 써 보는 과제일 수도 있고, 없애고 싶은 인권침해 장면을 떠올려 보는 과제일 수도 있고, 사건 관계자를 만난다면 어떤 질문을 던지고 싶은지 목록을 적어 보는 과제일 수도 있고, 어떤 사건에 대한 우리의 판단을 써 보는 과제일 수도 있습니다. 인권교육가는 과제를 설계할 때 자신에게도 질문을 던집니다. '참여자들과 무슨 이야기를 어떻게 나누고 싶은가? 인권교육가가 던진 질문으로부터 출발하여 참여자들은 자기만의 응답을 찾기 위한 활동 시간을 갖습니다. 그 과정에서 만들어진 이야기가 각 인권교육 현장에서 쓰이는 중요한 텍스트가 됩니다.

두 번째는 구조적 분석을 돕는 질문입니다. '왜 이런 일이 생겼을까? 문제적 행동이나 상황의 이면에는 어떤 맥락이 있었을까? 이런 일이 반복되지 않도록 하려면 무엇이 필요한가?' 어쩌면 인권교육에 서 가장 많이 사용되는 질문이 바로 이 구조적 분석을 요청하는 질문 입니다. 참여자에게 잠시 생각할 기회를 가지게끔 하면서 분석의 결 과를 인권교육가가 바로 제시할 수도 있고, 활동 과제로 낼 수도 있습 니다. 구조에 대한 분석 감각은 개인의 잘못이나 결함에서 문제의 원 인을 찾는 세상의 문법과는 다른 인권의 문법을 익히는 데 핵심적인 역량입니다. 슬라보예 지젝의 《폭력이란 무엇인가 - 폭력에 대한 6가 지 삐딱한 성찰》에는 '구조적 폭력'을 보지 못하는 이들에 대한 우화 가 나옵니다. "물건을 훔쳐 낸다는 의심을 받던 일꾼이 한 명 있었다. 매일 저녁, 일꾼이 공장을 나설 때면 그가 밀고 가는 손수레는 샅샅이 검사를 받았다. 경비원들은 아무것도 발견할 수 없었다. 손수레는 언 제나 텅 비어 있었다. 결국 진상이 밝혀졌다. 일꾼이 훔친 것은 다름 아닌 손수레 그 자체였던 것이다."[1] 썩은 사과만 탓할 뿐, 사과를 썩게 만드는 썩은 상자를 보지 못하는 인식과 그에 기초한 정책들을 우리 는 자주 접합니다. 비판적, 구조적, 문제 제기적 사유를 강조하는 인 권교육에서는 구조에 대한 분석을 돕는 질문이 더더욱 중요합니다.

세 번째는 참여자와 호흡하면서 대화를 이어 나갈 때 사용되는 '탐색적 질문'입니다. 교육 현장에서는 참여자들이 꺼내 놓는 이야기 나 질문에 대해 응답해야 할 순간들이 찾아오기 마련입니다. 어떻게 응답하느냐, 어떤 질문을 다시 돌려주느냐에 따라 교육의 흐름이나 공 기가 달라지기도 하죠. 어떤 순간에 대화가 깊어져 서로가 흡족해지 기도 하고, 어떤 순간엔 긴장이 고조되거나 오해를 빚는 일들도 있습 니다. 순발력과 내공이 동시에 요구되는 순간들이 찾아올 때 부담을 느끼지 않는 인권교육가는 사실 없을 것입니다. '아차!' 싶었던 순간들로부터 실마리를 얻

1 슬라보예 지젝, 정일권·김희진·이현우 옮김(2011), 《폭력이란 무엇인가》, 난장이, 23쪽.

고 그 실마리를 빛줄기 삼아 조금씩 연습해 가는 수밖에 없습니다.

교육 현장에서 참여자들과 의견을 나누다 보면 참여자가 정확하게 무얼 얘기하고 싶은 건지 의미가 모호하거나 여러 이야기가 섞여 있는 경우가 많습니다. 이때 섣불리 의미를 짐작해 곧장 의견을 제시하기보다는 참여자가 진짜로 하고 싶은 이야기가 뭔지를 탐색하는 질문을 이어 나갈 필요가 있습니다. "~한 이야기를 하고 싶으신 건가요?" "제게는 ~한 이야기로 들렸는데 어떠세요?" "A와 B 두 가지를 모두 말씀하셨는데 이 두 가지 이야기가 공존할 수 있다고 보세요?" 이런 질문들은 참여자를 존중하는 태도를 잃지 않으면서 대화가 깊어지도록 돕습니다. 그 과정에서 참여자도 자기 생각을 가다듬고 돌아볼 기회를 갖게 됩니다. 인권교육을 하고 계신 분들과 만난 역량 강화 교육에서 오늘 교육에 대한 소감을 간략히 여쭈었을 때였습니다. "울창한 숲 앞에 서 있는 기분이에요." 울창한 숲 앞에 서 있다는 게 어떤 마음이지? 행여 오늘의 교육 내용이 따라가기 힘들게 여겨졌나 막막한 기분일까 염려가 되었는데, 표정으로는 도통 짐작이 되지 않았습니다. "너무 울창해서 막막하신가요? 아니면 울창한 숲속으로 들어가 보고 싶으신가요?" 이렇게 질문을 던져 보았더니 숲속으로 들어가고픈 호기심이 든다는 이야기를 보태 주었습니다. '울창한 숲 앞에서 달 뜬 표정을 하고 서 있는 한 사람'이 떠올라 기분 좋은 마무리가 가능했습니다.

때로는 인권교육가가 질문을 이어 가기보다 단호한 입장 표현을 해야 할 때도 있습니다. 누군가의 인권을 배제하거나 모욕하는 말이 출현할 때는 특히 그렇죠. 그러나 대개의 경우 인권교육가는 '가르침의 권력'에 대한 경계를 기억합니다. 비난받은 생각을 오히려 고수하는 쪽을 선택하는 이들도 많습니다. "그렇게 생각하시면 안 됩니다."

218

참여자를 추궁하는 듯한 질문이나 단정적 평가를 던지기보다 탐색적 질문을 던지고 참여자와 대화를 이어 나가기를 선택하는 이유입니다. 질문의 시작은 참여자가 말하고 싶은 이야기의 핵심이나 밑바닥에 깔린 정서를 헤아리는 데 있습니다. 참여자가 하려는 말을 확인하고 싶다면, 반영하는 질문을 던져 보아도 좋습니다. 그러다 보면 참여자가 던진 이야기의 초점이 드러나고, 내용 가운데 생각의 전환을 이끌어 내는 데 필요한 암시 같은 걸 발견하거나 어떻게 이야기를 이어 나가면 좋을지 실마리를 얻을 수도 있습니다.

〈빅이슈〉 판매원들과 만난 인권교육

〈빅이슈〉 판매원들은 노숙 경험을 갖고 계시고, 전철역 안이나 입구에서 잡지를 파는 일을 하십니다. 그분들과 만난 자리에서 여는 질문으로 "나는 내가 소중하다고 생각하는가"라는 문장을 제시했습니다. 한 참여자가 "아니다"라는 답을 하셨습니다. 그 답에 마음이 쓰였고, 모욕적인 현실에서도 자기의 존엄을 포기하진 않았으면 하는 바람으로 질문을 이어 나갔습니다.

교육가 : 소중하지 않다는 답을 선택하셨는데, 어떤 마음에서 하신 말씀인지 이야기를 좀 더 보태어 주실 수 있을까요?
참여자 : 나처럼 거리에 나와 있어 보세요. 내가 소중하다는 생각이 드는지······.
교육가 : 사람들이 대하는 태도에서 모욕감을 느낀 경우가 많으셨나 봐요? [반영하기]
참여자 : 그렇죠. 별별 사람이 다 있어요. '똑바로 살라'고 한마디 툭

던지고 가는 사람이 있지 않나. 돈을 휙 던지고 가는 사람이 있지 않나. 내 돈 주고 밥 사 먹을 때도 눈치 보입니다.

교육가 : (모두가 먹먹해진 침묵의 시간을 잠시 보낸 뒤) 식당을 들어갈 때조차 눈치가 보인다는 말씀이 저에겐 오래 남네요……. 저도 거리에서 기한이 있는 서명을 받느라 애태운 적이 있었는데 그때 '거리에서 무언가를 건네는 노동'에 대해 많이 생각해 보게 되었습니다. 모욕적인 일도 많이 겪었고요. 근데 저에겐 생계가 달린 일이 아니었는데, 선생님에게는 생계가 달려 있는 문제니 부당한 대접에도 제대로 대응도 하기 힘드셨을 것 같아요? [초점을 발견하여 조명을 비추기]

참여자 : 참아야지 어떡하겠어요? 음…… (주위 동료들을 가리키며) 이 사람들 중에 조끼 입고 지하철 타는 사람, 아무도 없을걸요?

교육가 : 그러시군요……. 그런데요, 하나의 상황을 두고도 두 가지 해석이 있을 수 있잖아요? '사람들이 나를 모욕하니까 나는 소중하지 않다'라는 결론을 내릴 수도 있고, '내가 모욕감을 느꼈다는 사실 자체가 내가 소중한 사람임을 말해 준다'라는 결론을 내릴 수도 있습니다. 둘 중에 어느 게 더 마음에 드세요? [같은 현실을 두고 다른 결론을 이끌어 내는 과정을 돕기 위한 질문 던지기]

참여자 : (얼굴이 환해지며) …….

교육가 : (표정을 살피며) 두 번째 결론이 더 마음에 드시나요?

참여자 : (미소를 띠며) 그렇네요!

사회 복지사들과 만난 인권교육

시설에서 일하는 사회 복지사들과 만난 시간이었습니다. "사회 복지사로서 긍지를 느낀 순간"에 대해 써 달라고 했더니, 어떤 분이

"장애인들이 사회 복지를 통해서 긍정적 변화가 일어났을 때"라는 답을 쓰셨습니다. 어떤 순간이 긍정적인 변화라고 생각하셨는지 물어보자, 이렇게 답을 해 주셨습니다. "처음 시설 들어왔을 때는 여긴 우리 집이 아니라고, 집에 가고 싶다고 떼쓰던 이용인이 이젠 '여기서 살게요. 여기가 내 집이네요'라고 하셨을 때 긍정적 변화가 일어났구나 싶었죠." 그때 이런 생각이 스쳤습니다. '이분은 자유의 체념을 긍정적인 변화라고 생각하시는구나.' 시설과 집의 차이에 초점을 맞춰 그분에게 달리 생각해 볼 기회를 드리고 싶었습니다.

교육가 : 지금까지 일해 오신 시설 중에 내 집 같다, 평생 살고 싶다고 느낀 시설이 있으셨어요? ['집'의 정의에 초점을 맞추어 질문 던지기]
참여자 1 : 아니요. 아무리 좋아도 집은 아니죠.
교육가 : 그렇죠. 그런데 누구에게만 시설이 집이어야 한다고, 우리는 이야기하고 있는 걸까요?
참여자 2 : 제가 일하는 시설은 그래도 괜찮아요. 맛있는 것도 많이 주고 장애인들이 다들 좋아라 해요.
교육가 : 어떤 탈시설하신 분이 '나는 우리 시설이 호텔처럼 돼도 다시는 돌아가지 않겠다'는 말씀을 하셨어요. 어떤 마음에서 그분은 이런 이야기를 하시는 걸까요? [당사자의 증언을 교육 현장에 초대함으로써 생각의 확장을 돕는 질문 던지기]

마지막 유형은 '생각의 전환을 돕는 질문'입니다. 사람들이 인권 이야기에 매혹된 순간을 돌아보면, 생각의 전환을 불러일으키는 새로운 관점과의 만남이 자리하고 있음을 알 수 있습니다. 새로운 관점 또는 생각은 어떻게 출현할 수 있었을까요? 세상이 던지지 않는 질문을 던짚으로써 생각을 다듬어 가는 과정에서 탄생한 것이 바로 새로운 관점입니다. 그 질문들은 우리를 새로운 생각의 세계로 인도하는 초대장이었습니다. 인권교육을 '인권과의 접속을 돕기 위한 고도로 조직화된 대화의 시간'이라고 말한다면, 그 대화를 이끌 질문들을 풍성하게 찾아내는 일이 인권교육가에겐 때로는 즐겁고, 때로는 버거운 고민거리가 됩니다.

몇 해 전, 인권교육을 하는 이들과 모여 자기에게 영향을 미친 질문에 어떤 게 있는지 떠올려 보는 시간을 가졌습니다. 장애인권교육을 하는 분이 외국에 여행을 갔다가 시각 장애인이 혼자서 여행을 하는 모습을 보며 충격을 받았던 기억을 떠올렸습니다. '왜 한국에선 혼자서 여행하는 시각 장애인을 볼 수 없을까?' 그분에겐 그때 자신에게 떠오른 질문이 한국 사회와 장애인 인권 문제를 다시 곱씹게 만든 계기가 되었나 봅니다. 그 말을 들으며 여행 산업이 비약적으로 발전하고 꼭 가 보아야 할 여행지와 현지 맛집을 소개하는 방송 프로그램이 엄청나게 많아진 세상에 살면서도 장애인과 여행을 제대로 연결해서 생각해 본 적이 없다는 걸 깨닫게 되었습니다. 장애인의 여행·문화 접근권에 대한 관심이 최근에야 많아지고 있지만, '비장애인인 내가 여비에 맞춰 여행지를 고를 수 있다는 것만으로도 특권이었구나'라는 생각으로 이어졌습니다. 이처럼 우리는 어떤 질문과의 만남을 통해 지금까지 생각해 온 방향을 틀기도 하고 지금까지와는 다른 생각을 형성하게 되기도 합니다.

생각의 전환을 돕는 질문을 찾아서

생각의 전환을 가능케 하는 질문에 대해 좀 더 깊이 살펴볼 필요가 있습니다. 교육이 끝난 후에도 참여자들이 기억했으면 하는 질문을 찾아내는 일은 인권교육가에게 언제나 고민이 됩니다. 생각의 전환이란 어떻게 가능하지? 참여자가 처한 위치나 교육 주제를 고려할 때 핵심적으로 파고들어야 할 이야기는 무엇일까? 그런 고민들 속에서 다양한 형태의 질문들이 발견되어 왔습니다. 어떤 질문은 세상이 말하지 않는 진실의 문을 열고, 어떤 질문은 고정된 생각의 틀이나 통념을 흔듭니다. 어떤 질문은 익숙한 것을 낯설게 보도록 안내하여 그 문제의 중요성을 환기시키고, 어떤 질문은 누군가와의 연결을 돕습니다. 또 어떤 질문은 사회가 허락하지 않았던 위치를 참여자에게 돌려주기도 합니다. 내가 하는 교육에서 어떤 질문을 던지면 참여자와 인권의 만남을 좀 더 긴밀하게 만들 수 있을지를 찾아볼 필요가 있습니다.

다른 입장, 다른 진실의 문을 열다

사회적 약자 또는 소수자는 다른 위치에 서 있기 때문에 세상이 말하지 않는 진실을 볼 수 있는 사람이기도 합니다. 세상이 주목하지 않는 또는 주목할 필요조차 없다고 여겨지는 이들의 입장에서 던져진 질문은 완전히 새로운 진실의 문을 열어젖힙니다. 〈선녀와 나무꾼〉을 나무꾼의 입장에서 보면 믿었던 선녀에게 배신당한 이야기지만, 선녀의 입장에서 보면 납치당한 여성이 포기하지 않고 탈출에 성공한 이야기가 됩니다. '집에서 노는 사람'으로 분류되는 전업주부의 위치에서 세상을 보면, 집이 누군가에게는 휴식의 공간이지만 누군가에게는 노동의 공간이라는 점이 보입니다. 이스라엘의 입장에서 보면 팔레스타인과 '분쟁'이 일어나고 있겠지만, 팔레스타인의 입장에서 보면 '이스라엘의 점령'이 문제가 됩니다. 노동자의 입장에서 보면 거북선을 만든 이가 이순신 장군으로만 이야기되는 것이야말로

'역사 왜곡'입니다. "○○○의 입장에서 보면 지금 무슨 일이 일어나고 있나요?" 다른 입장, 사회적 약자의 입장에서 세상을 보기를 청하는 질문이 전혀 다른 진실의 문을 엽니다.

사회적 약자나 소수자들에게 도움이 되는 일이라고 생각해서 취하는 행동이나 정책에 대해 돌아보기를 제안할 때도 이 유형의 질문이 유효합니다. 〈세상을 바꾸는 15분〉이란 프로그램에 강연자로 나선 다큐멘터리 〈어른이 되면〉의 감독 장혜영 씨는 이제 막 열세 살이 된 당신에게 이렇게 말한다면 어떤 기분이 들겠느냐고 묻습니다. "너는 이제 네가 살던 집과 가족을 떠나서 네가 한 번도 본 적 없는 외딴 곳에서 한 번도 본 적 없는 사람들과 평생을 살아야 돼. 그게 네 가족들의 생각이고, 너에게 거절할 권리는 없어." 장혜영 씨는 발달 장애를 가진 여동생에게 일어난 이 일을 소개하면서 동생 스스로가 시설에서의 삶을 선택한 적이 없었다는 것을 한 번도 생각해 보지 못했다고 고백합니다. 18년이란 긴 세월이 지나서야 그녀는 동생 장혜정 씨와 지역 사회에서 함께 살기로 결심합니다. 한 번도 당사자의 입장에 제대로 서 보지 않았으면서 우리는 "그 사람에겐 그게 훨씬 좋은 거야", "다 너를 위한 거야"라는 말을 쉽게 내뱉습니다. 당사자의 입장에 서서 세상을 보면 다른 이야기가 펼쳐집니다.

고정된 생각의 틀을 흔드는 질문들

고정 관념이나 익숙한 생각의 회로에서 벗어나 새로운 접근의 필요성을 제기하는 질문도 있습니다. 노동자 건강권과 노동 환경 개선을 위해 오랫동안 활동해 온 김신범 씨로부터 이런 질문을 받은 적 있습니다. 그는 발레리나, 빌딩 외벽 청소부 등 여러 작업 환경에 놓인 노동자 사진을 보여 주며 처음에는 "누가 가장 위험합니까?"라고 물었습니다. 가장 위험한 조건에 놓인 사람이 누구인지 머리를 굴리고 있던 찰나, 선생이 이렇게 덧붙였습니다. 한국의 노동 재해 대책은 이런 질문을 바탕으로 짜여 있기에 중대 재해만을 문제로 인식해 왔다고, "각자에게 어떤 위험이 있습니까?"로 질문이 바뀌어야 한다고, 그런 감수성이 바탕이 되어야 중대 재해도 예방할 수 있다고. 더 심각하고 중요한 재해와 그렇지 않은 재해라는 전형적 구분법을 흔드는 이 질문은 하나의 대형 사고는 그와 관련된 수십 차례의 경미한 사고와 수백 차례의 징후들을 거쳐 나타난다는 1 대 29 대 300의 법칙, '하인리히 법칙'을 떠올리게 만듭니다.

인권의 문법과 배치되거나 인권의 확장을 가로막는 사회적 통념을 흔드는 일은 인권교육의 주요 과제입니다. 그래서 인권교육에서는 참여자들이 어쩌면 한 번도 의심해 보지 않았을 통념이나 주류적 가치를 다시 볼 것을 제안하는 질문들을 자주 던집니다. 청소년을 만났을 때 간혹 이런 질문을 합니다. "잘못해서 걸렸는데 선생님이 친구는 1대 때리고 나는 2대를 때렸다. 무엇이 문제인가요?" 보통 "나만 더 맞았으니까 억울하다", "선생님이 공정하지 못했다"와 같은 답변이 주로 나옵니다. "그럼 친구를 1대 더 때리면 문제가 해결되나요?" 만족한다는 답변도 있지만 대개 뭔가 찝찝하다는 표정을 짓곤 합니다. 간혹 이렇게 답하는 이들도 있습니다. "때리는 게 제일 큰 문제 아닌가요? 저는 안 맞고 싶은데요." '학생은 잘못하면 때려도 된다'는 고정 관념을 받아들이고 있는 사람은 교사가 학생에게 동일한 '벌'을 주지 않는 것만 문제라고 인식합니다. 그런데 잘못이 있다고 교사나 회사원을 때리는 경우는 상상하기 어렵습니다. 체벌이 필요악인지 아닌지, '사랑의 매'와 폭력의 차이는 무엇인지 물어야 하는 게 아니라, 왜 어린이·청소년은 '맞아도 되는 사람'으로 분류되어 있는가가 핵심입니다.

이렇게 질문을 던져야 심각한 아동학대 문제도 예방될 수 있습니다.

시설 문제를 고민하자고 제안하는 장애인권교육에서는 '좋은 시설이란 있을 수 있는가'가 중요한 질문이 될 겁니다. '문제 시설'에서 '시설 문제'로 초점을 옮겨야 지역 사회에서 함께 살아갈 몫을 빼앗긴 장애인의 삶이 제대로 조명될 수 있으니까요. 자립이라는 개념을 새롭게 바라보기를 제안하는 인권교육이라면 '누구의 의존만 주로 문제시되는가'와 '의존하지 않는 삶이 가능한가'가 중요한 질문이 될 겁니다. 여성의 노동에 의존해서 자립하지 않는 남성의 삶은 문제가 되지 않고 금수저 물고 태어나 가족 자본에 의존해 자립하지 않는 삶은 부러움의 대상이 되는 반면, 왜 사회적 약자들에게만 '홀로 자립하라는 채찍'을 휘두르는지를 살펴야 서로가 의지하는 '관계적 자립'이라는 새로운 접근을 만나게 되니까요. 이처럼 인권의 문법으로 세상을 보는 감수성은 통념을 흔드는 질문과 함께 길러집니다.

익숙한 문제의 심각성을 환기시키는 질문들

시간이 흐르고 어느덧 문제에 익숙해지다 보면 종종 문제의 심각성을 잊고 지내게 되는 법입니다. 학생들이 공부나 시험 때문에 힘들어하고 학습 시간이 너무 길다는 건 대부분 알고 있고 안타까워합니다. 그런데 해결을 위해 나서는 사람은 많지 않습니다. "과로사 판단 기준이 되는 노동 시간이 주당 몇 시간인지 아십니까? 60시간입니다. 그럼 고등학생의 주당 평균 학습 시간은 얼마일까요?" 고등학생의 주당 학습 시간이 과로사 기준을 훌쩍 넘어선다는 이야기를 듣고 나면 '맞아, 그 정도로 심각한 문제였어!'라는 반응이 일어납니다. "스펙spec이라는 말은 'specification'의 줄임말로 원래 기계나 장비의 '사양'을 의미하는 말이었다고 합니다. 기계에 쓰던 말을 어쩌다 인간에게까지 사용하게 되었을까요?" 스펙 전쟁이 심각하다는 걸 알고 있던 참여자들도 이 질문을 통해 인간의 상품화 또는 기계화라는 관점에서 문제의 심각성을 다시 고민하게 됩니다. 한국의 노동단체가 스웨덴을 방문했을 때 노동 재해로 인한 높은 사망율 문제를 이야기하자 이렇게 되물었다고 합니다. "사람이 일하다가 왜 죽나요?" 사람이 일하다 죽는 게 안타깝지만 당연하다고 생각하는 사회와 사람이 일하다 죽는 걸 상상하기 힘든 사회는 큰 차이가 있습니다. "여러분에겐 왜 장애인 친구가 없을까요?" "인구 10명 중 한 사람은 성소수자라고 하는데 왜 성소수자를 직접 만나 본 사람은 거의 없을까요?" 이처럼 문제의 심각성을 다시금 환기시키는 질문은 시급한 해결의 필요성에 대한 공감을 불러일으킵니다. 의식의 저편에 있던 문제를 의식의 전면으로 데려오는 질문인 셈입니다.

안부를 묻는 관계를 확장시키는 질문들

몇 해 전 '안녕들하십니까?'로 시작되는 대자보가 전국 곳곳에서 이어진 적 있습니다. 나는 이런저런 이유로 안녕하지 못한데 당신도 혹 안녕하지 못한 것은 아니냐는, 안녕하지 못한 현실에 대한 고발과 다른 사람의 안부를 묻는 질문이 결합된 글들이 릴레이로 이어졌습니다. "여러분은 안녕하신가요?" "우리들의 민주주의는 안녕한가요?" 안부를 묻자, 타인이 더 이상 타인만은 아니게 되었습니다. 형식적인 인사가 아니라, 진심 어린 안부를 물어오는 인사는 존재를 연결시키고 관계를 낳습니다. 안부를 묻는다는 건 그 사람의 인생, 그 사람이 사회 속에서 차지하고 있는 위치에 대한 관심을 표현하는 일이니까요. 인권교육도 우리가 서로 연결되어 있음을 발견하고, '나의 인권'뿐 아니라 '타인의 인권'에도 안부를 물을 수 있는 관계를 꿈꿉니다. 연대의 폭을 넓히기 위해서는 우리가 어떻게 연결되어 있는지, 그리고 무엇이 연대를 가로막고 있는지를 살필 수 있는 질문이 필요합니다. '나만 아니면 된다', '나랑 상관없는 일이다'라는 생각들을 전환시키려면 어떤 질문이 필요할까?

"여러분이 경찰이고 동물학대 신고가 접수된다면 무엇을 조사하시겠습니까?" 이런 질문을 던지면 대개 동물학대를 증명할 증거나 증인을 조사하겠다는 답변이 나옵니다. "만약 그 집에 여성이나 어린아이가 있다면 그들의 학대 여부도 조사할 필요가 있을까요?" 이 질문을 만나면 사람들은 '동물처럼' 취급당하고 '약자성'을 이유로 폭력의 표적이 되는 이들의 존재에도 안부를 묻게 됩니다. "계집애 같은 놈'이라는 모욕과 괴롭힘을 가할 때, 피해 남성뿐 아니라 누가 또 공격당하고 있는 것일까요?" 이 질문을 시작으로 동성애자 혐오와 여성혐오의 연결 고리를, 나아가 '남성다움'의 기준을 충족시키지 못한다는 이유로 공격당하는 수많은 남성 존재들을 발견할 수 있게 됩니다. "일본군 '위안부' 피해자들이 나비기금을 통해 콩고, 우간다, 베트남의 전시戰時 성폭력 피해 여성들을 지원하고 연대하는 활동에 나서는 이유는 무엇일까요?" 나비기금의 사례처럼 이미 연결점을 찾아내 안부를 묻는 관계를 확장시킨 사례들이 다행히도 많습니다. 이런 연대를 시작한 사람들의 마음으로 무엇이 연결을 도왔는지를 질문해 본다면 참여자들도 자기가 딛고 선 위치에서 누구와 연결될지를 발견할지도 모릅니다.

질문 받는 이들에게 정당한 위치를 돌려주는 질문들

리베카 솔닛의 《여자들은 자꾸 같은 질문을 받는다》라는 책에는 한 인터뷰 경험이 소개되어 있습니다. 그가 펴낸 정치 관련 책에 대해 이야기하는 무대였는데, 인터뷰를 맡은 남자가 "왜 아이를 낳지 않았느냐"고 물었습니다. 그 인터뷰는 결국 솔닛이 '실제로 낳은 책들'을 논하는 대신 엉뚱하게도 솔닛이 '아이를 낳지 않은 이유'를 캐묻다가 끝이 났다고 합니다. 이 경험에 대해 솔닛은 "그 질문은 여자라면 반드시 아이를 가져야 하고 따라서 여자의 생식 활동은 자연히 공적 문제라는 가정을 깔고 있었기 때문이다. 그보다 더 근본적인 문제로, 그 질문은 여자에게 적합한 삶의 방식은 하나뿐이라고 가정했다"라고 비판합니다. 마찬가지로 성소수자는 언제나 자신의 정체성에 대한 날카로운 질문들에 시달리는 반면, 이성애자는 '왜 이성애자가 되었느냐', '언제부터 이성에게 이끌렸는가'와 같은 질문을 아예 받지 않습니다. 다른 연령대의 사람들은 받지 않는 '왜 굳이 일을 하려고 하느냐'는 질문을 청소년이나 노인들은 받습니다. 질문의 방향이 질문을 받는 이의 위치를 설정하는 셈입니다.

인권교육에서 어떤 질문을 사용하느냐에 따라 질문을 받는 사람의 위치가 달라질 수 있습니다. 질문의 방향에 따라 질문받는 사람이 문제화되기도 하고, 반대로 사회가 한 번도 부여하지 않은 새로운 위치에 서기도 합니다. 집을 나와 생활하는 청소년('가출 청소년'이란 개념은 위기 상황에 놓인 청소년을 범죄시하는 개념이라 '가정 밖 청소년' 또는 '탈가정 청소년'으로 바꾸어 부르자는 제안이 나오고 있습니다)과 함께한 인권교육에서였습니다. 이들이 집을 나오게 되기까지의 서사를 듣고 싶었는데 어떻게 질문을 던지면 좋을지 고민이 되었습니다. "왜 집을 나오게 됐냐"라는 질문은 자칫 비난과 추궁의 언어로 들리기 쉽습니다. 당신이 내 인생에 대해 궁금해할 자격도 없는데 왜 그런 질문을 던지느냐는 저항감을 불러일으키기도 쉽습니다. 무엇보다 '집을 나

2 리베카 솔닛, 김명남 옮김(2017), 《여자들은 자꾸 같은 질문을 받는다》, 창비, 15~18쪽.

와 있다'는 사실 자체가 문제의 중심에 놓이는 질문은 피하고 싶었습니다. 누구나 '살고 싶은 집에서 살 권리'가 있고, 그것을 뒷받침하지 못하는 현실이 '가출 청소년 문제'를 만들어 내고 있으니까요. 고민하다 이렇게 질문을 바꿨습니다. "좋은 부모가 되고 싶은 어른들에게 해 주고 싶은 조언이 있다면?" 단 5분 만에 우수수 대답이 터져 나왔습니다. "결혼할 때 신중해라." "자식을 통해 자기가 못다 이룬 꿈을 대신 이루려고 하지 마라." "가족이 되려면 시간이 필요하다. 만날 시간도 없는데 가족은 무슨 가족이냐?" "옛날 얘기 자꾸 꺼내지 마라." 그들을 '부모 문제 전문가'로 대접하자 낙인에 대한 염려 없이 가족 이야기를 솔직히 털어놓기 시작했습니다.

사회적 약자나 소수자들은 자기의 이야기가 공적인 공간에서 귀하게 대접받은 경험이 거의 없습니다. 목소리를 내어 보았지만 묵살된 경험도 누적되어 있습니다. '이런 이야기를 해도 될까?' '내가 이걸 말해도 되는 사람일까?'라는 망설임에서 벗어나도록 하려면, 질문받는 사람을 어떤 위치에 세우는 게 적합할지 고민이 필요합니다. 학생들을 '학교생활 전문가'로 대접하며 학교가 어떻게 바뀌어야 하는지를 질문하고, 알바 노동자를 '노동 환경 전문가'로 대접하며 패스트푸드점의 작업 공간이 어떻게 바뀌어야 하는지를 질문하고, 어린이들을 '놀이 전문가'로 대접하며 놀이터가 어떻게 바뀌어야 하는지를 질문하는 일은 그들에게 정당한 사회적 위치를 되돌려 주는 일이기도 합니다.

질문하는 권력을 경계하자

2018년, 안희정 충남도지사가 재직 시절 자신의 지위를 활용해 정무비서였던 김지은 씨에게 성폭력을 가한 사실이 알려졌습니다. 그런데 1심 재판부는 안희정 전(前) 도지사에게 무죄를 선고했습니다. '위력은 있었지만 행사하지는 않았다', '원치 않는 신체 접촉은 있었지만 성폭력은 아니다'라는 괴이한 재판부의 판단에 피해자는 물론 많은 시민들이 분노했습니다. 재판 직후 "여성에게 국가는 없다"는 이름으로 열린 항의 집회에서 발표된 김지은 씨의 입장문에는 아래와 같은 사법부를 향한 항변이 담겨 있었습니다.

김지은 씨 입장문 전문

세 분의 판사님.

제 목소리 들으셨습니까?

당신들이 물은 질문에 답한 제 답변 들으셨습니까?

검찰이 재차, 3차 검증하고 확인한 증거들 읽어 보셨습니까?

듣지 않고, 확인하지 않으실 거면서 제게 왜 물으셨습니까?

세 분의 판사님.

안희정에게 물으셨습니까?

왜 김지은에게 미안하다 말하며 그렇게 여러 차례 농락하였느냐 물으셨습니까?

왜 페이스북에 합의에 의한 관계가 아니었다고 썼느냐 물으셨습니까?

왜 검찰 출두 직후 자신의 휴대폰을 파기했느냐 물으셨습니까?

왜 가해자에게는 묻지 않으셨나요?

가해자의 증인들이 하는 말과 그들이 낸 증거는 왜 다 들으면서, 왜 저의 이야기나 어렵게 진실을 말한 사람들의 목소리는 듣지 않으셨나요?

왜 제게는 물으시고, 가해자에게는 묻지 않으십니까?

왜 제 답변은 듣지 않으시고, 답하지 않은 가해자의 말은 귀담아 들으십니까?

김지은 씨의 입장문은 성폭력을 다루는 사법부의 관점을 비판적으로 돌아보게 만들지만, 동시에 '질문하는 권력'에 대해서도 숙고하게끔 합니다. '누가 질문할 수 있는가? 듣지 않을 거면서 왜 질문하는가? 누구에게만 질문이 던져지는가? 누가 어떤 식의 질문을 던지는가?' 인권교육가들도 자신을 돌아보게 만드는 질문입니다. 나는 참여자에게 질문을 던지고서 제대로 듣고 있는가? 나는 어떤 식의 질문을 던지는가? 나의 질문도 혹여 차별의 언어에 기대어 있지는 않은가? 질문이라는 형식을 통해 참여자를 비난하거나 권력을 휘두르고 있지는 않은가?

인권교육가들에게 이 질문을 던져 보면 많은 고백들이 쏟아져 나옵니다. 같은 말이라도 상황과 맥락에 따라 그 의미와 에너지가 달라질 수 있음은 물론입니다.

> "질문을 던져 놓고도 답을 궁리하는 동안에 일어나는 잠시의 침묵을 참지 못하고 제가 그냥 바로 말을 해 버리는 경우가 많았던 것 같아요."
> (참여자의 숨겨진 생각 : '강사님~ 듣지도 않을 거면 왜 질문하셨나요? ㅠㅠ')

> "인권교육가라고 해도 해묵은 의제들은 더 이상 토론을 하고 싶지 않은 경우도 있잖아요. 이를테면 '체벌이 필요하다/아니다' 논쟁이 지겨워서 '체벌은 폭력이다'를 기정사실화하고 싶어지고. 그래서 '여러분 중엔 아직도 체벌이 필요할 때도 있다, 이런 생각 가지신 분 없으시죠?' 이렇게 말해 버릴 때가 있어요. 어떤 순간엔 필요한 접근인데, 또 어떨 때는 사유를 돕는 게 아니라 '종결'시켜 버리는 것 같아 부끄럽기도 해요. 인권교육이 매뉴얼 교육은 아닌데……."

(참여자의 숨겨진 생각 : '나는 여전히 고민이 되는데 물어볼 수도 없고. 나, 뒤떨어진 사람이야?')

"제가 과제를 안내하거나 관련 정보를 소개하고 나선 입버릇처럼 이렇게 말하고 있더라고요. '아시겠어요?' '제 말 이해 못 한 분 없으시죠?' 제가 설명을 충분히 못 했을 수도 있는데 이해하고 못 하고가 참여자의 책임인 양 만드는 말이라는 생각이 어느 날부터 들었어요. 다른 분이 교육하는 걸 봤는데 '제 설명이 충분했나요?' '더 궁금한 게 있으신 분?'이라고 질문을 하더라고요. 저도 그게 더 좋다고 생각은 들었는데 버릇이 돼서 그런지 잘 안 고쳐지더라고요."
(참여자의 숨겨진 생각 : '무슨 얘긴지 잘 못 알아들었는데······. 질문하면 안 되는 건가?')

"참여자들끼리 토론이 붙었는데, 어떤 사람이 차별적인 이야기를 꺼낸 거예요. 그 이야기의 대상이 되는 당사자가 현장에 있었는데 가만히 계시더라고요. 그래서 제가 그랬죠. '지금 차별당하신 거예요. 근데 왜 참으세요?' 차별을 민감하게 알아차리고 대응하는 것이 중요하다는 이야기를 전하고 싶었고 참여자들 사이에 힘의 균형을 만들고 싶어서 그분에게 말할 기회를 드리려고 했던 건데, 그렇게 이야기하고 나니까 마치 야단친 것 같아 '아차!' 싶었어요. 차별받는 위치에 놓인다는 것 자체가 힘을 빼앗기도 하고 인정하기 힘든 일이기는 한데······."
(참여자의 숨겨진 생각 1 : '앗, 그게 차별이었던 거야? 나 바보처럼 당한 거야?'
참여자의 숨겨진 생각 2 : '내가 참고 있는 건지, 생각을 정리하고 있는 건지 강사가 왜 함부로 판단하지? 내가 그 이야기의 대상이라는 것도

밝히고 싶진 않았는데…….')

"저한테 어떤 고정 관념 같은 게 있었던 것 같아요. 저희 때도 그랬지만 요즘의 학교는 더 지옥 같다고 생각했거든요. 그래서 학생들한테 '학교 재미없죠?'라고 질문했는데, '아뇨 재밌어요'라는 답변이 나오는 거예요. 그 순간 '에이, 설마 그럴 리가 있겠어요?'라는 말이 툭 튀어나오는 거예요. 돌이켜 보니 그 삭막한 학교 안에서도 학생들이 재미를 찾아내면서 살아 내고 있었던 건데, 저는 학교의 문제점만 주로 고민하다 보니까 그런 반응이 나왔던 것 같아요. 재미를 느끼는 순간과 짜증 나는 순간을 모두 질문할 수도 있었는데 말이에요."
(참여자의 숨겨진 생각 : '재미를 느끼면 이상한 건가? 우리에 대해 잘 모르면서 왜 저렇게 말하지?')

대화를 멈추고 싶은 순간들

인권교육에서 질문이 차지하는 역할은 이토록 중요하지만, 때로 참여자와의 대화를 멈추고 싶은 순간들도 찾아옵니다. 참여자들이 교육 현장에서 던지는 질문이나 이야기 중에는 단지 인권의 가치나 교육가를 비난하거나 자기 이익을 고수하려는 에너지만 느껴지는 순간도 있습니다. '내가 당신 같은 (젊은) 여자한테 배워야 해?'라는 마음이 바탕에 깔린 반응들, "현장에 대해 쥐뿔도 모르는 강사네, 그럼 당신이 와서 해 보든지"처럼 교육 내용에 대한 반감을 드러내는 말들, "이렇게 강제로 교육 듣게 하는 것부터가 인권 침해 아니냐"면서 의무적인 교육 자체를 거부하는 말들, "어디까지가 인권이야? 싸가지 없는 애들, 동성애자들, 직원 때리는 장애인들 봐주는 게 인권이야?"처럼 혼란과 반감이 뒤섞인 말들이 쏟아질 때 그 앞에서 평정심을 유지하면서 질문과 대화를 이어 가기란 쉽지 않습니다. "그런 말이 바로 인권 침해예요", "당신 같은 사람들 때문에 인권교육이 필요한 겁니다"라는 말 한마디로 상황을 종료시켜 버리고 싶어지기도 합니다. 참여자와의 기싸움에서 이기지 않으면 교육을 이어 나가기 어렵겠다 싶어질 때도 있죠. 단어 하나를 꼬투리 삼아 교육을 방해하기 위한 질문이 계속 쏟아질 때는 더더욱 그렇습니다. 질문과 대화를 이어 갈지, 아니면 '마이크를 쥔 권력'을 이용해서라도 특정 참여자의 문제적 발언을 중단시켜야 할지에 대한 판단은 인권교육가에게 달려 있습니다. 특히나 해당 발언이 소수자에 대한 차별을 선동하거나 편견이나 증오를 조장하는 말일 때는 단호한 입장 표현이 필요하기도 합니다. 교육이 끝난 뒤 '그 순간 대화를 종결하기를 잘했다' 싶을 때도 있고 '좀 다르게 대응할 수는 없었을까' 후회가 밀려올 때도 있습니다. 그럴 때는 이런 질문을 스스로 던져 보면 좋을 것 같습니다. '나는 무엇을 위해 질문과 대화를 멈추었는가? 멈추는 방법밖에 없었나, 아니면 가장 쉬운 방식을 선택한 것인가? 질문과 대화를 멈춤으로써 어떤 효과가 발생했는가?'

'질문'을 질문하자

지금 인권교육에서 여러분이 나누는 이야기들은 새로운 질문을 만나고 고민을 이어 나가면서 엮어 온 이야기일 겁니다. 어떤 교육이 좋은 교육인지에 대한 대답은 하나가 아니지만, 좋은 질문을 품고 있는 교육이 좋은 교육의 하나임에는 틀림없습니다. 무엇이 좋은 질문인가에 대한 대답 역시 하나가 아닙니다. 교육의 주제와 맥락에 따라, 참여자가 어떤 상황에 처해 있느냐에 따라, 교육의 흐름이 어떻게 전개되고 있느냐에 따라 질문의 내용과 방향도 달라질 수밖에 없습니다. 울림이 있는 교육, 이끌림이 있는 교육, 참여자를 대화에 초대하는 교육을 위해 인권교육가는 질문이 필요한 순간, 그 순간에 필요한 질문을 찾아 길을 나서야 합니다.

　질문을 품은 교육. 누군가에겐 다소 머나먼 길처럼 느껴질 수도 있을 겁니다. 처음부터 가능했던 사람도, 혼자서 가능했던 사람도 없습니다. 참여자와의 대화에 호기심을 갖다 보면, 세상의 질서를 바꾸려는 사람들의 현장에 관심을 갖다 보면, 동료들과 함께 질문하기를 계속 질문하다 보면, 그 길이 조금은 더 선명해질 수 있습니다. 작은 질문을 시작해 보는 것으로부터 질문이 빚어내는 세계에 발을 들여놓을 수 있습니다.

왜 '질문'을 질문하는가?

서사가
살아 있는
교육이란
무엇인가?

인권교육과 서사적
상상력

"교육 경험이 많지 않다 보니까 관련 사건이나 정보만 쭉 나열하는 식으로 교육을 진행하게 되더라고요. 그러다 보니 참여자들의 집중을 만들어 내기도 쉽지 않고. 내가 나누고 싶었던 이야기가 잘 전달되었는지도 모르겠고."

"어떤 한 사건만 가지고도 몇 시간 동안 교육을 할 수가 있잖아요. 그게 세월호 같은 큰 사건이든, 아니면 평범한 한 사람의 하루에 생긴 일이든. 저도 스토리텔링이나 문학에 관심이 많은 편이라……. 그걸 교육과 결합해 보고 싶은데 방안이 잘 떠오르지 않아요."

"최근에 나온 구술 기록집 몇 권을 보니까 인권운동이나 인권교육 활동 하시는 분들이 꽤 많이 참여를 하셨더라고요. 당사자들의 인터뷰를 기반으로 나온 책들도 꽤 있고요. 인권교육 하는 분들이 인터뷰나 구술 기록에 관심을 갖는 게 왠지 자연스럽게 느껴졌는데……. 그 이유가 말로는 잘 정리되지 않네요."

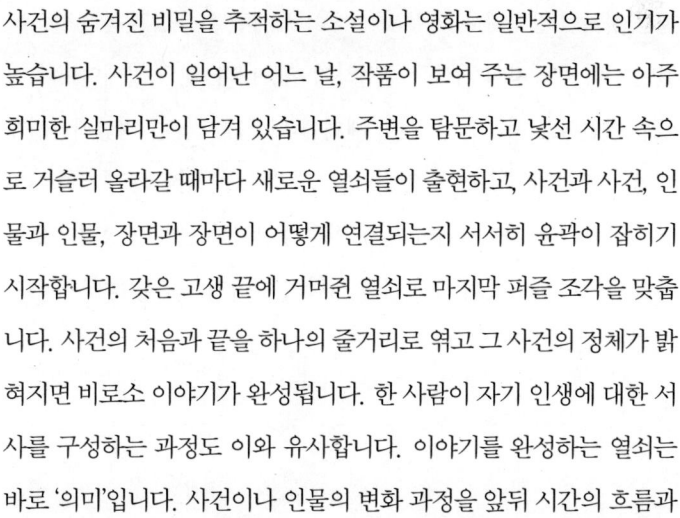

사건의 숨겨진 비밀을 추적하는 소설이나 영화는 일반적으로 인기가 높습니다. 사건이 일어난 어느 날, 작품이 보여 주는 장면에는 아주 희미한 실마리만이 담겨 있습니다. 주변을 탐문하고 낯선 시간 속으로 거슬러 올라갈 때마다 새로운 열쇠들이 출현하고, 사건과 사건, 인물과 인물, 장면과 장면이 어떻게 연결되는지 서서히 윤곽이 잡히기 시작합니다. 갖은 고생 끝에 거머쥔 열쇠로 마지막 퍼즐 조각을 맞춥니다. 사건의 처음과 끝을 하나의 줄거리로 엮고 그 사건의 정체가 밝혀지면 비로소 이야기가 완성됩니다. 한 사람이 자기 인생에 대한 서사를 구성하는 과정도 이와 유사합니다. 이야기를 완성하는 열쇠는 바로 '의미'입니다. 사건이나 인물의 변화 과정을 앞뒤 시간의 흐름과 현재적 의미로 꿰어 낸 이야기가 바로 '서사'입니다.

사람들이 서사에 관심을 갖고 끌리는 이유는 사람이 본디 서사적 존재이기 때문일지도 모릅니다. 사람은 각자의 고유한 이야기를 품고 있는 존재입니다. 기억 상실증에 걸린 환자가 그토록 과거의 기억을 찾아 헤매는 이유도 자기가 누구이고 어떻게 살아왔는지를 설명할 '서사'가 정체성을 이루는 핵심이기 때문일 겁니다. 물론 경험과 기억들이 단편으로 흩어져 있을 뿐 아직 하나의 이야기로 엮어 내지 못한 사람들도 있습니다. 서사를 구성한다는 것은 여러 사회적 조건들과 영향을 주고받을 수밖에 없습니다. 이야기를 구성할 시간이 없으면 기억은 사라지거나 흩어지게 마련입니다. 내 이야기를 궁금해하고 들어 줄 사람이 없으면 이야기의 구성 자체에 힘이 붙기 힘듭니다. 아직 자기의 경험을 설명할 언어를 만나지 못했거나 여러 의미망의 충돌 속에 생각이 뒤죽박죽일 때도 이야기는 구성되기 힘들지요. '젠더 폭력'이라는 언어를 만나고 나서야 그저 흘려보내거나 희미해져 있던 폭력의 경험들이 재조명되고 내 경험에 이름 붙이기가 가능해지는 것처럼 말입니다. 질문과 선택이 삭제된 삶을 오랫동안 살아야 했던 사람들도 자기 서사를 구성하기 힘듭니다. 발달 장애인이나 정신 장애인의 서사는 그의 언어 세계에 익숙하지 못한 비장애인에게는 제대로 들리지 않을 수 있습니다. 그럼에도 사람들은 대개 이야기에 이끌립니다. 자기가 누구인지, 어떻게 살아왔는지, 그 경험이 무엇인지 이야기하고 싶어 하고 다른 사람의 이야기에 귀를 쫑긋 세우기도 하는 걸 보면 말입니다.

인권교육은 왜 서사에 주목하는가

인권교육이 특별히 서사에 주목하는 이유는 세 가지입니다. 첫 번째는 인권교육도 하나의 서사(여야 한다)라는 점에 있습니다. 교육의 도입과 전개, 마무리는 하나의 주제로 꿰어진 이야기의 흐름을 가집니다. 그런 의미에서 인권교육 역시 기승전결이 있는, 한 편의 서사 구조를 가진 이야기라고 볼 수 있습니다. 인권교육은 '이야기들의 이야기'이기도 합니다. 인권교육에서는 대개 문제적 현실과 그로 인해 고통받는 사람들의 이야기를 다룹니다. 한 번의 교육에서도 여러 사건이나 인물의 이야기, 주목해야 할 장면들이 사례로 열거되기도 하죠. 각각의 이야기들이 가진 의미의 초점은 물론 다르겠지만(다르지 않다면 반복할 이유가 없습니다) 그 이야기들은 좀 더 큰 의미, 곧 교육의 주제에 따라 일련의 흐름을 갖고 배치되어야 합니다. 얼마 전 개봉한 영화 이야기를 하고 싶은데 아직 보지 못한 친구가 어떤 영화냐고, 무슨 얘기냐고 물어 옵니다. "응, 한마디로 말하면 ~에 관한 이야기인데……." 대개는 이렇게 답을 하고 나서 다음 말을 이어 갑니다. 마찬가지로 인권교육도 참여자에게 하나의 이야기로 다가가야 합니다. "응, 한마디로 말하면 폭력은 차별을 타고 흐르는 거래." "응, 내가 지금껏 어린이들을 인간으로 보지 않았던 거더라고." 단편적인 이야기의 조각이나 정보를 나열한다고 해서 이야기가 완성되지는 않습니다. 서사를 고려하지 않은 교육은 정신없는 정보나 지식, 사건의 나열에 그쳐 의미 있는 하나의 이야기로 완성되기 어렵습니다. 이야기의 짜임새가 있어야 몰입과 공감의 가능성이 높아집니다.

특히 인권교육가는 인권이라는 언어로 삶과 세상을 보는 다른 서사를 만들고 교육을 통해 그 이야기를 나누는 사람입니다. 인권교육가가 '몸소 겪으며 엮은 이야기'는 인터넷이나 기사를 통해 '간접적으로 전해 들은 이야기'와는 전혀 다른 밀도와 울림을 만들어 냅니다. 시설에서의 장애인의 삶을 직접 경험하거나 목격했거나 장애인과 깊은 대화를 경험해 본 인권교육가가 전하는 탈시설 이야기는 탈시설을 글로 공부한 사람의 이야기보다 더 깊은 자장磁場을 만들어 내기 마련입니다. 인권교육가가 자기 삶에서 겪은 폭력의 가해·피해 경험을 인권의 언어로 재구성하여 전하는 이야기는 폭력이 인간의 삶에 미치는 깊은 상흔을 마주하도록 돕습니다. 부당 징계나 학교폭력 경험을 지닌 청소년과 함께 문제 해결을 위해 고군분투해 본 사람이라면 학교의 생리가 어떠한지, 사태가 어떻게 흘러가는지, 당사자의 고통이 어떠한지 더 입체적으로 전달할 수 있을 겁니다. 회사 생활에 환멸을 느껴 퇴사한 경험을 가졌거나 그런 경험을 가진 사람들의 이야기를 깊이 들어 본 인권교육가는 인간이 한낱 '대체 가능한 자원'으로 취급당한다는 것이 어떤 것인지를 설득력 있게 전할 수 있겠지요. 이처럼 자기 삶과 인권 현장 속에서 구축한 인권교육가의 자기 서사가, 다른 빛깔과 힘을 가진 교육을 피워 내는 뿌리와 줄기가 됩니다. 장애인, 청소년, 성소수자와 같은 당사자들이 직접 인권교육을 하는 모습을 지켜보면 당사자만이 할 수 있는 이야기가 따로 있고 몰입을 만들어 내는 힘을 갖는다는 생각이 들곤 하는 이유입니다.

이는 파란만장한 삶을 살아 낸 사람이나 강렬한 사건을 경험한 사람, 혹은 소수자만이 서사가 있는 인권교육을 할 수 있다는 의미는 아닙니다. 누구에게나 일상과 살아온 역사가 있고, 바로 그 평범한 일상과 삶의 역사에도 인권 이야기가 숨어 있습니다. 어릴 적 학교에서 겪은 체벌의 기억을 통해 폭력 이야기를 나눌 수 있고, 명절 때 일어나는 갖가지 비교들로 인해 상처 입은 경험을 통해 차별 이야기를 나눌 수도 있습니다. '노키즈존$^{\text{No Kids Zone}}$'이라며 아이와 함께 상업 시설 이용을 거부당한 경험이 있다면, 그를 통해 어린이와 엄마의 인권 이야기를 나눌 수도 있겠지요. 다른 사람의 인생과 그 인생이 전하는 서사에 관심을 기울이고 공감할 줄 아는 인권교육가라면, 신문 한 귀퉁이 부고란을 통해 인권 이야기를 나눌 수도 있을 것입니다. 〈한국일보〉 최윤필 기자가 연재 기획물 '가만한 당신'을 통해 외신 부고란에 실린 존재들의 생의 이야기를 전하는 것처럼 말이지요.

인권교육이 서사에 주목하는 두 번째 이유는 인권교육의 목표가 참여자의 '자기 서사력'을 높이는 데 있기 때문입니다. 인권교육이 소수자 또는 사회적 약자의 권한 강화를 목표로 한다고 했을 때, 그 핵심적인 역량 가운데 하나가 '서사를 구성하는 힘'입니다. 인권교육은 참여자가 인권의 언어로 자기 서사를 구성하는 '저자'가 되기를, 주어진 통념의 틀 안에 갇혀 특정 서사만 반복하지 않기를 바랍니다. 과거와 현재를 잇는 서사가 달라져야 지금까지와는 다른 미래의 설계도 가능해지는 법이니까요.

경험을 회상할 때 사람들은 단순히 과거의 사실을 복기하는 것이 아니라 여러 요소와 장면들 사이의 관계를 '의미'로 꿰어 이야기합니다. 이때 사람들은 자기가 속한 공동체의 통념이나 문화적 레퍼토리(관습적 이야기)와 상호 작용을 하면서 서사를 구성하기 마련입니다. 특정 서사에 갇혀 있는 사람은 그 서사에 맞는 정보만을 기억하고 그것과 충돌하거나 혼란을 일으키는 기억은 버림으로써 동일한 서사를 반복 재생합니다. '나한테 맞은 학생들이 졸업하고 나서는 꼭 고맙다고 찾아왔다'는 서사에 갇혀 있는 교사들은 그 학생의 변화를 도운 다양한 요인들과 사건들은 삭제한 채 또는 알지 못한 채 '사랑의 매'만 기억합니다. '요즘은 여자들(혹은 장애인, 청소년 등)이 얼마나 살기

편해졌어?'라는 서사에 갇혀 있는 사람에겐 자기나 타인의 '현재적 고통'이 제대로 입력되지 않습니다. 피해자가 자기를 오히려 비난하도록 강요하는 사회적 통념은 또 어떤가요? '내가 하필 그 시간에, 그 장소에서, 그렇게 행동해서 폭력을 당했다'는 서사는 끊임없이 폭력 피해자를 괴롭힙니다. '엄마가 아빠가 싫어하는 행동을 하지 않았더라면, 고분고분 잘못했다고 말했더라면 오늘 밤과 같은 지옥은 되풀이되지 않았을 텐데……'와 같은 피해자 비난 서사를 의심할 기회를 갖지 못한 자녀는 엄마나 자기에겐 폭력을 중단시킬 별다른 열쇠가 없었다는 점을 발견하기 힘듭니다.

여기서 인권교육의 역할이 중요합니다. 인권교육은 통념에 의해 왜곡된 서사를 인권의 관점에 기초한 '새로운 서사'로 재구성하는 전환의 계기를 열고자 합니다. 다른 '언어' 또는 '인권의 관점'을 만남으로써 현재의 자기 서사가 수많은 갈림길 앞에서 특정한 선택을 한 결과임을 인식하도록 하는 것입니다. 다른 이야기가 구성되려면 기존의 자기 서사와의 거리 확보가 이루어져야 합니다. 다른 언어 또는 다른 의미망을 만나게 되면 지금껏 흘려보냈던 기억들에 다시 조명을 비추게 됩니다. 다시 소환된 기억들은 새로운 이름 혹은 의미망과 결합하면서 다른 서사로 연결됩니다. '현재의 나'가 만들어 낸 새로운 서사가 기존의 자기 서사와 비교해 더 매력적이고 힘이 된다고 생각되면 그 서사는 반복적인 수행을 거쳐 삶으로 통합됩니다. 이처럼 새로운 언어를 만나 경험의 의미나 삶의 줄거리를 달리 구성할 가능성과 힘을 만나는 시간이 인권교육 시간입니다. 물론 한두 번의 인권교육으로 참여자의 서사가 완성되거나 달라지기는 어렵겠죠. 다만 서사를 구성할 때 참고할 수 있는 인권의 '언어', 타인이 시간을 겪어 내며 만들어 낸 서사를 접하면서 인식을 전환할 '계기'를 인권교육을 통해 만날 수는 있습니다.

　일례로 〈선녀와 나무꾼〉이라는 옛이야기를 볼 때 선녀의 입장에서는 완전히 다른 이야기가 펼쳐진다는 것을 알게 된 참여자는 지금껏 묵혀 두었던, 미심쩍었던 이야기를 꺼내 놓기 시작합니다. '내가 조금만 더 노력했더라면 내가 이런 일을 하고 있지는 않을 텐데'라는 이야기에 갇혀 있던 참여자는 '노력이 부족했다고 생각했는데 기회가 부족했다는 걸 깨달았다'고 말하는 타인의 이야기를 새롭게 접함으로써 자기의 인생을 되돌아보게 됩니다. '내가 잘못 태어난 건 아닐까'라는 질문에 짓눌려 왔던 참여자는 '잘못된 삶이란 없다'는 이야기와 만나 사회가 배치하는 차별적 위치에 의문을 갖게 됩니다. 이렇게 인권교육가는 참여자들이 갖고 있을 수 있는 통념의 서사에서 벗어나 새로운 서사로 전환하게끔 도울 방안을 적극 고민합니다. 그 전환의 과정에서 인권교육 현장에서 만들어지는 '듣기의 공동체' 역시 중요한 역할을 수행합니다. 내 이야기에 귀를 기울여 주고 끄덕여 주는 사람들과 그들이 건네는 '인정'의 경험이 서사의 전환을 돕는 힘이 될 수 있으니까요.

　인권교육이 서사에 주목하는 마지막 이유는 인권교육의 또 다른 목표와 관련이 있습니다. 인권교육은 타인에 대한 공감대와 연대의 확장을 목표로 합니다. 우리가 타인의 고통에 공감하고 타인의 존재와 연결되기 위해 필수적으로 요청되는 것이 바로 '서사적 상상력'입니다. 비통한 자들의 이야기에 공감하기 위해서는 일이 어떻게 전개되어 왔는지, 그 상황 속에 놓인 사람들의 내면세계는 어떠한지를 떠올릴 수 있어야 합니다. 한국 어린이·청소년의 주관적 행복 지수가 OECD 꼴찌를 연속 기록하고 있다는 통계는 꽤 알려져 있습니다. 그러나 그 통계나 숫자만으로 어린이·청소년의 삶을 충분히 상상하기는 어렵습니다. 어린이·청소년 행복 지수에 관한 토론회에서 중2 청소년이 이런 이야기를 전했습니다. "우리들에게 벚꽃의 꽃말은 '중간고사'입니다. 성적을 높이기 위해서 성적과 가장 거리가 멀다고 생각하는 것들을 먼저 삶에서 지워야 합니다. 거기에 행복이 있을지 모르는데 말입니다." 이와 같은 이야기는 듣는 이로 하여금 상황을 더 생생하게 그릴 수 있도록 하고 그들의 고통에 좀 더 깊이 공감하도록 만듭니다. "가난해도 행복했는데 네가 떠나니 가난만 남았구나." 세월호 유가족의 이 말 한마디가 세월호의 참상과 남겨진 유가족들의 고통을 깊이 헤아리게 만듭니다. 인권교육에서 서사를 어떻게 다룰 것인가, 서사적 상상력을 높이기 위해서는 어떤 과정이 필요한가가 질문되어야 이유입니다.

　　린 헌트는 《인권의 발명》에서 근대에 이르러 발명된 인권의 언어가 대중적으로 받아들여지는 데 결정적인 역할을 한 것으로 소설을 지목합니다. 타인의 이야기에 감정 이입하는 '공감의 발명'이 소설을 통해 가능해졌고, 공감을 통해 그와 같은 고통이 지속되어서는 안 된다는 공통의 감각을 낳았으며, 그런 공통의 감각이 인권을 당연한 것으로 받아들이게 만들었다는 것입니다. 한마디로 '공감의 발명'이 없었더라면 '인권의 발명'이 불가능했다는 것이 린 헌트의 주장입니다. 마사 누스바움 역시 《시적 정의 - 문학적 상상력과 공적인 삶》에서 문학적 상상력의 중요성을 강조합니다. 누스바움은 소설과 같은 서사적 장르가 지닌 특성으로 "인간의 개별성에 대한 존중과 질적인 것으로부터 양적인 것으로의 환원 불가능성에 대한 인정, 세계에서 개인에게 일어나는 일들은 모두 매우 중요하다는 인식, 그리고 삶에서 일어나는 사건들을 마치 개미나 기계 부품의 움직임이나 동작같이 객관적인 외부의 관점에서 보는 것이 아니라, 인간 존재가 자신의 삶에 다층적인 의미를 부여하듯 삶 속에서 우러나오는 시선으로 바라보는 묘사[1]를 꼽습니다. 특히 소설은 나와 동떨어진 삶을 살고 있다고 여겨지는 인간 존재를 눈앞에 데려와 그의 상황과 내면 세계의 풍부함을 탁월하게 보여 주며, 구체적 맥락을 통해 삶의 의미를 구현해 냄으로써 감정 이입을 가능케 한다고 주장합니다. 한 편의 소설을 완독하기에 필요한 시간보다 더 짧은 시간 동안 이루어지는 인권교육일지라도 서사의 활용은 공감의 확장을 위해 적극 고려됨직합니다.

주제가 같은 교육이라고 해도 참여자가 갖고 있는 배경 지식이나 사회적 위치, 그들이 기대어 온 서사 또는 지키고 싶은 서사가 각각 다를 수 있습니다. 참여자의 방어 기제에 막히지 않고 공감대를 만들려면 '위치 이동'을 만드는 작업이 선행되어야 할 때가 있습니다. 예를 들어 성폭력을 주제로 한 부모 교육에서 전하고자 하는 결론이 같다 해도 참여자가 '아들을 둔 엄마'일 때와 '딸을 둔 엄마'일 때, '아들을 둔 아빠'일 때와 '딸을 둔 아빠'일 때는 각각 다른 접근이 필요합니다. 각 집단이 가진 불안의 내용과 사회적 위치가 다르기 때문입니다. 여교사를 상대로 일어난 남학생의 성폭력 사건이 있었다고 가정해 봅시다. 아들이 성폭력 가해자가 되는 일을 막아야겠다는 생각에만 사로잡힌 엄마라면 성폭력이라는 판단을 거부하거나 사건을 축소시키려고 애쓸 겁니다. "교사가 되어서 학생 인생 망칠 일 있냐"면서 피해자인 여교사를 책망하거나 선처를 호소할 수도 있습니다. 반면 '아들의 보호자'에서 '여성'과 '시민'으로 위치를 이동하는 연습을 해 본 엄마라면 실제 사건이 일어났을 때 '아들의 가해 가능성'을 인정하는 선택이 가능해집니다. 교육을 통해 성폭력 피해자의 서사, 아들의 가해 가능성을 수용한 부모의 서사, 성평등에 관심을 갖고 활동하는 남성 또는 남학생의 서사

1 마사 누스바움, 박용준 옮김(2013), 《시적 정의 - 문학적 상상력과 공적인 삶》, 궁리, 83쪽.

를 만나 보는 경험이 공감의 확장을 돕고 다른 선택의 가능성을 높이기 때문입니다.

서사를 활용한 교육, 어떻게 할 것인가

인권교육에서 서사는 교육의 주제와 맥락, 참여자의 위치에 따라 다양한 방식으로 활용될 수 있습니다.

서사력 있는 이야기 전달

인권교육에서 가장 일반적으로 서사를 활용하는 방식은 인권교육가 자신이 직간접적으로 겪거나 들은 이야기를 서사력 있게 전달하는 것입니다. 서사력 있는 전달이란 특정 장면 속 인물의 상황과 정서, 앞뒤 맥락과 사건의 흐름을 연극이나 드라마의 장면처럼 눈앞에 그릴 수 있도록 묘사하는 것입니다. 서사력 있는 전달은 교육장에서 인권의 현장을 현실감 있게 구현해 내는 효과를 낳습니다. 서사의 내용은 자기 경험의 고백일 수도 있고 어떤 사건이나 인물의 인생을 목격한 증언일 수도 있습니다. 일례로 발달 장애인 자녀를 둔 부모이기도 한 인권교육가가 인생을 통해 마주한 여러 가지 걱정과 우여곡절에도 불구하고 자녀의 '자기 결정권'을 포기하지 않으려는 이유를 몇 가지 장면을 들어 전할 때, 그 교육은 참여자들에게 깊은 여운을 남길 겁니다.

서사력 있게 이야기를 전하는 것과 그럴듯하게 이야기를 꾸미는 것은 물론 다릅니다. 특히 다른 사람의 이야기나 기사 등을 통해 간접적으로 알게 된 이야기를 전할 때는 인권교육가의 '편집 가능성'에 대한 주의가 필요합니다. 직접 경험한 것을 이야기하는 것인지, 어떤 이야기를 전해 들은 자로서 이야기하는 것인지, 말하는 자의 '위치'를 분명히 해야 할 필요도 있습니다. 어떤 사건을 '겪은 나'와 그 이야기를 '전해 들은 나'가 전하는 서사는 말의 온도와 정서부터 다릅니다. 몇 해 전, 한 대학의 학생들이 서울역 지하보도에서 노숙하는 분들을 위해 '꼬치 집'을 설계해 선물한 적이 있다고 합니다. 박스 집은 위가 트여 있어 노숙인들이 지나다니는 사람들의 시선에 그대로 노출됩니다. 사람들의 시선을 신경 쓰지 않고 머물 수 있도록 대학생들은 사방이 막힌 꼬치 모양의 집을 설계한 것이었죠. 그런데 막상 노숙하시는 분들은 그 꼬치 집을 반기지 않았다고 합니다. 밖을 볼 수 없으니 무슨 일이 생길지 몰라 두려움을 느꼈다는 것입니다. 이 이야기를 전해 들었을 때 '두려움'이라는 단어가 무척이나 생경하게 다가왔습니다. 노숙인은 지나다니는 시민을 두렵게 만드는 존재로만 생각했을 뿐, 노숙인도 두려움을 느낄 거라는 건 한 번도 떠올려 본 적이 없다는 걸 깨달았습니다. 이 이야기는 당사자를 고려하지 않은 정책이나 사회복지의 한계를 언급할 때 간혹 활용하곤 했습니다. 이 사례를 교육에서 언급할 때는 '노숙인이 직접 경험한 이야기'로서가 아니라 '한 번도 노숙인도 두려움을 느낄 거라곤 상상하지 못한 사람의 위치에서 노숙인의 경험이 내게 어떤 의미로 다가왔는지에 관한 이야기'로서 전해야 합니다. 그래야 당사자의 경험과 정서를 마치 다 아는 듯이 전하는 오류를 피할 수 있습니다.

서사를 직접 인용하기

이야기책이나 구술 기록의 일부 등을 직접 인용한 활동 프로그램을 설계하는 방식도 있습니다. 옛이야기나 어린이 책, 영화 등 가공된 이야기의 전체나 일부를 인권의 관점에서 재해석하는 활동이 대표적입니다. 이야기가 앞으로 어떻게 전개될지 떠올려 보며 입체적으로 읽는 활동을 할 수도 있고, 지금까지 그 이야기가 해석되어 온 전형적 서사에서 벗어나 새로운 관점에서 거꾸로 읽어 보는 활동을 할 수도 있습니다. 실존했던 역사적 인물의 이야기나 동시대를 살아가고 있는 인물의 구술 기록, 자서전, 증언록 등을 활용하여 그 인물의 인생에서 무슨 일이 일어났고 왜 일어났는지, 그 인물의 인생을 가르는 어떤 선택의 배경은 무엇이었는지를 살펴보는 활동도 가능합니다. 대표적으로 '목소리 박물관' 프로그램이 있습니다. 구술 기록의 일부를 보여 주고, '화자'가 어떤 상황에 처한 누구인지, '화자'의 삶에서 어떤 일이 일어나고 있는지 참여자들로 하여금 짐작하게 하는 프로그램입니다. 입으로 소리를 내어 읽어 보면 화자의 목소리에 더 귀를 기울이게 되고 화자의 감정에 더 깊이 공감할 수 있습니다.

> "그 사건을 겪으니까 세상이 너무 무서운 거예요. 그러다 어느 날 문득 그런 생각이 들었어요. 왜 내가 숨어야 되지? 내가 잘못했나? 아무도 나보고 잘못했다고 안 해요. 내가 생각해도 그 사람들이 잘못한 거야. 그런데 왜 내가 피하지? 그 사람들이 사과하고 피해야 하는 거 아닌가? 맞은 놈은 발 뻗고 못 자고 있는데 때린 놈은 잘 자요. 맞은 놈 입장에서 너무 속상한 거예요. 이게 뭐지? 저놈들이 뭐지? 억울함, 답답함, 그게 너무 힘든 거예요. 그래서 직접 찾아가서 '야, 니가 잘못했잖아, 사과해'라고 말해야겠다고 느낀 거예요. 말하지 않으면 아무도 모르잖아요."

어떤 상황에 처한 누구의 이야기로 들리나요? 이 목소리의 원래 주인은 세월호 참사 생존 학생들과 유가족 형제자매들의 구술 기록을 담은 책, 《다시 봄이 올 거예요》에 인터뷰한 세월호 유가족 형제자매입니다.[2] 그러나 동시에 비슷한 처지에 놓여 있는/놓인 적 있었던 나 또는 타인의 삶이 겹쳐 떠오르게 됩니다. 이 목소리는 성폭력 피해자의 목소리일 수도 있고 학교폭력 피해자의 목소리일 수도 있고 공익 제보로 일터에서 찍혀 쫓겨난 노동자의 목소리일 수도 있습니다. 연결되는 존재들이 떠오르면서 감각은 더욱 확장되고, 목소리가 전하는 고통의 절실함도 더 커집니다. 이처럼 당사자의 목소리는 그 자체로 교육적 효과를 지니지만, 당사자의 목소리에 더 깊이 공감할 수 있는 방식으로 기획된 교육은 연대의 감각을 확장시킵니다. 인권교육가들이 당사자의 목소리를 담은 구술 기록과 같은 자료를 직접 만들거나 활용하는 데 관심이 많은 이유입니다.

서사의 주인공을 교육에 직접 초대하기

교육 현장에 서사의 주인공을 직접 초대하는 방식도 있습니다. 당사자를 이야기 손님으로 초청하여 참여자들과 이야기를 나누는 '생생토크'나 '사람책' 활동 프로그램도 있고, 참여자의 인생 이야기를 교육에 직접 초대하는 시간을 가질 수도 있습니다. 성소수자나 청소년, 장애인처럼 대상화되기 쉬운 위치에 놓인 당사자를 직접 대면하여 살아 있는 서사를 마주하는 과정은 참여자의 통념을 흔드는 의미와의 만남을 만들 수 있습니다. 참여자의 인생 이야기를 안전한 집단 앞에서 목소리로 전하고 동료들로부터 경청과 공감을 얻는 시간 역시 자기 인생의 저자가 되는 힘을 북돋을 수 있습니다.

2 416세월호참사작가기록단 (2016), 《다시 봄이 올 거예요》, 창비, 227쪽.

당신의 이야기가 나에게로 와서

인권교육을 하다 보면 자신이나 타인의 서사를 전하고 참여자의 서사를 전해 들을 소중한 기회들을 얻게 됩니다. 인권교육을 시작하게 된 사연, 인권이란 말에 끌리게 된 사연, 노동조합 활동을 시작하게 된 사연, 세상의 거짓말을 의심하게 된 사연, 어린 나이에 큰 빚을 지게 된 사연 등 각자 고유한 빛깔을 띤 이야기들입니다. 그만큼 말하고 전하고 듣는 이로서의 책임감이 느껴집니다. 교육의 과정에서 참여자와의 대화를 통해 새로운 서사가 구성되는 과정을 지켜보기도 합니다. '내 잘못만이 아니었구나.' '내가 이상하게 생겨 먹어서 이렇게 된 게 아니었구나.' '나만 이런 고통을 짊어지고 있는 게 아니었구나.' '다르게 생각해도, 다르게 살아 봐도 괜찮겠구나.' 인권교육가가 소개한 이야기나 던진 질문이 한 사람의 서사를 구성하는 질료가 되기도 하니 그 또한 책임감이 느껴집니다. 무거우면서도 감사하기도 한 책임입니다. 누군가의 이야기가 인권교육가에게로 와서 나의 서사도, 나의 서사적 상상력도 한 뼘 더 자랍니다. 가르치는 자와 배우는 자의 이분법을 넘어서는 상호 배움의 교육은 서사의 교류를 통해 한 걸음 더 가까워집니다.

서사가 살아 있는 교육이란 무엇인가?

구멍 없는
교육안이
가능한가요?

인권교육 기획에서
놓치지 말아야 할 것들

"참여자들과 재미있게 이야기 나누고 분위기도 좋았어요. 근데 교육이 끝나고 교육장을 나오는데 뭔가 알맹이가 빠진 기분이 들었다고나 할까? 나쁘진 않았는데 뭔가 아쉬운⋯⋯. 이 기분의 정체가 뭘까요?"

"참여자들에게 전할 이야기가 너무 많다 보니까 언제나 시간에 쫓겨 끝내게 돼요. 애써서 준비해 간 강연을 제대로 못 하고 끝내는 경우도 많고. 매번 아쉬운 것 같아요."

"교육을 갔는데 참여자들 분위기가 정말 장난 아니더라고요. 인권(교육)에 대한 반감이 너무 심한 상태로 다들 앉아 계셨거든요. 제가 참여자들의 상태를 별로 고려 안 하고 평소에 하던 교육안을 그대로 가져갔구나 싶었죠. ㅠㅠ"

"인권교육에서 정량화된 평가라는 게 가능한가요? 연수나 대학 수업에서 평가가 필수라고 해서 어쩔 수 없이 하긴 했는데⋯⋯. 뭐가 기준이 되어야 하는 건지 정말 난감했어요."

"여기저기 인권교육가 양성 과정이 늘어나고 있는데 기획이 엉망인 경우도 자주 접하게 돼서 걱정될 때가 많아요. 이대로 놔둬도 되는 건지⋯⋯."

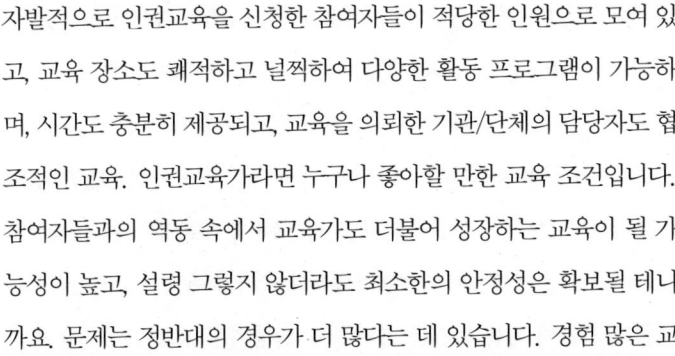

자발적으로 인권교육을 신청한 참여자들이 적당한 인원으로 모여 있고, 교육 장소도 쾌적하고 널찍하여 다양한 활동 프로그램이 가능하며, 시간도 충분히 제공되고, 교육을 의뢰한 기관/단체의 담당자도 협조적인 교육. 인권교육가라면 누구나 좋아할 만한 교육 조건입니다. 참여자들과의 역동 속에서 교육가도 더불어 성장하는 교육이 될 가능성이 높고, 설령 그렇지 않더라도 최소한의 안정성은 확보될 테니까요. 문제는 정반대의 경우가 더 많다는 데 있습니다. 경험 많은 교육가라도 방심하고 교육을 준비했다가 교육 현장에서 예상치 못한 암초에 걸려 진땀을 흘리게 되는 경우도 적지 않습니다. 특히나 의무화된 인권교육이 확산되면서 인권교육이 이루어지는 현장이 다변화하고 있고, 그만큼 다양한 직업과 조건에 놓인 참여자들을 만나게 됩니다. 교육 현장 역시 그 자체의 역동을 갖고 있기에 예상을 넘어서는 일들은 언제든 닥쳐올 수 있습니다. 불안정성이 내재된 교육들이 갈수록 늘어나고 있는 셈입니다. 교육을 기획할 때 좀 더 꼼꼼한 준비가 필요한 이유입니다.

기획을 시작하기 전에 점검해야 할 것들

인권교육이 참여자와 함께 만들어 가는 시간이 되기 위해서는 먼저 교육을 요청한 기관 또는 담당자와 기획 과정에서부터 충분한 사전 논의나 조율이 필요합니다. 경우에 따라서는 사전 조율이 굳이 필요하지 않은 교육도 있지만 정작 배정된 교육 시간보다 사전 논의에 더 오랜 시간이 필요한 경우도 있습니다. 인권교육을 요청하면서도 막연한 상을 갖고 있는 경우, 한두 번의 인권교육에 너무 큰 기대를 갖고 제안하는 경우, 그 공간 안에 해묵은 문제들이 복잡하게 얽혀 있는 경우 등이 대표적입니다. 인권교육이 필요하다고 느꼈을 때가 언제였는지, 인권교육을 통해서 참여자들이나 공동체가 어떻게 변화되기를 원하는지, 인권이 침해된다고 느꼈을 때가 언제였는지, 이전에 관련 교육을 받은 경험이 있다면 이번 교육에서는 어떤 내용이 중심이 되기를 원하는지 등을 물어보면서 교육에 대한 욕구를 구체적으로 파악하고 현실화할 필요가 있습니다. 인권교육을 통해 현장의 변화를 만들고자 하는 의지를 가진 분이 담당자일 경우라면 목표와 접근 방향을 함께 의논해 나눌 이야기를 잡아 가면 서로에게 도움이 되는 과정으로 남습니다. 물론 교육의 목표와 세부 내용은 교육가의 최종적 선택에 달려 있는 것이겠지만요.

요청자가 인권의 가치와 맞지 않는 교육 목표를 제안할 때는 사전 단계에서 설득과 조율이 필수적입니다. 이런 조율 과정이 없을 경우에는 교육이 끝나고 나서 "우리가 원한 건 그런 교육이 아닙니다" 같은 불만을 토로할 수 있습니다. 예를 들면, 학교에서 이루어지는 학생 인권교육에서 담당 교사가 '남을 배려하며 규칙을 지키는 생활 태도'나 '권리를 말하기 전에 책임감부터 갖추어야 함'을 목표로 제시하는 경우가 있습니다. 학급에서 일어나는 차별이나 폭력을 예방하고 싶은 마음에서 비롯된 경우도 있고, 학생을 규칙을 만들고 바꾸는 사람이 아니라 지켜야만 하는 대상으로 바라만 보는 관점에서 비롯된 경우도 있습니다. 그럴 때는 교육가가 '존중받는 경험 속에 타인을 존중할 권리가 싹틀 수 있다'고 설득하고 교육의 목표를 조율하는 것이 필요합니다. 기획 과정에서부터 충분한 논의가 이루어질 때 요청 기관의 구성원이 인권이나 인권교육에 대해 다시 생각해 볼 기회를 갖게 되고, 인권교육가도 참여자에 대한 이해를 높일 수 있게 됩니다.

사전 조율이 이루어졌다면, 이제 인권교육안을 구체적으로 기획할 시간이 되었습니다. 기획안을 작성할 때는 ①누구와 만나는 것인가(참여자 분석) ②무엇을 나누고 무엇을 남기고자 하는가(교육의 목표와 핵심 메시지 설정) ③어떻게 이야기를 나눌 것인가(도입 과정과 활동 프로그램 기획) ④어떻게 이야기를 확장할 것인가(사유의 심화를 돕는 분석과 서사의 구축) ⑤어떻게 교육을 닫을 것인가(마무리와 평가 기획)의 단계를 밟아 갑니다. 어떤 형태의 교육이든, 이 다섯 가지 단계는 어김없이 거치게 됩니다. 강연 위주의 교육을 해야 하는 상황이더라도 활동 프로그램 기획 정도만 생략될 뿐, 어떻게 이야기를 열고 어떤 질문을 통해 사유를 심화시키고 어떻게 교육을 닫을지, 하나의 서사적 흐름을 꿰는 단계를 밟는다는 점에서는 동일합니다.

기획의 파노라마 1 : 누구와 만나는 것인가

기획의 시작 단계에서 가장 중요한 것이 바로 참여자에 대한 분석입니다. 참여자가 누구냐에 따라 교육의 목표도, 교육에 접근하는 주요 방법론도 달라지기 때문입니다. 여기서 말하는 '누구'란 초등학교 6학년, 공무원, 장애인 거주 시설 종사자처럼 표면적으로 드러나는 직업이나 나이, 사회적 위치, 인원수 등에 대한 정보만을 가리키지 않습니다. 참여자가 처한 인권 상황, 주요 경험, 사회적 배경, 이전의 인권교육 경험, 최근 현장에서의 이슈, 구성원의 성별, 교육이 배치된 이유 등에 대한 종합적인 이해가 선행되어야 그에 따른 교육의 목표 설정이 가능해집니다. 참여자가 사회적 약자 또는 소수자일 때와 인권 옹호의 책임이 큰 직업군일 때, 같은 소수자라고 해도 참여자가 어린이일 때와 노인일 때, 같은 학부모라고 해도 참여자가 엄마일 때와 아빠일 때, 교육의 목표와 접근 방식이 달라야 하는 것은 물론입니다. 참여자가 누구든 상관없이, 언제 어디서나 통하는 단일한 인권교육 기획안이란 애초에 불가능합니다.

참여자의 마음을 고려한다는 것

얼굴을 맞대고 이야기를 주고받는 대면 교육 현장은 감각이 예민하게 작동하는 공간입니다. 그래서 교육 참여자들이 갖고 있는 마음의 역사를 미리 그려 보는 일이 중요합니다. 탈성매매 여성 쉼터나

소년원, 보육원, '가출 청소년' 쉼터 등지에서 만나게 되는 참여자들처럼, 참여자들이 사회적 박탈이 낳은 상처와 낙인에 대한 불안을 갖고 있다고 짐작될 때는 참여자와의 거리를 좁히고 '저는 여러분의 인권을 지지하기 위해 온 사람입니다'라는 신뢰를 얻기 위한 방안을 적극 고민하게 되겠지요. '인권을 안다고 무슨 소용이 있냐'라는 마음도 있을 수 있습니다. 인권이 현실과 동떨어진 당위만을 강조하는 언어라고 느껴질 때는 인권에 대한 냉소나 무관심을 갖는 게 어쩌면 당연합니다. 인권이 참여자가 놓인 구체적 삶의 현실과 그 현실의 변화 가능성과 어떻게 연결되는지를 떠올려 볼 수 있는 교육 구성을 고민해 간다면 참여자의 교육 참여에 대한 동기를 조금은 더 불러일으킬 수 있습니다.

인권(교육)에 대한 부정적 생각이나 태도를 가지고 어쩔 수 없이 참여한 사람들과 만나야 하는 교육은 꽤나 도전적입니다. 인권 침해 사건이 발생한 직후에 일종의 '징계'로서 교육이 배치된 상황이라거나 근무 외 시간에 의무 교육에 불려 나온 상황이거나 기관 또는 관리자에 의한 종사자 인권 침해가 심한 공간이라면, 더더욱 '팔짱 낀 참여자'가 많을 수밖에 없습니다. 이때는 '마음의 빗장을 풀려면 어떻게 해야 하나'가 교육가의 첫 번째 고민이 되겠지요. 결국엔 빗장을 푸는 데 실패한다 해도 시도는 필요합니다. 참여자가 놓여 있는 사회적 위치, 한편으론 인권 침해의 (잠재적) 가해자 취급을 받는 것 같아 억울하고 다른 한편으로는 어떻게 해야 인권을 존중하며 자기 직무를 수행할 수 있는지 모르겠는 답답함도 있을 복잡한 마음, 같은 상황에 놓인 같은 직군의 사람들이라도 모두 같은 선택을 내리지는 않는다는 사실 등을 고려한다면, 빗장을 푸는 데 실패할 확률이 조금 더 낮아질 수 있습니다. 일례로 사회 복지사들과 만나는 교육에서는 "사회 복지

사는 죽지 않는다. 다만 죽을 지경이다"라는 문장으로부터 시작해 그들의 노동 환경을 살펴보는 시간을 먼저 가집니다. 들어야 할 이야기는 들어야 '인권(교육)'에 대한 경계가 풀리고 다음 이야기가 수용될 가능성이 높아집니다. 이 말은 교육의 효과를 높이기 위해 참여자의 마음을 무조건 긍정하고 '아부'하라는 이야기가 아닙니다. 참여자들의 호감을 사기 위해 바꾸어야 할 인권 침해 현실을 짚지 않고 두루뭉술하게 이야기하라는 것도 아닙니다. 인권이 참여자의 '이해관계'나 '편리'가 아닌 '존엄'을 지지하는 언어라는 점을 분명히 하되, 참여자의 조건과 사회적 약자들의 조건이 어떻게 '연결'되어 있는지를 살펴 '분노의 화살이 어디로 가야 할지'를 알 수 있도록 해야 한다는 말입니다. 이처럼 참여자의 조건이나 심리 상태를 충분히 파악하고 있어야 교육가가 전체적인 구조 속에서 '해야 할 말'을 놓치는 일도, '들어야 할 말'을 지나치는 일도 줄어들 수 있습니다.

언제, 어떻게 만나는 것인가

여름 방학을 앞두고 수업이 제대로 이루어지지 않는 시기에 한 중학교에 교육을 간 적 있습니다. 학생들은 그 시간에 뭘 하는지도 모르고 있었고, 점심시간 직후 다들 지친 표정으로 있었습니다. 교실은 다소 더웠고, 강사를 소개한 담임은 바쁜 일을 처리하러 교무실로 총총 사라졌습니다. 어떤 동기도 없는 학생들과 두 시간의 수업을 이어 가야 하는 상황이었죠. 처음엔 몇몇 슬라이드 쇼 장면에 흥미를 보이는가 싶더니 엎드리는 학생들이 하나둘 늘어났습니다. 모둠별 활동 과제를 주자마자, 저마다의 수다 삼매경과 장난이 시작되었습니다. 모둠 활동에 배치된 시간이 다 되어 가는데도 과제가 진척될 기미가 없었습니다. 이미 흩어진 주의를 다시 교육가가 선 무대 앞으로 모아 내기란 쉽지 않았습니다. '방학 직전, 점심시간 직후, 학교의 사전 안내 부족, 동기 없음'이라는 네 가지 조건을 미리 충분히 고려했더라면 적어도 주의가 흩어지기 쉽고 모두의 의욕적 참여가 필요한 '모둠 과제'를 택하지는 않았을 겁니다. "여러분 학교엔 교실 온도와 교무실 온도가 같은가요?" 교육이 시작될 때부터 바로 학교 현장의 인권 문제를 언급하는 등의 방법으로 교육에 대한 참여자의 기대를 만들 방안을 집중 고민했을 테고, 학생들 중 몇 사람만 앞으로 초대하여 이야기를 나누는 방식을 시도할 수도 있었을 겁니다.

참여자의 인원, 교육 시간, 교육 횟수, 교육 현장의 상황, 참여자의 몸과 마음의 상태 등은 교육 방법을 결정하는 중요한 변수가 되기 때문에 미리 파악하지 않으면 낭패를 볼 수도 있습니다. 대체로 교육 시간이나 공간은 미리 정해져 있어, 교육가가 조정하기 어려운 경우가 많습니다. 저녁 식사 시간과 겹쳐 잡힌 교육, 근무 외 시간에 진행되는 교육, 오전부터 저녁까지 이어지는 교육의 마지막에 배치된 교육, 감사나 행사 등으로 바쁜 시간에 잡힌 교육, 아무것도 하기 싫은 시간에 잡힌 교육이 참여자로부터 환영받기란 쉽지 않습니다. 공간 역시 계단식이거나 인원에 비해 너무 좁은 경우도 많습니다. 문제 제기가 없으면 교육을 기획하는 기관이나 담당자는 시간과 공간의 중요성을 별로 인식하지 못할 수 있습니다. 당장 바뀌지는 않더라도 그 중요성을 환기시킬 필요가 있습니다. 초반엔 무슨 질문을 해도 참여자들이 입도 뻥긋 하지 않았는데 쉬는 시간 이후에 봇물 터지듯 이야기를 털어놓기 시작한 교육이 있었습니다. 알고 보니 쉬는 시간에 관리자가 자리를 떠났다고 하네요. 교육 시간에 참여자들이 솔직한 이야기를 털어놓기 힘든 관리자나 교사가 자리에 있는 것은 아닌지도 잘 살펴보아야 합니다. 관리자의 동참 여부를 미리 파악했더라면 종사자들끼리만 교육이 이루어지도록 해 달라고 미리 요청한다거나 다른 교육 접근을 시도한다거나 하는 선택을 할 수 있겠지요.

같기도 다르기도 한 참여자

당사자들의 목소리를 모아서 장애인 인권 정책을 제안하기 위한 밑 자료를 만들어 보는 것이 목표인 교육을 요청받았다고 가정해 봅시다. 참여자는 발달 장애인입니다. 장애 정도를 미리 확인하는 것이 중요하지만, 교육을 의뢰한 기관에서 참여자들이 경중인지 중증인지, 몇 급 장애를 갖고 있는지 안내를 받는다고 해도 사정이 간단치는 않습니다. 참여자가 경중 장애인이라고 해도 발달 장애인 교육이 낯선 교육가에게는 소통이 어려울 수 있고, 참여자 역시 낯선 교육가와 소통하는 게 쉽지 않을 수 있습니다. 같은 경중 장애인이라도 해도 개인차가 있고, 상황에 따라 그날의 컨디션이 달라질 수도 있습니다. 참여자를 미리 만날 수 있다면 가장 좋겠지만, 담당자를 통해 충분히 사정을 듣는 것이 중요합니다. 질문에 대한 반응 방식, 언어/문자 소통 방식, 참여자들 사이의 관계, 관심 영역, 최근에 일어난 공통의 경험 등을 알고 나면 더 촘촘한 기획안이 만들어질 수 있습니다.

기획의 파노라마 2 : 무엇을 나누고 무엇을 남기고자 하는가

인권교육가 '양성 과정'이나 역량 강화 교육에서 "인권교육을 통해 남기고 싶은 한 문장은 무엇인가"라는 질문을 종종 던져 보곤 합니다. 교육 기획안에서 '목표'와 '핵심 메시지'가 되는 부분이지요. 대개 교육 목표는 매우 추상적으로 적는 경우가 많습니다. '인권 감수성 높이기', '인권에 대해 알기', '차이와 차별의 다른 점 알기', '내가 누려야 할 권리

알기' 등과 같은 일반적인 문장으로는 이 교육이 구체적으로 어떤 것을 목표로 하는지 파악하기란 어렵습니다. 공허한 외침처럼 추상적으로 보이는 목표도 많습니다. 참여자와 나누고 싶은 이야기, 교육이 끝난 다음에도 가져갔으면 하는 이야기를 좀 더 선명하게 적을 필요가 있습니다. 교육에서 남기고자 하는 '핵심 메시지'를 문장의 형태로 정리하는 작업이 필요합니다.

한 여성 청소년 쉼터에서 인권 감수성 교육을 요청받았습니다. 인권에 대해 알고, 함께 쉼터에서 생활하는 이들과 서로 존중하는 관계가 되었으면 하는 쉼터 실무자의 바람이 교육 요청에 담겨 있었습니다. 무슨 이야기를 나눌 것인가를 고민하다 '내가 만난 진상 어른들 또는 남자들'에 대한 이야기를 먼저 나누고, '살면서 자기에게 위로나 응원이 되었던 말이 무엇이었는지' 이야기 나누어 보기로 했습니다. '진상이 가진 권력을 꿰뚫어 볼 수 있는 힘을 갖자. 그리고 진상을 닮지 않기 위해 나도 노력하자. 내가 받은 위로를 누군가에게 전할 수 있는 사람이 되자'라는 이야기가 자연스럽게 '남기고 싶은 이야기'로 연결되었습니다. 공동체 내부에서 일어난 비민주적 결정과 몇 사람 사이의 갈등이 구성원 전체의 갈등으로 비화되고 있는 곳에서 인권 교육 요청을 받은 경우도 있었습니다. 몇 가지 사례를 통해 민주적 조직 문화를 만들기 위한 요소를 함께 찾는 시간이었습니다. 이 교육에서 핵심 메시지로 잡아 간 것은 '어디나 갈등은 있기 마련이고 어떻게 푸느냐가 공동체의 저력이다', '순수하게 사적인 갈등은 없다', '문제를 제기하는 데 자격이 필요하지 않다' 등이었습니다. 그 공간이 현재 겪고 있는 갈등의 핵심을 분석하고 그에 따른 메시지를 잡아 본 것입니다. 이렇게 교육가가 무엇을 남기고자 하는지가 명확해야 교육이 길을 잃지 않을 수 있습니다.

아래는 아동인권교육가 '양성 과정'에 참여한 분이 제출해 준 기획안입니다. 참여한 어린이들을 떠올리며 어떤 말로 안내하고 질문을 던질지, 예상되는 반응은 어떠할지, 활동의 중간 마무리를 어떻게 할지, 마지막 메시지로 무얼 남길지가 꼼꼼하게 기록되어 있습니다. 반면 시간 배분에 대해서는 충분한 고려가 없어 보입니다. 짧은 시간에 활동 프로그램을 너무 많이 집어 넣어 참여자들과 나눌 대화의 시간이 부족해 보입니다. '프로그램 3'의 질문은 단지 '어떤 환영식을 하면 좋을까'를 묻는 것으로 참여자들이 이해할 수도 있어 보입니다. 학교의 구성원으로서 어떤 권리가 당연히 보장되어야 하는지, 그리고 학급 친구로 어떻게 환영할 수 있는지를 함께 살필 수 있도록 기획안이 좀 더 보완이 되면 좋겠다는 생각이 듭니다. 그럼에도 기획안에서 이 교육을 통해 무슨 이야기를 나누고 싶은지를 충실하게 고민한 흔적이 엿보입니다. 이렇게 스토리 라인을 잡아 보면 하고자 하는 말을 분명히 정리할 수 있고, 실제로 교육을 진행할 때도 예상한 방향대로 흘러가고 있는지를 확인할 수 있습니다. 인권교육을 시작한 지 얼마 되지 않거나 종종 내 교육이 갈피를 잃는다고 느껴지는 분들에겐 도움이 되는 연습입니다.

[인사]

안녕하세요? 오늘 무슨 수업하는지 알지요? 인권이란 말이 익숙한가요? 인권이 무슨 뜻이지요?

그럼 우리에게 인권은 잘 보장되고 있나요? 인권이란 말이 어색하다면 우리가 행복하게 살고 있는지 생각해 보면 좋을 것 같아요. 하지만 행복하지 못하다면 왜 그럴까요? 오늘은 우리가 어떻게 하면 행복해질 수 있는지 고민하는 시간이 될 거예요.

[도입]

재밌는 게임/영상

프로그램 1 다양한 표정의 어린이 사진 보여 주기

(사진 사례 : "과도한 학습과 사교육으로 자유 시간이 없어요", 친구와 싸울 때, 성적 나왔을 때, 혼났을 때 등)

어떻게 보이나요? 무슨 일이 있었을까요?

여러분에게도 학교에서, 집에서 이렇게 우울하거나 슬픈 기분을 느낄 때가 있겠지요.

[전개]

프로그램 2 학교에 온 첫날

학교에 온 첫날을 떠올려 볼까요? 학교가 아니라, 무언가 처음 시작한 날을 떠올려 봐도 좋아요. 자전거 타기나 인라인 스케이트를 처음 배운 날을 생각해 보세요.

- 그날은 어떤 날이었을까요?

- 어떤 기분이었나요?

- 가장 어려웠던 것은 무엇이었나요?

- 내게 도움을 주었던 사람이 있었나요?

- 누가 친절했나요?

프로그램 3 어떤 친구의 첫날(모둠별 토론)

나처럼, 다른 친구들도 '처음'을 경험했을 거예요.

다음 친구들의 첫날, 환영받는 느낌이 들려면 우리는 어떻게 하면 될까요? 모둠별로 한 가지 경우에 대해서 이야기 나누어요!

- 민환이는 한 번도 엄마와 떨어져 본 적이 없어요. 오늘은 민환이가 학교에 가는 첫날이에요. 아침 내내 울었지요. 우리 학교에서 민환이가 행복하고 편안한 느낌을 갖기 위해서 우리는 무엇을 할 수 있을까요?

- 존은 필리핀에서 이사 왔어요. 존은 한국어를 조금도 모릅니다. 오늘은 존이 우리 학교에 오는 첫날이에요. 존이 우리 학교에서 행복하고 편안한 느낌을 갖기 위해서 우리는 무엇을 할 수 있을까요?

- 태영이는 장애가 있어요. 태영이는 어디를 가든 목발을 사용해요. 오늘은 태영이가 우리 학교에 오는 첫날이에요. 태영이가 우리 학교에서 행복하고 편안한 느낌을 갖기 위해서 우리는 무엇을 할 수 있을까요?

- 지혜는 느린 학습자예요. 한글은 읽을 수 있지만, 수업 시간에 선생님 말은 거의 알아들을 수가 없어요. 오늘은 지혜가 우리 학교에 오는 첫날이에요. 지혜가 우리 학교에서 행복하고 편안한 느낌을 갖기 위해서 우리는 무엇을 할 수 있을까요?

- 이 친구들은 첫날에 어떤 기분일까요?
- 어떤 걱정을 할까요?
- 겪게 될 어려움은 무엇일까요?
- 이 친구들이 학교에서 행복하고 편안하려면 무엇이 필요할까요?
- 처음 시작해서 낯설고, 힘들 수 있는 기억을 즐겁고 특별한 경험으로 만들기 위해 무엇을 할 수 있을까요? 우리는 나뿐 아니라 다른 친구들, 선생님, 학교가 될 수 있어요.

[쉬는 시간]

발표, 의견 공유

좋은 아이디어가 많이 나왔네요. 학교가 훨씬 나아질 것 같지요.
(※ 이상 국제앰네스티 인권교육 교재 참고)

[마무리]
프로그램 4 나는 행복한가?
여러분은 학교/집에서 행복하세요?
위의 친구들처럼 특별한 경우가 아니라도, 여러분의 행복은 어떤가요?
나는 ~할 때 행복하지 않다. 불편하다. 무시당하는 것 같다.
학교가/집이 어떻게 변하면 행복해질 수 있을까요?

포스트잇 적어 보기
공유하고 마무리

전에 모둠 토론 한 것 위에 우리 각자의 요구도 한번 더해 볼게요. 우리의 집과 학교가 이렇게 바뀌면 좋겠네요.
여러분 광화문 촛불 경험했지요? 비리로 얼룩진 대통령도 쫓아냈지요. 무력이 아니라 평화적으로요. 그리고 선거를 통해서 새로운 정부가 들어섰지요. 우리 학교와 집도 인권이 보장되는 곳이 될 수 있어요. 많은 사람들이 뜻을 모으면요.

기획의 파노라마 3 : 어떻게 이야기를 나눌 것인가

참여자 분석과 목표 설정이 끝났다면, 이제 교육안을 구체적으로 기획할 시간이 되었습니다. 교육 기획안은 목표에 맞는 일관성 있는 흐름이 구성되고 있는지, 빠뜨린 것은 없는지를 점검할 수 있기에 작성

교육 기획안 1

주제	어린이 인권	
목표	어린이에게도 권리가 있다. 권리와 책임을 생각해 본다.	
참여자	초등 5, 6학년	
시간	2차시 (40분+40분)	

진행			
순서	프로그램		시간
1교시	도입/인사	① 강사 소개 : 퀴즈로 호기심 유발 ② 활동 소개	15분
	내용	어린이 인권 'OX 토론' ① 어린이도 권리를 누릴 수 있다. ② 학교 엘리베이터는 누구나 이용할 수 있다. ③ 규칙을 어기면 벌을 받아야 한다. ④ 학생회장 투표권은 1~6학년 모두에게 주어야 한다.	20분
	마무리	소중한 나, 인권이란 무엇인지 생각해 보면서 마무리한다.	5분
쉬는 시간			10분
2교시	도입	전 세계 어린이 인권의 상황을 담은 영상을 보고 느낀 점 말하기	10분

	내용	①〈쉽게 풀어 쓴 유엔 아동 권리 협약〉을 나눠 주고,
		  5분 정도 각자 읽는다.
		② 마음에 드는 조항에 스티커를 붙인다.
		  가장 많은 스티커가 붙은 권리 조항을 함께 읽는다.
		③ 권리를 누리기 위한 존중과 책임에 대해 묻는다.
			25분

	마무리	"사랑합니다"라고 인사하고 마친다.	5분

하는 것이 좋습니다. 때에 따라서는 슬라이드 쇼 형태로 교육 자료를 바로 만드는 경우도 있겠지만, 이때도 교육 기획안을 쓰듯이 목표와 핵심 메시지, 도입-전개-마무리의 흐름, 강연의 핵심 서사 등을 고려해서 작성할 필요가 있습니다.

초등학교 5, 6학년을 대상으로 학급별 교육 기획안을 위와 같이 작성한 사람이 있다고 가정해 봅시다. 우선 어떻게 활동을 이어 나갈지는 명확한 반면, 어떤 메시지를 핵심으로 다루고자 하는지 파악하기가 어렵습니다. 다음으로 전체 흐름을 살펴봅니다. 처음 만나는 참여자들과 강사 사이의 거리를 줄이기 위한 강사 소개 퀴즈는 흥미를 끌 수 있겠지만, 초등학교 수업이 1교시에 40분인 것을 고려하면 너무 깁니다. 1교시 토론을 마무리하는 핵심 메시지가 전혀 제시되어 있지 않습니다. OX 토론의 과정에서 나이 어린 존재에 대한 무시, 평등한 접근권, 미성숙 담론 등이 이슈가 될 가능성이 높은 만큼, 이와 관련된 인권적 관점이 멘트로 정리될 필요가 있습니다.

2교시의 시작을 여는 영상은 1교시 토론 내용과 어떻게 연결되어 있는 것일까요? '전세계 어린이 인권 상황'이라고 하면 흔히 굶주리는 아동, 배움의 기회조차 누리지 못하는 아동 교육권 실태, 아동 병사, 아동 노동 등의 문제를 다룬 영상일 가능성이 높아 보입니다. 영상을 보고 난 소감이 '불쌍하다', '나는 그렇지 않아 다행이다'가 되면 곤란할 테고, 앞 내용과 연결도 부자연스럽습니다. 〈유엔 아동 권리 협약〉을 각자 읽어 보는 시간은 때에 따라서는 길고 지루하게 느껴질 수 있습니다. 혼자서 읽는 방식 말고 참여자들과 좀 더 즐겁게 알아 갈 방법을 생각하면 좋겠습니다. 이를테면 이미지와 권리 내용이 함께 담긴 권리 카드를 활용하는 방식도 있겠지요. 권리 조항을 읽고 난 다음, '권리를 위한 존중과 책임'에 대해 묻겠다고 되어 있지만, 시간을 고려할 때 교육가가 그냥 '권리를 존중받으려면 나부터 권리를 존중하고 책임감 있게 행동해야 한다'고 연설할 가능성이 높아 보입니다. 메시지의 타당성을 떠나 '대화를 여는 질문' 역할을 할 수 있을지가 의문입니다. 2교시의 마무리를 '사랑합니다'로 마무리하는 것은 교육가의 개인적 가치관이 강하게 반영된 부분입니다. '모든 친구를 사랑해야 하나?'와 같은 질문도 생깁니다. 전체 교육을 갈무리하는 마무리 시간이라면 교육의 목표와 부합하는 이야기가 담겨 있는지 돌아볼 필요가 있습니다.

1교시의 OX 토론 과제는 어떤가요? "어린이도 권리를 누릴 수 있다"라는 문장은 현재의 초등학생이라면 모두가 동의할 가능성이 높은 질문이라 다양한 답변을 통한 토론을 기대하기 어렵습니다. "학교 엘리베이터는 누구나 이용할 수 있다"라는 질문은 '사실'에 대한 질문인지, '의견'에 대한 질문인지가 불명료합니다. "교사나 장애 학생만 이용하는 게 좋다"와 같은 문장이 쟁점이 분명히 드러난 질문이라고 볼 수 있습니다. 학생들의 반응이 어떻게 갈릴지 예상되고, 어떤 추가 질문을 던지면 토론이 더 확장될 수 있을지도 분명해집니다. 이를테면 "누구는 이용하고 누구는 이용할 수 없게 하는 것보다는 어떤 상황에 있을 때 이용할 수 있는지 약속을 정하는 게 더 좋지 않을까?"와 같은 질문 말이지요. "규칙을 어기면 벌을 받아야 한다"라는 질문도 규칙은 어떻게 정해졌는지, 규칙의 내용은 정당한지, 어겼더라도 벌 말고 다르게 책임질 수는 없는지 등을 토론할 수 있습니다. 이렇게 교육가가 토론의 흐름을 미리 그려 보아야 다루어야 할 쟁점이 분명해집니다. 물론 언제나 교육가의 예상대로만 토론이 흘러가지도 않고, 또 그렇게 되는 것이 항상 좋은 것만은 아니지만 말이지요. 토론의 흐름을 예상하기 위해서라도 교육가는 참여자가 처한 구체적 상황과 마음을 짐작할 수 있어야 합니다.

공무원들이 참여하는 교육을 〈교육 기획안 2〉의 흐름대로 구성했다고 가정해 봅시다. 공무원 교육의 경우, 대규모 강연 위주의 교육이 이루어지는 경우가 많은데 50명 정도로 모둠 토론이 가능한 소중한 기회가 주어졌습니다. '최근 이슈'를 중심으로 인권 감수성을 깨우는 것은 좋은데, 구체적으로 어떤 이야기를 담아 가면 좋을지가 드러나 있지 않습니다. 인권 조례 제정으로 의무 교육이 된 인권교육에 참여하는 공무원의 경우, 늘어난 의무 교육에 대한 부담이나 '인권=민원

교육 기획안 2

대상	공무원 50명		
주제	인권 행정		
목표	1. 일상을 인권의 눈으로 살피며, 인권 감수성을 높인다. 2. 공무원으로서 인권 행정을 위한 구체적 대안을 모색한다.		
시간	120분		
진행			
1교시	도입 몸 풀기 마음 열기	1. 강사 및 강의 내용 소개 2. 퀴즈 / 손뼉치기 / 그림 그리기 등	15분
	인권 감수성 깨우기	1. 인권 감수성을 깨울 수 있는 사진, 뉴스 함께 보기(최근 이슈 포함) 2. 관련 법률, 조례 등의 인권 보장 내용 확인	20분
	공무원과 인권 1	〈사례 토론〉 • 공무원이 경험하는 인권 침해 피해 사례 - 민원인에게 시달리는 공무원 사례 / 막내·여성에게 불리한 회식 문화 사례 • 공무원에 의한 인권 침해 사례 - 갑질 하는 공무원 / 할 일 하지 않는 공무원	30분
쉬는 시간			
2교시	공무원과 인권 2	1. 모둠별 토론 내용 발표 2. 인권의 관점에서 사례 살펴보기	20분
	강연	행정과 인권에 대한 강연	25분

인이 원하는 대로 하라는 말이라는 편견을 갖고 들어오는 경우가 많습니다. '무슨 이야기로 교육을 열까'는 교육가에게 주어진 가장 큰 도전 과제입니다. 참여자의 하소연만으로 채워지는 교육이어서도 안 되고, 그렇다고 교육가 혼자 '공무원의 책임'만 강조하다 돌아와서도 안 됩니다. 공무원은 노동자이자, 시민이자, 인권 옹호의 책무를 지닌 공무원이라는 다중 정체성을 갖고 있습니다. 도입에서 공무원과 인권의 만남을 도울 이야기를 꺼낼 필요가 있습니다. 시민으로서 공분할 만한 이슈, 공무원이 한국보다 더 폭넓은 자유를 누리는 외국 사례, 인권 친화적 정책이 늘어날 때 줄어들 수 있는 민원이나 항의 집

회 사례 등을 도입으로 가져가는 방안을 고려할 수 있습니다.

사례 토론의 과제로 '공무원에 의한 인권 침해' 사례와 '공무원이 피해자인 사례'를 고루 제시한 것은 적절해 보입니다. 사례지는 실제 일어난 사건을 요약해도 좋고, 어디에서든 일어날 법한 사건을 가공하여 제시해도 좋습니다. 어떤 경우든 답이 정해져 있기보다 구체적인 쟁점을 담아 토론 과제를 선명하게 제시할 필요가 있습니다.

토론 사례지의 예

보라 씨는 요즘 감사실로부터 받는 스트레스가 엄청납니다. 얼마 전에 민원을 접수하기 위해서 상국 씨가 찾아왔습니다. 상국 씨는 처음 자리에 앉자마자 화를 내기 시작했습니다. "내가 이 민원을 접수하기 위해서 몇 군데를 거쳐 왔는지 아느냐?"라며 마구 소리를 질렀습니다. 보라 씨도 앉자마자 면박부터 당하니 감정이 상해서 자기도 모르게 퉁명스럽게 대답을 했습니다. 상국 씨는 "공무원이 말투가 왜 그러냐?"고 따졌고 결국 고성이 오가게 됐습니다. 상국 씨는 보라 씨를 '불친절 및 민원 접수 거부'로 감사실에 진정을 했습니다. 보라 씨는 진정 내용에 대해 감사실에 서면 답변을 했지만, 감사실에서는 상국 씨가 '개인적 사과'를 요구하고 있다고 했습니다. 사안이 중대하다고 생각된 보라 씨는 상국 씨의 전화번호를 개인 휴대전화에 저장했습니다. 남편에게도 이 사실을 털어놓고 상의를 하기도 했습니다. 그런데 상국 씨 전화번호를 어떻게 알았는지, 남편이 '원만한 해결'을 하자며 상국 씨에게 전화를 걸었습니다. 이에 상국 씨는 제3자인 보라 씨의 남편이 어떻게 자기 전화번호를 알았냐며 또 다른 진정을 했습니다. 보라 씨는 요즘 이 일을 어떻게 처리해야 할지 몰라 난감하기만 합니다.

이 사례지는 실제 국가인권위원회에 접수된 적 있는 인권 침해 진정 사건을 참고하여 재구성한 것입니다. 이 사례를 제시하고 '인권의 관점에서 무엇이 문제인지 찾아보자'고 제안하면, 참여자에겐 어렵게 다가갈 수 있습니다. '인권의 관점'은 참여자가 이미 갖고 있는 것이 아니라 교육을 통해 익혀야 할 것이니까요. 이 경우 사례지와 함께 토론의 쟁점을 안내하는 '징검다리 질문'을 함께 나눠 주면 어떨까요? 사례에 등장한 공무원이나 상대방이 어떤 마음일지, 이 문제가 일어난 이유는 무엇인지, 감사실의 결정은 타당했는지, 이 사건이 반복될 경우 어떤 일이 일어날지, 이런 일이 일어나지 않도록 하려면 어떤 절차가 필요한지 등을 토론을 위한 징검다리 질문으로 제시하면, 토론이 좀 더 활성화되는 데 도움을 줄 수 있습니다. 물론 토론의 결과는 교육가의 예상과 달리 나올 수도 있지만, 대개 문제에 대한 공감대만 명확히 형성되는 것만으로도 큰 의미가 있을 수 있습니다.

기획의 파노라마 4 : 어떻게 이야기를 확장할 것인가

활동 프로그램이 진행된 후에는 활동을 통해 제출된 의견들을 짜임새 있게 '종합'하는 것이 중요합니다. 흩어진 이야기들을 잘 분류하고 핵심을 정리해야 교육을 통해 함께 발견한 것이 무엇인지가 선명해집니다. 그런데 여기에서 멈추기에는 아쉽습니다. 관점과 이야기의 확장을 도울 수 있는 정보와 구조 분석, 대안적 접근 방안 등이 소개되면 참여자들의 사유를 깊어지게 하는 데 도움을 줄 수 있습니다. 이때 앞서 살펴본 '전환을 돕는 질문'과 '울림이 있는 서사'의 역할이 다시금 중요해집니다.

다음은 발달 장애인과 함께 하는 교육 기획안입니다. 처음으로

교육 기획안 3

대상	보호 작업장에서 근무하는 (중증) 발달 장애인 10명
주제	인권과 함께하는 행복한 삶
목표	1. 일상의 경험과 감정을 되짚으며 삶의 행복과 인권이 연결돼 있음을 깨닫는다. 2. 장애인으로서 '독립/자립'을 상상할 때 필요한 것들을 (사회 경제적) 권리의 언어로 살피고, 실제 정책 제안에 반영될 수 있는 아이디어를 찾는다.
시간	90분
준비물	빔 프로젝터, 그림 카드, 전지, 화이트 보드 등

진행

1교시	도입 몸 풀기 마음 열기	1. 강사 및 교육 소개 2. 그림 퀴즈 : 두 개의 그림 중 서로 다른 부분을 찾아본다.	10분
	전개 1 경험 나누기 & 인권 감수성 깨우기	1. 함께 만드는 일과표 : 진행자가 화이트 보드에 일과표를 그려 놓는다. 참여자에게 하루 일과(평일/일요일)를 물으며 일상의 경험을 듣고 일과를 그린다. 좋아하는 시간으로 나온 활동들의 의미를 짚는다. 2. 여러 공간, 경험들을 자극할 수 있는 이미지를 살펴보고, 해 보고 싶은 것 그리고 하고 싶지만 제재당하는 경우들을 인권의 눈으로 살펴본다. * 그림 카드 : 산책이나 등산, 소풍, 요리하기, 술 마시기, 늦잠 자기, 목공, 춤추기, 악기 연주 등	
	마무리	참여자들이 새롭게 해 보고 싶다고 고른 일(그림 카드)들이 '가능할 수 있는 조건'이 우리 사회에 만들어져야 한다. 무엇이/누가 있다면 실현 가능할지 생각해 보기.	10분
	쉬는 시간		
2교시	전개 2 독립/자립에 대해 상상하기	1. 자신이 원하는 곳(적절한 주거 환경)에서 원하는 사람과 살 수 있는 것은 인간의 삶에 중요한 부분임을 함께 살핀다. "지금 살고 있는 집에서 새로 이사를 하게 되었어요. 누구와 살고 싶나요? 이때 필요한 것은 무엇이 있을까요? 집을 꾸민다면 어떻게 꾸미고 싶나요?" 2. 주거 환경 외에 지역에서 필요한 인프라/서비스를 상상해 본다. 친구/관계를 만들 수 있는 환경을 보장받는 것의 중요성을 환기시킨다. * 그림 카드 : 복지관/데이케어센터, 학교, 마트, 카페, 대중교통, 공원 및 운동 시설, 동네 사람, 친구/커뮤니티, 일자리 등	25분
	마무리	장애인의 자립/독립이 '홀로'의 의미가 아니다. 적절한 삶의 수준을 요구할 수 있는 권리가 있고, 정부/지자체에게는 책무가 있다. 이 제도를 활용하여 자립/독립한 장애인이 있다.	5분

인권교육을 접하는 분들과 이야기의 확장이 어떻게 이루어지는지를 함께 살펴봅니다. 이 교육은 당사자에 의한 당사자를 위한 정책 제안이라는 특별한 목표에 따라 기획되었습니다. 그래서 행복하고 즐거운 활동을 '가능하게 만드는 조건'을 떠올려 보는 것이 중심 질문으로 배치되어 있습니다. 그 질문으로 찬찬히 다가가기 위해 먼저 일과표를 함께 그려 보는 활동부터 시작합니다. 발달 장애인이 직접 개별 일과표를 그리는 활동을 했을 때 예상외로 긴 시간이 걸려 난처했던 경험을 참고하여 교육가가 화이트 보드나 전지에 직접 일과표를 그리면서 질문하는 방식으로 전환되었습니다. 해 보고 싶은 것들의 예를 떠올리는 데 참고하도록 다양한 그림 카드가 자료로 준비되었습니다. 술 마시기는 친구가 있으면 좋고, 주말의 늦잠은 가족의 잔소리가 없어야 가능하다는 대답처럼 '정책'으로 바로 연결되기에는 딱 아귀가 맞지 않는 대답도 나올 수 있습니다. 그래도 괜찮습니다. 술 마시는 게 좋다고만 표현한 참여자에게 "누구와 함께 마시나요?", "집에서 마시나요?", "좋아하는 술은 무엇인가요?", "최고의 안주는?"과 같은 다양한 질문을 던져 이야기를 확장할 수 있습니다. 그러면서 발달 장애인이 더 즐겁게 술을 마시기 위해서 '필요한 조건'에 조금 더 다가가는 것입니다.

    2교시에는 소소한 일상에서의 선택뿐 아니라 삶을 자발적으로 계획하는 감각을 깨우기 위해 '자립/독립'이라는 주제로 한 걸음 더 들어가고 있습니다. '홀로 사는 것'만이 자립/독립이고 모두가 그래야 해서 자립/독립이라는 이야기로 나아가는 것이 아닙니다. 자립/독립하는 순간을 떠올려 보면 삶을 스스로 구성한다는 게 어떤 것인지 이야기 나누기가 더 적절하기 때문입니다. 선택하고 결정하는 권리를 누리기 어려웠던 장애인에게는 필요한 상상이고 자극일 수 있습니다.

물론 단 한 번도 자립/독립을 생각해 보지 않은 참여자가 있을 수 있습니다. 그래서 이 기획안은 '자립/독립'이라는 말 대신에 '이사를 한다면 함께 살고 싶은 사람'에 대한 질문을 대신 던지고 있습니다. 이사를 해도 역시나 가족과 살겠다는 답변이 많을 수 있지만, '좋아하는 사람', '혼자' 같은 대답도 나올 수 있으니까요. 자립/독립을 위해 필요한 조건들에 대한 이야기로 확장할 때도 그림 카드가 중요한 역할을 합니다. 카드를 활용하여 사고의 확장을 돕는 이야기를 더 구체적으로 나눌 수 있습니다. 그리고 중앙 정부와 지방 정부에는 장애인의 자립/독립에 대한 권리를 보장할 책무가 있다는 점과 실제로 그렇게 살아가는 사람들의 이야기로 교육을 마무리합니다.

기획의 파노라마 5 : 어떻게 자료를 선정할 것인가

강연을 위한 슬라이드 쇼나 자료를 제작할 때 고려해야 하는 것이 '적합한 자료를 선정했는가'라는 점검입니다. 주제에 맞는 영상이나 사진, 그림 자료 등은 교육 흐름에 큰 도움을 줍니다. 그런데 자료를 나열한다고 방향성이 잡히지는 않습니다. 인권을 주제로 한 영화는 훌륭한 교육적 효과를 지니지만, 그 자체로 인권교육이라고 보기는 어렵습니다. 인권교육은 영화 상영 후 '관객과의 대화'를 기획하는 일에 더 가깝습니다. 무엇에 초점을 맞춰 참여자와 대화를 나눌 것인지가 고민되어야 합니다.

어떤 이미지를 자료로 활용할 때는 그 이미지가 참여자에게 미치는 효과에 대해 살펴보아야 합니다. 기자 회견이나 투쟁 장면을 담은 사진을 활용하는 경우를 예로 들어 봅시다. 인권 현실을 드러내기에 필요한 자료일 수 있습니다. 그런데 대개 그런 사진에는 선명한 구호가 담겨 있어 주장하는 느낌이 강하게 느껴질 수 있습니다. 집회와 '팔뚝질'과 같은 특정 행동 양식이 부각되어 있어 어떤 참여자에게는 '거리감'이나 '거부감'을 불러일으킬 수도 있습니다. 물론 교육의 흐름에서 새로운 구호를 참여자들과 만나게 할 필요가 있는 경우도 있고 ("여성에게 국가는 없다"라는 구호를 통해서도 많은 이야기를 나눌 수 있으니까요) 집회를 특정 소수의 사람만이 하거나 할 수 있는 것이라고 생각하는 편견에 도전하기 위해서 일부러 보여 주어야 할 때도 있습니다. 예컨대 집회에 참여한 청소년의 사진은 집회를 비청소년의 전유물로 생각해 온 청소년들에겐 강한 인상을 남깁니다. 다만 어떤 경우에도 '가까운 곳에서 저런 일이 일어나고 있었구나. 어떻게 해결하면 좋을까'라는 고민으로 연결할 방안을 찾는 것이 중요합니다. 기자 회견이나 집회 제목이 그렇게 정해진 이유, 평범한 이웃들이 투쟁에 나서게 된 사연, 현장에서 나왔던 울림 있는 발언 등을 함께 다룰 때 참여자들이 인권 현장을 가깝게 느낄 수 있습니다.

영상이나 이미지 자체가 반인권적이거나 차별적인 경우도 생겨납니다. 교육가 스스로 문제를 인식하지 못하기도 하고, 알면서도 사용하기도 합니다. 예를 들어 여성과 남성의 이미지들은 성별 고정 관념을 강화하는 효과를 지닌 경우가 많습니다. 교복, 긴 생머리, 배꼽에 두 손을 얹은 자세, 해맑은 표정 등 10대 여성을 대표하는 이미지만 떠올려 보아도 그렇습니다. 인권 침해를 알리기 위해 잔혹한 피해 사진이나 인물이 드러나는 이미지를 일부러 사용하는 경우도 있는데, 충격적 효과를 얻으려다 또 다른 인권 침해를 저지르는 우를 범할 수 있습니다. 굶주림에 지친 아이의 얼굴, 재난 피해자들의 처참한 상황을 담은 사진이 대표적입니다. 악덕 업주는 '뚱뚱한 남성'으로 그려지고 피해자는 '아무것도 하지 못한 채 벌벌 떨거나 울고만 있는 연약한 모습'으로만 그려지는 삽화들도 많습니다. 인권 침해 현실을 다룬 이미지를 사용해서는 안 된다는 게 아니라, 그 이미지가 놓치거나 침범하고 있는 누군가의 권리는 없는지 주의를 기울여야 한다는 이야기입니다.

기획의 파노라마 6 : 어떻게 교육을 닫을 것인가

교육을 마무리할 때는 핵심적인 메시지를 강조하는 것과 함께 그날의 교육을 돌아보는 평가 과정이 배치됩니다. 교육을 요청하는 기관에서 평가 설문지를 준비하는 경우도 있고, 교육가가 직접 참여자의 평가 의견을 요청하는 경우도 있습니다. 평가를 하는 이유는 무엇일까요? 일반적인 평가 설문지를 보면 만족도 수준만 체크하도록 하거나 인권에 대한 지식의 향상 정도를 묻는 경우가 많습니다. 그런데 참여자의 만족도가 높거나 낮은 이유는 다양합니다. 교육 내용에 대해 동의하지 않는 경우, 교육 내용이 원하던 바와 다른 경우, 교육 환경에 불만이 있는 경우, 교육가가 참여자의 반응에 응답하는 태도가 부적절한 경우 등 만족과 불만족의 이유가 다양할 수 있기 때문에 만족도의 수치만으로는 그 이유를 파악하기 어렵습니다. 인권에 대한 지식이 늘어났다고 해서 곧장 인권 감수성이 높아지고 삶의 변화로 이어진다고 보기도 어렵습니다. 무엇을 평가의 내용으로 삼아야 할지는 평가의 목표에 달려 있습니다. 관습적 평가보다 '지금 무엇이 점검되어야 하는가'를 질문할 필요가 있습니다.

어떤 의미에서 인권교육에서 가장 중요한 평가는 상대방에 대한 판단이 아니라 스스로를 돌아보는 질문이라고 볼 수 있습니다. 교육가에게 평가는 애초 기획한 대로 참여자에게 교육이 잘 다가갔는지를 점검하고 이후 수정하거나 보완해야 할 지점을 발견하는 데 주요 목표가 있습니다. 참여자에게 평가는 교육을 통해 내가 얻는 열매가 무엇인지 떠올려 보고, 아쉬운 점이나 다음에 대한 기대를 명료하게 하도록 하는 데 의미가 있습니다. 스스로를 돌아볼 수 있어야 인권교육가는 더 나은 교육을 준비할 수 있게 되고, 참여자는 인권에 대한 고민을 삶에서 이어 갈 수 있습니다. 그럴 때 평가는 '앞으로를 위한 안내문'이 될 수 있습니다. 활동이 원활하기 힘든 계단식 교육장, 동의 없이 이루어지는 사진 촬영이나 CCTV 녹화, 간식도 없는 장시간 교육 등 환경에 대한 평가도 함께 이루어져 교육 주최 기관에 전달하는 것이 중요합니다. 교육 환경이 주는 메시지도 참여자에게 커다란 영향을 미치는 법이니까요. 아래는 돌아봄이 필요한 항목의 예시입니다.

인권교육가를 위한 평가 질문들

- 인권의 의미와 인권이 추구하는 가치가 유기적으로 연결되어 소개되었나?
- 기획된 활동 프로그램은 교육의 주제와 잘 연관되어 있었나?
- 참여자의 기대와 욕구에 맞게 교육 내용이 구성되었나?
- 교육 내용과 수준은 참여자의 특성에 부합했나?
- 자기 삶을 해석하고 변화시킬 만한 좋은 질문이 담겨 있나?
- 참여자의 반응이 활발했던 부분은 무엇을 다룬 질문/내용이었나?
- 고민의 심화를 돕는 정보나 이론이 충분히 제공되었나?
- 교육가의 언어, 말투, 속도, 몸짓 등은 적절했나?
- 참여자 모두가 골고루 참여할 수 있도록 하는 격려가 있었나?
- 참여자의 질문이나 이견, 요청을 놓치지 않고 적절한 피드백을

제공했나?
- 필수적이지 않은 규칙을 강요하지 않았나?
- 충분한 쉼과 간식이 제공되었나?
- 책상이나 의자의 배치, 조도, 장애인 접근권 등 교육장의 물리적 환경은 적절했나?

참여자를 위한 평가 질문들

- 교육을 통해 참여자인 나의 마음에 움튼 씨앗(고민, 깨달음 등)은 무엇이었나?
- 교육을 시작하기 전과 교육이 끝나고 난 뒤 참여자인 나에겐 어떤 변화가 있나?
- 이번 교육을 마치고 나는 어떤 마음인가? 또는 나의 마음에는 어떤 일렁임이 생겼나?
- 교육을 시작하기 전 참여자인 나의 육체적·정신적 상태는 편안했나?
- 참여자로서 나는 이번 교육에서 무엇을 말하고 싶었나?
- 이번 교육에서 함께 참여한 동료로부터 무엇을 얻을 수 있었나?
- 참여자로서 나 또는 함께 참여한 이들에게 아쉬운 점은 무엇이었나?
- 만약 인권에 대한 머뭇거림이 느껴진다면 어느 지점인가?
- 삶터로 돌아갔을 때 어떤 실천을 해 보고 싶나?
- 다음 교육에 대한 나의 기대는 무엇인가?

교육을 통해 무엇을 얻었으며, 교육 이후에 어떤 후속 교육이나 실천이 동반되면 좋을지, 교육을 요청한 기관과 공동 평가를 수행할 수 있다면 더할 나위 없이 좋겠지요. 교육을 디딤돌 삼아 다른 실천을 도모하는 일은 결국 현장의 몫이니까요. 참여자들과 소통하며 들었던 생각과 고민을 교육 요청 기관과 함께 나누면, 그만큼 현장의 변화에 기여할 수 있는 가능성이 커집니다. 기획 단계에서부터 교육 목표를 함께 설정하고 교육의 큰 그림을 공유한다면, 함께 하는 평가도 자연스럽게 이루어질 수 있습니다.

인권교육가를 위한 교육과정을 기획할 때

인권교육이 확산되면서 교육을 진행할 인권교육가 '양성'이나 역량 강화를 위한 과정을 개설하는 곳들이 늘어나고 있습니다. 인권교육이 의무화되는 영역이 늘어나면서 국가인권위나 지자체, 교육청에서부터 특정 직군의 협의체, 민간 단체까지 인권교육가를 위한 교육 과정을 운영하는 기관이 다변화되고 있기도 합니다. 인권에 대해 알고 삶을 변화시킬 기회가 확대되는 것은 반가운 일이며 더불어 인권교육가가 늘어나는 것도 고무적입니다. 하지만 교육과정을 살펴보면 우려스러운 현상이 사뭇 발견되고 있습니다. 대표적인 사례를 중심으로 그 지점을 살펴보겠습니다.

교육 간 연계성을 고려하고 있는가

여러 강좌가 배치되어 있지만 강좌 간 연계가 부족한 경우가 많습니다. (강사를 섭외하면서 강사가 되는 시간으로 배치하느라 그랬는지 모르지만) 순서와 내용이 뒤죽박죽 섞여 있는 경우는 물론이고, 강의로만 전반적인 교육을 모두 배치해 놓고 후반부에 '참여형 인권교육 방법'이 강좌로 배치되어 있는 경우도 있습니다. 인권교육의 참여적 성격을 전혀 구현하지 않은 교육만으로 채워 두고 마지막에 가서 '방법' 차원에서 참여형 교육을 강조하는 것이 모순적으로 느껴집니다.

무엇을 핵심 역량으로 보는가

교육을 통해 익혀야 할 핵심 역량을 잘못 설정한 경우도 있습니다. 일례로 장애인권교육 강사 기초 과정에 장애 유형에 대한 강의가 반 이상의 시간을 차지하는 경우가 있습니다. 장애의 유형을 공부하고 이해를 높이는 것이 필요할 수도 있습니다. 하지만 과정의 절반을 차지할 만큼 중요한지, '이 과정의 기획자는 장애인권교육 강사가 갖추어야 할 핵심적인 지식과 감수성을 무엇이라고 본 것일까?' 궁금해지기도 하는 사례입니다. 장애 유형에 대한 이해는 교육 참여자에 대한 이해를 높이기 위해 필요할 수도 있지만, 그것 자체로 '장애 인권'의 내용이 될 수는 없습니다. 대개 '장애이해교육'은 장애인이 겪는 차별이 장애 유형에 대한 '무지'에서 비롯된다는 가정을 깔고 있습니다. 그러나 장애 유형과 유형별 특성을 안다고 해서 장애인 차별이 사라지는 것은 아니며, 장애인을 동등한 인간으로 존중하는 관계를 맺는 힘이 자라는 것도 아닙니다. 또 시설 거주인이나 시설 종사자를 만난 인권교육에서 장애 유형을 설명하는 교육을 장애인권교육이라고 보기도 어렵습니다. 장애 유형에 대한 이해를 교육과정의 일부로 배치하더라도 그 목표가 '교육 참여자에 대한 이해'를 높이기 위한 것임을 분명히 할 필요가 있습니다.

학교에서 노동인권교육을 진행할 교육가를 위한 과정 중에서도 노동의 이해, 청소년 노동 현실, (〈근로기준법〉 중심의) 노동법 이해, 노동인권교육 프로그램의 실제, 기획과 시연 등으로 구성된 교육과정을 자주 볼 수 있습니다. 교육 주제나 배경 지식에 대한 교육은 포함되어 있는데, 정작 '노동인권'이 무엇인지, 교육가가 만나게 될 청소년, 교육이 이루어지는 공간인 학교에 대한 이해는 전혀 다루지 않고 있습니다. 인권교육 방법론을 비롯한 교육을 대하는 자세는 어떤 주제의 교육가 과정에서든 필수적임에도 이를 전혀 고려하지 않는 과정도 많습니다.

충분한 시간과 지원이 계획되어 있는가

당장의 교육가 '파견' 사업만을 위한 기계적 교육과정을 설계하는 경우도 있습니다. 단시간에 교육가를 '양성'하려고 하다 보니, '표준 교안'을 일방적으로 제시하고 그 교안에 따라 기계적으로 교육을 수행할 사람을 만드는 방식으로 과정을 기획하게 됩니다. 함께 기획하여 만든 '표준 교안'은 교육의 통합성을 높이고 공동 평가와 보완을 위한 것이어야 하지, 기계적으로 암기해야 할 '대본'이 되어서는 안 됩니다. 단기간의 '양성' 과정은 반드시 필요한 교육 내용을 생략하게 마련입니다. 허술한 교육과정은 교육을 나갈 사람들의 자신감보다 두려움만 가중시킬 수 있습니다. 교육과정 이후에 '양성'된 교육가를 방치하는 경우도 있습니다. 교육가와 교육 현장을 연결하는 중간 지원 역할이나 후속 모임 등을 통한 지속적인 역량 강화 역할을 수행하지 않고 무책임하게 '양성'만 하는 과정은 지속되기 어렵습니다.

외부의 자극에 열려 있는가

교육가와 현장의 연결을 폐쇄적으로 운영하는 문제도 있습니다. 특정 직군의 협회나 기관에서 교육가를 배출하고, 일종의 '내부인'에게만 내부인에 대한 교육을 맡기는 경우입니다. 군인이 군인을 교육하고, 복지 시설 종사자가 종사자 교육을 진행하는 경우가 대표적입니다. 참여자에 대한 이해가 높고, 상황과 배경을 충분히 알고 있다는 장점이 있지만, 참여자의 위치를 객관적으로 살필 수 없다는 한계 또한 존재합니다. 물론 교육가의 철학과 사명감에 따라 교육 내용이나 접근 방식이 달라질 수도 있겠지만, 자칫 참여자의 하소연만 들어 주거나 인권 침해에 걸리지 않는 '요령'만 알려 주는 교육이 될 수도 있습니다. 교육의 내용이 변화하는 시대적 요청과 외부의 '객관적' 관점에 열려 있는 교육이 되려면, 폐쇄적 교육 운영에 대한 변화가 필요합니다.

누가 교육과정을 운영하는가

단 한 번의 인권교육의 경우에도 요청하는 담당자의 관심에 따라 교육의 질이 달라질 수 있습니다. 참여자의 상황이나 현장의 요구에 맞는 교육의 내용을 충실히 협의할 수 있고, 교육 앞뒤의 상황을 고려한 교육의 배치가 가능해지기 때문입니다. 하물며 인권교육가를 교육하는 장기 과정의 경우에는 두말할 필요가 없습니다. 담당자가 인권이나 인권교육에 대해 잘 알고 있어야 하는 것은 아닙니다. 특히나 지자체처럼 담당자가 계속 변화하는 경우라면 더욱 그렇습니다. 그럼에도 담당자의 역할은 중요합니다. 적어도 담당자라면 담당하는 기간 동안만이라도 인권교육의 필요성과 교육과정에 대한 고민을 자기 과제로 받아들여야 합니다. 담당자가 교육과정을 기획하고 운영하는 전 과정에 충실히 참여하고 이후 교육가들을 위한 역량 강화 과정에도 함께하여 내실 있는 인권교육을 운영하고 있는 지자체의 사례도 있으니까요.

현장의 흐름을 고려한다는 것

한 대안학교로 교육을 갔을 때의 일입니다. 그 학교에서는 한 학기 동안 인권 과목을 개설해 학생들과 여러 차례 인권에 관한 교육을 진행했고 최근의 청소년 인권에 관한 이슈까지도 다루어 왔습니다. '외부 전문가를 모시고' 학생인권조례에 대해 더 깊이 이해하는 기회를 갖고, 그 시간을 바탕으로 교육청이나 시청에 청소년 인권에 관한 정책 과제를 제시하려는 후속 활동까지 기획하고 있었습니다. 학생들과 만나 재미난 이야기를 주고받을 수 있겠다고 기대를 안고 갔습니다. 막상 학교에서 만난 학생들의 모습은 예상과 달랐습니다. 대다수 학생들은 큰 관심을 보이지 않았고, 오늘의 수업이 배치된 맥락에 대한 이해 역시 학교의 '기대'와는 달라 보였습니다. 이전 수업이 제대로 진행되었을까 의문도 들었습니다. 담당 교사의 '계획'만 듣고 학생들의 자발성을 멋대로 상상해 버렸구나, 뒤늦게 반성이 들었습니다. 꾸역꾸역 교육을 진행하다 이대로는 안 되겠다, 판단했습니다. 학생인권조례의 내용을 조항별로 하나씩 살펴보면서 그 취지와 쟁점이 무엇인지를 설명하려던 계획을 내려놓고, 현장에서 방향을 변경했습니다. '무엇이든 물어보세요' 콘셉트로 학생 인권에 대해 궁금한 것을 물어보게끔 했습니다. "학교에서 휴대전화를 걷는 건 인권 침해인가요?" "학생은 꼭 교복을 입어야 하나요?" "제 친구네 학교에서 이러이러한 일이 있었는데 이건 어떻게 봐야 하죠?" "선생님 질문에 답을 안 하고 싶으면 안 해도 되나요? 자꾸 시키는 것도 인권 침해 아닌가요?" 이런 질문들이 나오면 그에 따른 쟁점을 정리해서 보여 주고, 학생인권조례의 관련 조항을 찾아보는 방법을 안내하는 방식으로 교육을 진행해 참여도를 높일 수 있었습니다.

교육 현장은 하나의 생명체와 같아 교육가의 예상 밖의 일들이 언제나 일어날 수 있습니다. 인권교육가를 위한 교육과정도 참여자들의 분포가 달라지면 더 집중적으로 다루어야 할 내용이 조금씩 달라지기도 합니다. 그래서 모든 교육 기획에는 '구멍'이 있게 마련입니다. 교육 기획하기란 교육의 시작 이전 단계에서 그치는 것이 아니라 교육 현장에서도 지속적인 변경과 보완이 필요한 연속적 과정임을 기억할 필요가 있습니다.

구멍 없는 교육안이 가능한가요?

인권교육 새로고침

3부
인권을 위한 교육

변화를 꿈꾸는 인권교육이라면
그 자체로 인권활동이 될 수밖에
없습니다. 인권교육은 다양한
공간에서 다양한 사람들과 인권을
만나게 함으로써 '인권의 가치를
공유하는 공동체'의 가장자리를
넓혀 나가는 활동이기도 합니다.
그런 의미에서 인권교육가는 곧
인권교육 '활동가'입니다.

우리는 왜 인권교육에 이끌리나요?
인권교육을 빚어내는 마음들

인권교육가는 무엇을 하는 사람인가?
'수업'에서 '실천'으로

우리는 왜
인권교육에
이끌리나요?

인권교육을 빚어내는
마음들

"제게는 인권이 아주 매력적인 이야기로 다가왔거든요. 그래서 인권교육가 과정을 수료하고 교육을 시작하기는 했는데, 그 이유가 뭐였는지 잘 정리가 안 되네요. 그게 정리가 돼야 참여자들에게도 저처럼 인권에 이끌릴 계기를 만들 수 있을 것 같은데……."

"일회성 교육이 워낙 많다 보니까 늘 아쉬워요. 교육 한 번 한다고 참여자들의 삶이 바뀔 것 같지도 않고. 그러다 보니 제 스스로가 '나, 뭐 하고 있는 건가' 싶을 때가 있어요."

"저는 인권교육을 한 번이라도 받아 보고 안 받아 보고가 차이가 있다고 생각하거든요. 근데 주변 사람들은 '교육한다고 세상이 바뀌냐'는 식으로 이야기하고. 그러다 보면 또 내가 자기 위안 삼으려고 그렇게 생각하나 싶어지기도 하고……. 아, 복잡해요."

"인권교육이라는 게 상황이나 조건에 따라 다양한 모습으로 이루어질 수 있는 것 같아요. 인권교육다운 인권교육이라는 게 꼭 하나의 모습일 수는 없지 않을까요?"

"어디서는 인권교육 강사라고 부르고, 어디서는 또 인권교육 활동가라고 부르고. 교육하는 강사와 활동가는 좀 다르지 않나요?"

인권에 대해 배우는 자리가 열린다는 소식에 기꺼이 발걸음한 사람들이 모인 교육장에서는, 의무적으로 교육에 참여한 사람들로 꽉 찬 교육장과는 사뭇 다른 공기가 느껴집니다. 주고받는 대화에서도 '삶의 무언가가 이분을 인권으로 이끌리게 만들었구나!' 감지하게 되는 순간들이 있습니다. 마찬가지로 인권교육가를 위한 과정에 열정적으로 참여하거나 역량 강화를 위해 부단히 노력하는 분들에게서도 어떤 기운이 느껴질 때가 있습니다. 인권교육 활동을 마음먹게 된 동기나 목표야 제각각이겠지만, 단지 교육 수입만을 목적으로 한다면 나오기 힘든 열정을 마주하게 될 때가 있는 것이죠. "인권은 알면 알수록 더 어렵네요." "인권교육이라는 게 하면 할수록 더 생각할 거리가 많아져요." "인권교육을 하고 있지만 이거 한다고 뭐가 달라지나 싶을 때가 종종 있어요." 이렇게 말하면서도 이들이 도전을 멈추지 않는 이유가 무엇일지 고민하다 질문의 방향을 바꿔 보았습니다. 우리는 인권교육의 무엇에 이끌렸던 걸까? 우리는 인권교육에서 무엇을 보았기에 이 일을 계속하고 있는 걸까? 동료들과 이야기를 나눠 보니 그 답이 조금은 더 선명해지기 시작했습니다.

우리가 인권교육에 이끌린 까닭

"내가 느낀 인권의 맛을 다른 사람들과 나누고 싶었지." 우리가 발견한 첫 번째 답입니다. 인권이라는 언어를 통해 느꼈던 해방감 또는 인권의 매력을 다른 사람들과 나누고 싶은 마음이 우리를 인권교육으로 이끌고 있었습니다.

"하면 할수록 어렵기도 하지만, 하면 할수록 더 재미있지 않아?" 우리가 발견한 두 번째 답입니다. 무엇이 재미있다고 여기는지 살펴보니, 인권의 언어로 참여자와 같이 떠들고 의미를 발견하고 무언가를 도모하는 가운데서 오는 재미였습니다. 그렇기에 교육을 통해 만나게 될 참여자의 삶을 더 궁금해하고, 준비해 간 이야기보따리를 풀어놓는 데 그치지 않고 참여자와 오고 갈 대화를 더 기대하는지도 모릅니다.

"인권교육을 하다 보니 내가 더 사람에 가까워지는 느낌이야." 우리가 발견한 또 다른 답입니다. 교육을 통해 참여자와 세상의 변화를 꿈꾸지만, 그 무엇보다 자기 자신의 변화에 감사해하는 이들이 우리 가운데 많았습니다. 인간답다는 것은 무엇인가 계속 질문하고, 타인의 서사 쓰기를 돕기 이전에 자신의 서사를 먼저 구성하고, 우리에게도 '가해' 가능성이 있음을 자각하는 시간들을 거치면서 인권교육이 가진 힘을 좀 더 신뢰하게 되었는지도 모릅니다.

"인권교육을 통해 해 보고 싶은 게 있었고, 하면 할수록 해 볼 수 있는 게 좀 더 많이 보이기 시작했어." 우리가 발견한 마지막 답입니다. 인권교육이 과연 세상을 변화시킬 수 있느냐는 질문에 명쾌한 답을 내놓으려면 긴 호흡이 필요합니다. 그럼에도, 그 결과와 상관없이 해 보겠다는 마음들이 모여 있었습니다. 어쩌면 우리는 인권교육이 지닌 가능성이 분명해서가 아니라 그 가능성을 믿고 있기에 이 교육을 이어 가고 있는지도 모릅니다.

사람마다 인권교육에 이끌린 이유, 인권교육이 지닌 매력과 가능성에 대한 생각은 조금씩 다를 겁니다. 누군가는 또 다른 이유로 인권교육에 이끌리고 있겠지요. 각자를 매료시킨 바로 그 지점에 무게를 두고, 많은 인권교육가들이 각자의 자리에서 각자의 빛깔과 질감으로 인권교육을 빚어내고 있을 겁니다. 그래서 인권교육은 하나의 모습일 수 없습니다. 인권교육이 모두 똑같은 모습이라면 그 또한 지루할 테고, 하나의 정답이 고정되어 있다고 믿는다면 그 또한 섣부를 테지요. 우리가 한 번도 만나 본 적 없는 인권교육가들과 우리가 하고 있는 인권교육이 어떻게 같고 다른지도 판단하기 어렵습니다. 그런 의미에서 인권교육은 어떻다고, 인권교육은 어떠해야 한다고 한마디로 선언하는 것은 쉬운 일이 아닙니다.

놓치고 싶지 않았던 질문들

"나는 인권교육이 우리가 상상할 수 있는 것 이상으로 훨씬 큰 창조적 잠재성을 갖고 있기 때문에 정의(定義)를 허용하지 않는다고 생각한다. 우리는 인권교육을 현재 존재하는 방식으로 정의하고, 좋은 실천의 사례를 포착할 수 있고, 성공의 증거를 보일 수 있다. 하지만 사람들이 이 강력한 도구를 가지고 할 수 있는 것의 최소한을 어렴풋이 감지할 뿐이다."❶ 미국의 인권교육가 낸시 플라워스는 이렇게 또 다른 의미에서 인권교육의 정의가 불가능하다고 말합니다. 그의 말처럼 인권교육이 지닌 창조적 잠재성은 무궁무진할 테지만 그 잠재성을 꽃피우는 길은 여러 갈래일 겁니다. 그럼에도 우리가 인권교육을 진행해 오면서 놓치고 싶지 않았던 마음들, 처음에는 희미했으나 지금은 선명해진 질문들, 좌충우돌 헤매다가 새롭게 발견한 이야기들의 역사를 더듬어 보면서 우리가 걸어가고 있는 인권교육의 길을 조명하고자 합니다.

어디에 서 있고 누구의 곁에 설 것인가 : 사회적 좌표를 읽고 질문하는 교육

구고신 : 비정규직이란 게 뭐요? 임금은 낮은데 일은 험해.
일은 험한데 산재 처리는 안 돼. 다치면 잘리고 잘리면 빌리고,
빚지면 또 아무 데나 받아 주는 대로 비정규직으로 들어가야 돼.
남보다 못사는데 경기 나빠지면 남보다 먼저 잘려.
쉽게 잘리니까 잘릴까 무서워서 시키면 시키는 대로 벌벌 기어야 돼.
고생은 제일 많이 하는데 책임도 제일 많이 지라는 소리야!
개척한 미래가 없고 계발할 여유도 없어.

> 이건 형벌이오. 만기 없는 형벌!
>
> 노동자 : 그거야 남들 열심히 할 때……. (……) 경쟁에서 져서 그런 걸 어쩌라구요. 본인이 책임져야죠!²

　최규석의 만화 《송곳》의 이 장면은 자신의 사회적 좌표를 아는 것과 그에 대해 문제의식을 갖는 것과의 차이를 날카롭게 보여 줍니다. 사회적 좌표를 읽는다는 것은 사회 구조가 어떤 힘들과 체계로 짜여 있는지, 그 구조가 내 삶에 어떤 영향을 미치는지를 파악하는 일입니다. 그런데 자기가 놓인 사회적 위치를 안다고 해서 그것이 바로 비판적 문제의식으로 이어지지는 않습니다. 인권의 관점에서 살펴보면 문제지만, 누군가는 그 사회적 위치를 당연하다고 수용할 수도 있고, 그 위치를 이용하여 개인적 편의와 이득을 추구할 수도 있고, 그 위치를 바꾸는 것은 불가능하다며 체념할 수도 있습니다. 그렇다면 무엇이 비판적 질문을 가능하게 하는 것일까요?

　인권 연수에서 만난 한 교사는 이런 이야기를 우리에게 건네주었습니다. "집회 전단지 같은 데 자주 등장하는 문구가 '우리는 기계가 아니다', '우리는 노예가 아니다' 그런 얘기잖아요. 처음엔 별로 피부에 와닿지 않았어요. 그래도 인간답다는 게 뭘까 그런 고민을 하게 만드는 자극이 되긴 했죠. 이 문구가 가장 가슴 깊이 와닿았던 건 학교라는 공장 안에서 (교사인) 내가 마치 부속품처럼 느껴질 때였어요. '부속품으로서 학생에 대한 통제 역할을 강요받고 있구나, 더 이상 이렇게 살면 안 되겠다' 싶었죠." 그는 학생에 대해서는 통제자, 학교라는 구조 안에서 보면 부속품에 불과한 자

1 Flowers, Nancy(2003), "What is Human Rights Education", *A Survey of Human Rights Education*, Bertelsmann Verlag.
2 최규석(2017), 《송곳 4》, 창비, 17~19쪽.

기 존재에 대한 자각이 찾아온 순간, '인간다운 삶'이란 평소의 지향을 구체화할 계기를 마주했다고 합니다. 그리고 그는 더 이상 통제자의 위치를 유지하지 않겠다는 결심에 이르렀습니다. 이렇듯 사회적 좌표를 읽고 그 좌표에 의문을 품으려면, 다른 언어 또는 다른 질문과의 만남이 중요합니다. 이때 (인권만 할 수 있는 역할은 아니겠지만) 인권이 다른 언어와 질문을 제공할 수 있음은 분명합니다.

우리는 인권교육이 '당연하다', '물론이다', '어쩔 수 없다'고 생각되는 세계를 의심하고 질문을 던지는 시간이 되기를 바랐습니다. 인권이 '모든 인간의 평등한 존엄'을 말하는 언어라면, 인권교육은 더더욱 평등한 존엄을 누리지 못하는 이들의 입장에서 세상을 보아야 한다고 생각했습니다. 이는 우리만의 생각은 아닙니다. 인권교육을 비롯하여 대안적 교육운동에 크나큰 영향을 미친 파울루 프레이리도 이렇게 말합니다. "저는 교육이 '보편적 인간'을 위해 존재한다고 생각하지 않습니다. '보편적 인간'이라는 것은 존재하지 않거든요. 보편적 인간은 추상적입니다. 저에게는 '인간'이란 메리, 피터, 존과 같은 구체적인 존재입니다. 그러므로 교육자는 누구를 위해 일할 것인지 먼저 알아야 합니다. 이는 결국 교육자는 정치적으로 명확한 입장을 가져야 한다는 것을 의미합니다."[3] 우리는 이 말을 인권교육에도 위치 설정이 중요하다는 의미로 읽었습니다. 인권교육은 모두의 존엄을 말하는 교육입니다. 그러하기에 오히려 누구를 위한 교육인지, 누구의 곁에 서려는 교육인지를 선명히 해야 한다는 것, '보편'이라는 말 뒤에 숨어 해야 할 말을 하지 못하는 교육이 되어서는 안 된다는 것을 잊지 않으려 노력했습니다.

---

[3] 파울루 프레이리·마일스 호튼, 프락시스 옮김(2006), 《우리가 걸어가면 길이 됩니다》, 아침이슬, 132쪽.

해야 할 말을 하고 있는가 : 모순이나 갈등을 얼버무리지 않는 교육

사회적 좌표에 대한 질문은 인권교육에 요구되는 사회적·시대적 역할에 대한 질문과도 이어집니다. 사회적 약자나 소수자들과 만나는 인권교육에서는 참여자의 맞장구를 자주 듣게 됩니다. "그러니까요! 제 말이!" "그렇게 생각하니 간질간질했던 게 정말 명료해지는 기분이에요!" 일상에서 겪는 부당한 일들에 대한 공감과 재해석의 기회, 삭제되었던 권리를 발견하는 기회를 맞이한 사람들이 보내 주는 맞장구입니다. 인권교육을 하는 우리에게는 힘도 되고 자극도 되는 순간들입니다. 그럴 땐 '이런 게 진짜 인권교육 하는 맛이지' 싶습니다. 반면 교육이 끝난 뒤 항의나 하소연을 듣게 되는 경우도 있습니다. "한 번 오셔서 원칙적인 이야기 늘어놓고 가시면 그 뒷감당은 누가 합니까?" "인권교육 하고 났더니 애들 분위기가 엉망이 됐어요." "왜 장애인의 인권만 이야기하고 종사자의 인권은 이야기하지 않나요?" "인권교육에서 왜 동성애를 권장합니까? 교육이 너무 편파적이네요." 이런 반발이나 오해를 접하고 나면 대개 마음이 상하기 마련입니다. "오늘 교육 너무 좋았어요." 참여자들이 건네는 호의와 감사로 교육을 마무리하고 싶은 유혹이 언제나 따라다닙니다. 그럼에도 우리는 모두의 호의보다 현장에 존재하는 모순이나 갈등을 얼버무리지 않는 교육을 먼저 선택해야 한다고 믿어 왔습니다. 우리가 맡은 교육이 어떤 사회적 맥락에서 배치되었고, 무엇을 말해야 할 책임이 있는지를 고민하는 일이 우선이라고 생각했기 때문입니다.

대표적인 예로 장애인 거주 시설 종사자 교육을 가면, 장애인 인권과 시설 종사자 인권을 '대립 구도'로 해석하고 있는 분들을 자주 만나게 됩니다. 장애인 인권과 종사자 인권을 대립시켜 이를 뺏고 뺏기는 일종의 '시소게임'으로만 바라볼 경우, 종사자들이 장애인 인권을 확장적으로 고민하기가 어려워집니다. 둘의 인권은 실제로 대립 관계에 있지도 않습니다. 종교 강요, 열악한 노동 조건, 과중한 업무 부담 등 종사자들이 겪는 인권 침해의 대다수는 법인이나 지자체와의 관계에서 빚어지니까요. 그런데도 종사자 가운데 화살을 엉뚱한 곳에 돌리는 이들이 적지 않습니다. 장애인들이 너무 많은 권리를 요구해서 힘들다는, 비난 섞인 하소연을 이어 가는 경우가 많습니다. 큰 구조를 읽으면 장애인과 종사자는 반대편이 아니라 나란히 서는 관계로 보입니다. 시설 내 장애인의 인권 침해 문제를 고발함으로써 문제를 바로잡는 데 기여한 종사자들도 있습니다.

그렇지만 대립적 관계에 놓이는 순간들이 없다고 단정하거나 이를 외면해서는 안 된다는 것 또한 우리의 생각입니다. 업무가 가중된다고 해서 장애인을 시설 업무에 강제 동원하거나 필요한 활동 지원을 생략하거나 그들의 정당한 요구를 경멸할 허가증이 생기는 것은 아닙니다. 그럼에도 별다른 문제의식 없이 그렇게 행동하는 종사자에 대해서는 단호함이 필요합니다. 장애인의 행동 특성을 예측해 지원을 제공거나 폭력을 학습하게끔 만드는 문화를 고치는 노력은 게을리하면서 '장애인이 종사자 인권을 침해하니 제압할 권리가 있어야 한다'고만 주장한다면, 시설 안에서 상대적 약자일 수밖에 없는 장애인을 위험에 내몰 수 있습니다. 그래서 차별이 누적되어 온 장애인의 삶과 사회적 약자로서의 위치를 망각하지 않기를, 종사자에게도 인식과 행동을 전환해야 할 책임이 있음을 놓치지 않는 교육을 만들고자 노력합니다. 이는 교사-학생, 공무원-시민, 내국인-이주민과 같은 관계를 바라볼 때도 견지되어야 할 관점입니다. 모두의 권리가 중요하다는 말로 현존하는 모순과 갈등을 얼버무릴 수는 없는 노릇이고, 개인의 잘못만은 아니지만 개인의 책임이 전혀 없다고도 볼 수 없으니까요.

마찬가지로 사회적 약자나 소수자에 대한 '이해'를 강조하는 교육에 대해서도 긴장을 늦추어서는 안 된다는 것이 우리의 생각입니다. 장애이해교육이나 다문화이해교육처럼 우리 사회에 존재하는 여러 '이해교육'들은 마치 그 존재의 '특성'을 알면 인권이 보장될 것처럼 생각하는 건 아닌가 하는 의심이 들 때가 많습니다. 사회적 약자/소수자들은 '그들'로서 이해의 '대상'으로 상정되고, 그들이 아닌 '우리'는 '이해해 주는' 사람이 되어야 한다는 위계적 관계를 전제로 하는 경우도 많습니다. 이해교육의 한계를 계속 짚고 인권교육으로의 전환을 요구하는 이유입니다. 그리고 혹여나 우리의 교육도 사회적 약자/소수자들을 권리의 주체가 아닌 관용적 이해와 보호가 필요한 약자로 고정하고 있지 않은지 끊임없이 경계를 늦추지 않으려 합니다. 그래서 우리는 때로 '까칠하다'거나 '예민하다'는 평가를 받기도 합니다. 할 말을 하려면 감수해야 할 반응이겠지요.

선언을 현실로 만드는 데 기여하는가 : 일상을 '사건화'하는 교육

존재하는 문제를 드러내려면 고요한 일상에 파문이 일어야 합니다. 얼마 전, 서울의 한 고등학교에 인권교육 특강을 갔을 때의 일입니다. 복도를 지나는데 이런 표지판이 보였습니다. "이 교무실은 2-5반 청소 담당 구역입니다." 화장실에도 담당 교실이 정해져 있습니다. 교실로 들어서자 학생들 교복 위에 이름표가 박음질되어 있었습니다. 학생들에게 학교에서 인권에 대해 배운 적 있는지 물어보았습니다. 자주 배웠다는 대답이 돌아와 오히려 놀랐습니다. 학교에서 인권을 가르치는 수업이 진행되는데 학교 현실은 그러하다니, 비현실적으로 느껴졌습니다. "아직도 이런 학교가 있다니 놀랍습니다"라는 말로 교육을 시작했습니다. 그 순간 교실에 작은 파문이 일어났고, 학생들의 눈빛이 반짝이기 시작했습니다. 인권의 언어로 학교에서 사라져야 할 것들이 하나둘 터져 나오기 시작했습니다. 고요했던 학교의 일상이 '사건'이 되는 순간이었습니다.

살아가면서 익숙해진 일들은 인권의 문제로 인식되지 않거나 문제가 있어도 어쩔 수 없는 것으로 받아들여지기 쉽습니다. 같은 일이 반복되면 그 상태가 마치 '정상적'인 것처럼 여겨집니다. "살면서 성소수자를 만난 적 있나요? 당신의 친구 중엔 성소수자가 있습니까? 당신의 인생에서 무수한 성소수자가 당신 곁에 있었을 텐데 지금껏 한 번도 성소수자를 만나거나 친구가 된 적이 없다면 당신이 속한 사회가 얼마나 이성애자 중심적이었는지 돌아볼 필요가 있습니다." 지금껏 성소수자의 존재 자체를 부정하거나 배제하는 질서를 평범한 세상으로 믿어 왔던 이들에게 이 말은 천둥소리처럼 들릴지도 모릅니다. 해외여행도 빈번한 세상에서 일생 동안 단 한 번도 제주도에 가본 적이 없는 뇌병변 장애인의 일상에, 최저 임금이라도 받으면 감지덕지해야 하는 알바들의 일상에, 하루 내내 일하면서도 노는 사람 취급을 받는 전업주부의 일상에, 벌점을 받는 학생이 문제이지 그 벌점 자체가 문제라고 생각해 본 적이 없는 학생의 일상에, 이렇듯 평범하지만 문제적인 일상에 인권의 조명을 비추는 것. '늘 있는 일', '소소한 일'로 여겨졌던 문제가 그냥 지나쳐서는 안 될 '사건'이 되도록 질문을 던지는 것. 그것이 인권교육이 존재하는 이유 가운데 하나라고 우리는 생각합니다. 그 바람에 "왜 사람들을 선동해서 없던 문제를 만드냐", "왜 혼란을 부추기냐"는 등의 볼멘소리도 듣게 됩니다. 없는 문제를 만들어 낸 것이 아니라 있지만 가려져 왔고 간과되어 왔던 문제를 '사건화'하는 것입니다. 그렇지 않고서는 변화란 불가능하니까요.

인권교육에서 일상이 사건으로 조명되면, 실제 일상에도 사건이 일어나기도 합니다. 청소년 아르바이트 실태에 대한 조사 과정에서 만났고 노동인권교육에도 참여했던 한 청소년이 일상에서 벌인 '소소한' 저항을 우리에게 전해 온 적 있었습니다. 금액을 표시하는 기계를 활용해서 일하는 편의점 곳곳에 최저 임금에 해당하는 액수를 적어서 붙여 두었다는 이야기였습니다. "당신이 법으로 정해 놓은 돈도 안 주고 있다는 거, 내가 그걸 다 안다는 걸 알려 주고 싶었어요. 조용히 일하다가 그만두기엔 억울했거든요." 인권교육을 접하고서 '나도 자립할 수 있을까'를 고민하다 자립을 결심하는 장애인도 있고, 자녀에게 가한 체벌에 대해 사과하고 다시는 체벌을 하지 않겠다고 선언하는 엄마도 있고, 옆집의 가정 폭력을 신고하기로 결심하는 이웃도 있습니다. 묵혀 왔던 문제를 방치하지 않고 민주적 조직 문화를 일상으로 만들기 위한 방도를 찾기 시작한 공동체도 있고, 경찰의 불법 행동과 지시에 응하지 않기로 결심하는 시민도 있고, 불행을 전시하여 후원을 모집하는 방식을 폐기하기로 결심하는 복지단체도 있습니다. 이런 변화를 만난다는 것은 인권교육을 하는 우리에겐 더없는 기쁨입니다.

인권 현장에 밀착해 있는가 : 현장을 담아내는 교육

구체적이고 실질적인 변화를 지향하기에 우리는 인권교육이 현장에 밀착해 있는가를 계속 질문하게 됩니다. '현장에 밀착해 있다' 혹은 '현장을 담아낸다'는 것은 어떤 의미일까요? 인권 침해에 맞선 치열한 싸움이 전개되는 곳으로 달려가 인권교육을 펼칠 때에만 진정한 인권교육이라는 이야기는 아닙니다. (물론 투쟁의 현장에서도 인권교육은 절실히 요청되고 실제로 다양한 내용과 형식으로 인권교육이 전개되고 있기도 합니다. 싸움이 급박하게 전개되는 공간일수록 이

싸움이 왜 일어났고 무엇을 지향해야 하는지, 어떻게 대처해 나가야 하는지를 토론하는 것이 중요합니다. 또한 싸움을 함께하는 동료들끼리 인권을 침해하는 일이 없도록 하려면 어떤 가치관의 공유가 필요할까를 계속 궁리하는 투쟁 현장은 더 단단하게 서로를 결속하는 법입니다.) 변화를 만들어 내고 있는 투쟁 현장뿐 아니라 변화가 필요한 다양한 일상적 공간에서도 인권교육은 전개되고 있고 또 전개되어야 합니다. 어떤 공간에서 진행되는 교육이든, '현장에 밀착해 있는가?'라는 질문이 필요하다고 생각합니다.

현장에 밀착한 교육이란 현장^{field}의 목소리와 구체적인 숨결이 내용 속에 담겨 있는 교육을 말합니다. 이를 위해서는 인권교육가가 자기의 몸을 구체적 인권 '현장'에 결속시켜야 한다고 우리는 생각합니다. 장애인의 삶의 현장을 만나 보아야 '지역 사회에서 살 권리'에 생생한 숨결을 불어넣는 장애인권교육이 가능해집니다. 청소년도 인권의 주인이라는 명제가 청소년의 위기 상황을 지원하는 현장에서는 어떤 의미를 지니는지 말하려면 그 현장과 대화해야 합니다. 변화를 일구는 사회운동의 현장과 호흡할 때 확산되어야 할 인식과 돌파해야 할 쟁점도 또렷해지는 법입니다.

현장에 밀착한 교육이란 '바로 여기, 바로 지금$^{here\ and\ now}$'의 인권교육을 꿈꾼다는 의미이기도 합니다. 인권을 과거의 이야기로 박제화하지 않고 '현재화한다'는 뜻에서, 인권을 먼 곳의 이야기로 '외부화하지 않는다'는 뜻에서 현장성을 강조하는 것입니다. 학교에서는 세계시민교육이나 노동인권교육은 상대적으로 환영하는 반면, 학생인권교육은 꺼립니다. 〈유엔 아동 권리 협약〉을 다루면 안심하고, 학생인권조례를 다루면 경계합니다. 그런데 학생을 시민으로 대접하지도 않으면서 어떻게 세계 시민이 되라고 말할 수 있는 걸까요? 학교와 일터의 닮은꼴과 연결 고리가 얼마나 많은데 왜 노동인권교육만 환영할까요? 학교에서는 고분고분한 존재가 되기를 바라면서 일터에서는 노동법 준수를 외치는 투사가 되라는 걸까요? 학생인권조례는 꺼리고 〈유엔 아동 권리 협약〉만 환영한다는 이야기는 바로 여기, 바로 지금의 구체적 변화를 원하지 않는다는 뜻은 아닐까요? 이런 질문들이 현장성에 대한 고민을 낳았습니다.

마지막으로는 인권교육의 장 역시 하나의 '인권 현장'임을 간과하지 않겠다는 뜻입니다. 인권교육 시간은 참여자의 삶을 만나고 인권의 언어와 참여자의 삶을 연결시키는 하나의 인권 현장입니다. 같은 노동 인권을 주제로 한 교육이어도 참여자가 장애인일 때와 비장애인일 때 다른 현장이 만들어집니다. 같은 장애인 노동자라고 할지라도 그가 신체 장애인인지 발달 장애인인지, 여성인지 남성인지, 일반 사업장인지 보호 작업장인지에 따라 당면하고 있는 인권 문제와 일터에서 느끼는 장벽도 다를 것입니다. 교육의 기획 방향에 따라서도 다른 현장이 교육 안에서 만들어집니다. 인권교육이 이루어지는 장소 역시 사회적 모순과 갈등이 내재해 있는 현장이죠. 학교로 찾아간 인권교육에서 학교의 화장실 상태, 급식실의 풍경, 중앙 현관의 이용 방식, 학생들이 외부인을 대하는 태도 등만 봐도 그곳의 문화나 갈등이 짐작됩니다. 현장의 공기와 문제를 잘 파악해야 현장에 밀착한 인권교육이 가능해집니다.

인권의 확장에 기여하는가 : 참여자를 인권의 저자로 초대하는 교육

변화가 이루어지려면 나/우리가 그 변화를 일구는 주체라는 자각이 중요합니다. 그때 나의 권리를 지지하는 법이나 기준이 있음을 알게 되면 힘이 됩니다. 시급한 변화를 요구하는 주요 근거로 활용할 수도 있습니다. 사업주가 최저 임금을 지키지 않으면 법적으로 해결할 수 있다는 걸 알고 일자리를 구하는 경우와 그렇지 않은 경우엔 차이가 있을 수 있죠. 지역 사회에서 살 권리가 있다는 걸 알게 된 장애인은 처음으로 시설에 갇힌 삶에 의문을 가질 수도 있을 겁니다. '쉴 권리', '놀 권리'도 인권이고 이를 보장한 국제 인권 기준이 존재한다는 걸 알게 된 어린이는 얼마나 반가운 마음일까요? "법에 이렇게 되어 있는데 왜 안 지킵니까?" 그래서 인권교육에서는 국제 인권 조약이든, 헌법이든, 국내법이든, 관련 법률에 대한 이해가 필요한 경우가 많습니다. 노동 인권을 주제로 교육하는 사람이라면 노동법에 대한 질문을 자주 받게 되니 노동법에 대한 이해가 요구되고, 학대나 폭력을 예방하기 위한 교육들에서는 특히나 관련 법의 기준이나 절차에 대한 이해가 필수적이죠.

그런데 인권교육에서 법을 어떻게 다루어야 하는가를 질문할 필요가 있습니다. '법에 보장된 권리나 관련 기준을 알려 주는 것만으로 충분하다'고 여기는 함정에 빠지기 쉬우니까요. 법을 알게 된다고 해서 곧장 법에 보장된 권리를 요구할 수 있게 될까요? 아는 것을 주장하고 행동으로 연결하려면, 다른 역량의 뒷받침이 필요합니다. 현실이 따라 주지 않으면 인권 침해적인 상황을 견뎌야 할 때도 있습니다. 일자리는 부족하고 당장의 수입이 절실하면 최저 임금 위반 사업장에서라도 일을 하게 됩니다. 게다가 인권을 보장하는 법이라고 분류된 바로 그 법에도 한계가 있기 마련입니다. 법은 언제나 현실에 뒤처져 있습니다. 법이 포괄하지 못하는 '바깥'의 문제는 또 얼마나 많은가요? 몇 해 전, 청소년 노동자나 이주 노동자가 밀린 임금의 지급을 요구하자 10원짜리 동전으로 돈을 지급한 업주들의 이야기가 보도되면서 공분을 불러일으킨 적이 있습니다. 받는 사람의 입장에서는 지독한 모욕이 아닐 수 없지만, 통화로 임금을 지급했으니 법 위반은 아닙니다. 이처럼 법을 아는 것만으로는 손댈 수 없는 현실이 너무도 많습니다. 법을 의심 없이 받아들이고 단지 법 조항을 소개하는 정도에 머무르는 교육을 경계하는 이유입니다.

그런 까닭에 참여자를 법의 '독자讀者'로만 설정하는 교육은 한계가 있을 수밖에 없죠. 인권과 관련된 법들에는 문제적 현실을 바꾸고 싶었던 이들의 열망과 고단한 노력이 담겨 있습니다. 법은 있지만 바뀌지 않은 현실이 있고, 법의 변화를 촉구하는 목소리가 새롭게 대두되기도 합니다. 그렇다면 법의 내용을 아는 것에 그치지 않고 법에 대해 질문하는 힘을 키우는 교육이 필요하지 않을까요? 현실을 바꾸고자 하는 열망이 있어야 법을 어떻게 활용하고 앞으로 또 어떻게 바뀌어야 하는지도 살피게 되지 않을까요? 현실의 법을 넘어서는 인권적 상상력이 더 중요하지 않을까요? 그리하여 참여자를 인권의 '저자著者'로 초대하는 교육이 되어야 하지 않을까요? 인권교육에서 법을 다루면서 놓치지 않고자 했던 우리의 질문입니다.

일례로 아동학대, 노인학대, 학교폭력, 성폭력 등의 예방을 위한 교육들은 관련 법에 규정된 폭력 행위의 정의와 처벌 수위를 가르치는 것만으로 이루어지곤 합니다. 그러나 폭력에 대한 감수성을 높이려는 인권교육이라면 달리 던져야 하는 질문이 있을 겁니다. '폭력은 인간의 존엄에 어떤 상흔을 남기는가?' '직접적 폭력이 발생하기 전에 감지할 수 있었던 전조前兆 현상은 없었는가?' '폭력의 발생을 도운 구조와 문화는 무엇이었나?' '구조적 폭력은 왜 폭력으로 지목되지 않는가?' '폭력에 대한 공동체의 책임은 무엇이고 개인뿐 아니라 공동체는 어떻게 달라져야 하는가?' '현행 법률로 해결할 수 없는 문제는 무엇인가? 법에서 달라져야 할 내용은 없는가?' 법에서 출발하는 교육이 아니라 현실에서 출발하는 교육, 법의 테두리 안으로 가두는 교육이 아니라 법을 넘어서는 인권의 감각을 키우는 교육이 되려면 이러한 접근이 필요합니다.

법을 설명하는 언어의 사용에도 주의를 기울일 필요가 있습니다. 청소년을 대상으로 한 노동교육 시간에 한 교육가가 "청소년은 하루 7시간 이상 일할 수 없어요"라고 안내하는 것을 본 적이 있습니다. 그의 말마따나 2018년 8월 현재 〈근로기준법〉은 청소년의 노동 시간에 대해 "18세 미만인 자의 근로 시간은 1일에 7시간, 1주에 35시간을 초과하지 못한다. 다만 당사자 사이의 합의에 따라 1일에 1시간, 1주에 5시간을 한도로 연장할 수 있다"라고 규정하고 있습니다. 그런데 그의 설명을 듣고 청소년이 이런 질문을 던진다면 어떻게 답을 할까 의문이 들었습니다. "저는 하루 10시간 일하는데, 그럼 제가 불법인가요?" 하루 10시간 이상 일해야 살아갈 수 있는 청소년이 불법인지, 법을 알면서도 청소년에게 그와 같은 노동 조건을 요구한 사업주가 불법인지, 청소년을 그런 처지에 내몬 사회가 불법인지 고민하게 되는 질문입니다. 청소년의 의무가 아닌 권리로 관련 조항을 소개한다면 어떤 문장으로 바꾸어야 할까요? 1일 7시간 노동이 '권리'라면, 청소년이 '이걸 해서는 안 된다'고 말할 게 아니라 고용주와 국가가 무얼 해야 해고 무얼 해서는 안 되는지를 말해야 하는 게 아닐까요? 법이 정한 대로 청소년의 노동 시간을 줄이기 위해서는 어떤 뒷받침이 필요한지를 질문해야 하지 않을까요? 참여자의 삶에서 그 법이 갖는 의미를 놓치지 않으려고 우리가 긴장하는 이유입니다.

누구와 어떻게 연결되어 있는가 : 서로를 가로지르며 연결하는 교육

인권교육의 확산은 변화를 촉진하는 데 기여할 수도 있지만, 그저 노력하고 있다는 알리바이용으로만 그칠 수도 있습니다. 인권교육이 곳곳에서 확산되고 있는데 실제 그 교육이 어떻게 진행되는지 알 수 없다 보니 의심과 걱정만 쌓여 갑니다. 인권교육은 과연 인권을 위한 교육이 되고 있는 걸까요? 인권교육이 필요하다는 이야기는 쉽게 하면서도, 정작 인권교육이 실질적 변화로 이어지기 위해서는 어떠해야 하는지는 깊이 이야기하지 않는 현상을 어떻게 이해해야 할까요?

토론과 정리가 필요한 의문들도 갈수록 쌓여 갑니다. '아동권리교육에서는 〈유엔 아동 권리 협약〉의 권리 조항을 나열하는 데만 왜 그토록 힘을 쏟을까? 권리의 목록을 아는 것도 중요하지만 권리의 이름만 안다고 무엇이 바뀌어야 하는지가 분명해지는 걸까? 노동인권교육이라는 간판을 내건 교육은 확산되어 가는데, 노동 인권이라는 개념이 기존의 노동법, 노동권 개념에 대한 어떤 반성에서 출발한 개념인지 고민되고 있을까? 학교로 찾아가는 노동인권교육은 학교의 현실과 일터의 문제를 연결해서 다루고 있을까? 노인인권교육이라면서 왜 학대예방교육만 하는 걸까? 노인의 인권은 학대만 받지 않으면 완성되는 것일까? 그나저나 이 교육이 말하는 아동, 노동자, 노인은 과연 누구를 말하는 걸까?' 질문이 꼬리에 꼬리를 물고 이어집니다. 영역별 교육이 확산되고 그 영역에서의 전문성이 강조되다 보니, 다른 인권교육은 어떻게 되고 있나 관심을 가질 여유도 없고 영역별 장벽도 높아지고 있습니다. 해당 분야의 이슈와 관련 권리만 알면 인권교육으로 충분한 걸까요? 노동인권교육을 하러 가서 참여자인 청소년의 인권을 무시하고, 장애인권교육을 하러 가서 여성 인권을 침해하는 경우는 왜 일어나는 걸까요? 인권교육, 정말 이대로 괜찮은 걸까요?

이러한 질문과 우려 속에 우리가 찾은 길은 권리와 권리, 사람과 사람, 영역과 영역을 '교차시키고 연결하는 교육'이었습니다. 우리는 왜 교차성과 연대에 주목한 것일까요? 우선은 인간이라는 존재 자체가 다중적 정체성으로 구성되어 있고 인간의 존엄 역시 통합적으로 이해되어야 하기 때문입니다. '노동권'이 아닌 '노동인권'교육이라는 개념을 꺼내 놓았을 때도 이와 비슷한 고민이 있었습니다. 노동권 개념은 대개 보편적 노동자(그들은 아마도 남성이고 정규직이며, 비청소년이고 이성애자이며, 고정된 사업장에서 근무하고 있다고 가정됩니다)를 상정하고 그들이 일터에서 보장받아야 할 권리를 중심으로 구성되어 왔습니다. 반면 우리가 노동 인권이라는 개념을 통해 던지고 싶었던 질문은 이런 것이었습니다. '권리의 주인인 그 노동자는 누구인가요? 청소년이라는 이유로 노동조합 구성에서 제외되거나 성소수자라는 이유로 일터에서 밀려날 때 노동권은 이 문제에 제대로 대응할 수 있나요? 노동자이되 노동자가 아니라고 분류되는 이들의 권리는 어떻게 다루어야 하나요? 일터에서의 권리는 일터 밖에서의 시민으로서의 삶과 어떻게 연결되어 있나요?' 노동을 제대로 이해하기 위해서라도 차별의 문제, 민주주의 문제를 고민할 수밖에 없는 법이니까요.

두 번째는 인권교육을 통해 해결하고자 하는 문제들, 곧 계급, 인종, 성별, 연령 등에 따른 억압과 차별이 서로 연결되어 있기 때문입니다. 가정 내 가부장적 질서의 문제는 교사와 학생 사이, 직장 상사와 부하 직원 사이에서도 변주됩니다. 능력 중심의 사회 질서는 학벌이나 고용 형태에 따른 차별뿐만 아니라 사람의 우열을 구분하는 인종주의와도 연결되어 있습니다. 여성에 대한 폭력과 어린이·청소년에 대한 폭력, 여성에 대한 차별과 성소수자에 대한 차별, 장애인에 대한 폭력과 동물에 대한 폭력은 닮아 있기도 하고 본질상 연결되어 있기도 합니다. 억압의 연결된 지점을 간과할 때, 한 집단의 평등을 주장하면서도 다른 집단의 평등에 대해서는 고려하지 않는 우를 범할 수 있습니다. 우리가 깨뜨리고자 하는 억압이 다른 이름의 억압과 어떻게 연결되어 있는지를 계속 질문할 때, 그 억압의 본질에도 더 다가갈 수 있습니다.

세 번째는 인권교육을 통해 일구고자 하는 목표, 곧 참여자를 인권의 주체로 초대하고 사회 변화를 모색하는 일은 연결됨 없이는 불가능하기 때문입니다. 교육을 통해 만나게 되는 참여자들은 직업, 연령, 성별, 나이, 경제적 지위 등에서 각기 다른 사회적 위치를 갖고 있습니다. 같은 직군이나 소수자 집단으로 분류된다 해도 각자의 경험과 서사의 결에는 차이가 있을 수밖에 없습니다. 각자에게 주목해야 하지만 각자로 마냥 흩어지기만 해서는 안 됩니다. 변화는 나부터 시작되지만 개인적 권한 강화만으로 변화를 일구어 내기란 불가능합니다. 타인과의 연결과 지지 없이 누구도 홀로 권한을 강화할 수 없습니다. 각자가 지닌 차이를 묵과하지 않으면서도 공통된 인권 과제가 무엇인지, 각자의 권리가 어떻게 기대어 있는지, 내 문제만 고민할 때 왜 내 문제도 해결할 수 없는지, 결국 우리들이 어떻게 연결될 수 있는지를 상상하는 역량을 키울 필요가 있습니다. 억압받는 사람들끼리 서로를 옥죄지 않고 차별의 구조 자체를 문제 삼을 수 있는 슬기를 갖는 것이 중요합니다. 개인적, 집합적^{collective} 권한 강화가 함께 이루어져야 변화를 일구는 사회적 힘을 만들 수 있습니다.

어렵지만 매력적인

> 교육은 바로 그것이 다른 이해들을 위해 사용될 위험에 끊임없이 놓이게 될지라도, 근본적으로 인간 해방의 이상과 연결되어 있다. 계급 착취, 성별, 그리고 인종적 억압에 의해 굴절된 사회에서, 그리고 전쟁과 환경

> 파괴의 만성적인 위험 속에서도 교육이 가치로울 수 있는 유일한 점은 사람들로 하여금 그들 자신의 해방에 참여할 수 있도록 이끌어 준다는 의미에서이다. (……) 가장 기본적인 의미로 교육의 과정과 해방의 과정은 같은 것이다.❹

이러한 코넬의 주장처럼 교육이 근본적으로 해방적인지, 혹은 그렇지 않은지 분명한 답은 모르겠습니다. 인권교육이 '다른 이해들을 위해 사용되는 위험'을 목격하거나 한계를 절감하는 순간도 많습니다. 그럼에도 우리의 인권교육이 인간 해방과 연결될 수 있기를 꿈꾸기에 계속 이 길을 걸어갑니다. 하면 할수록 어려운 과제들이 출현하지만, 인권의 매력을 전할 수 있기에, 참여자들의 권한 강화가 일어나는 역동적 과정을 (비록 가끔일지라도) 마주할 수 있기에 우리는 이 길을 또 걸어갑니다. "처음엔 인권 연수 같은 건 운동이라고 생각하지 않았어요. 그런데 활동을 하면 할수록 무언가를 얻고 이기는 것만이 운동은 아닌 것 같아요. 인권 연수 자리에서 우리가 우리의 상처에 대해 이야기하고 다시 힘을 얻는 것, (우리를 억압하는) '그들'에 관계없이 '우리의 마음'을 지켜 내는 것이 가장 소중한 운동이라는 생각이 들었어요. 마음이 단단해야 현장에 가서 뭐라도 해 볼 생각을 하게 되니까." 인권 연수에 참여했던 한 교사의 이 말처럼, 문제를 공유하고 마음을 지켜 내는 일도 중요한 운동이기에 우리는 또 인권교육의 장을 열어 갑니다.

인권교육은 그 탄생에서부터 '변화를 위한 교육'이라는 소명을 타고나기도 했습니다. 인권을 '선언'에서 '현실'로 만들기 위한 노력의 일환으로서 인권교육이 역사적으로 출현했던 것입니다. 〈유엔 인권교육 10년(1995-2004)〉에서 제시하고 있는 인권교육의 지도 원칙도 인권교육의 실천적 성격을 강조합니다. "인권교육은 인권을 추상적인 규범의 표현으로부터 학습자 자신의 사회·경제·문화·정치적 상황의 현실로 변화시킬 수 있는 수단과 방법에 대한 대화에 학습자들이 참여하도록 해야 한다."[4] 한국 사회에서도 인권교육은 사회 변화를 위한 인권운동의 일환으로 출발했고 인권운동의 발걸음을 통해 확산되어 왔습니다.

인권활동과 인권교육은 별개라고 생각하는 이들이 많습니다. 그러나 변화를 꿈꾸는 인권교육이라면 그 자체로 인권활동이 될 수밖에 없습니다. 인권교육은 다양한 공간에서 다양한 사람들과 인권을 만나게 함으로써 '인권의 가치를 공유하는 공동체'의 가장자리를 넓혀 나가는 활동이기도 합니다. 그런 의미에서 인권교육가는 곧 인권교육 '활동가'입니다.

4 Connell, R. W. et al.(1982), *Making the Difference*, Sydney: George Allen & Unwin. [Henry A. Giroux, 최명선 옮김(1990), 《교육 이론과 저항》, 성원사, 137쪽]에서 재인용.
5 전문은 UN Doc.A/51/506/Add.1, Appendix 참고.

인권교육가는
무엇을 하는
사람인가?

'수업'에서 '실천'으로

"저 같은 사람이 인권교육을 해도 되나, 망설일 때가 많아요. 감수성도 부족한 것 같고 인권활동가도 아니고……."

"인권교육가 과정을 수료하긴 했는데 제가 제대로 인권교육을 하고 있는 건지 걱정돼요. 누가 따라다니면서 봐 주는 것도 아니고, 다른 사람들은 어찌 하나 궁금한데 볼 기회도 없고……."

"혼자 강의 듣고 책 읽고 계속 공부를 해 나가고 있기는 한데 그것만으론 한계가 있다는 생각이 들어요. 공부한 것과 실제로 제 교육에 녹여 내는 것 사이에는 분명 틈이 있을 텐데 그걸 잘 메우고 있는지도 자신 없고요."

"인권교육을 가서 참여자들과 힘겨루기를 하게 될 때가 있잖아요. 어떤 땐 내가 제대로 대응을 못 한 것 같고, 어떤 땐 내가 참여자들한테 너무 힘을 휘두른 것 같고. 그럴 땐 지치는 마음이 생겨요. 우리도 사람인데……."

"인권교육이 어려워도 재미있으니까 계속하게 되는데, 이렇게 교육만 해도 되는 걸까요?"

인권교육가는 본인이 의식하든 의식하지 않든, 각자의 교육을 통해 인권교육의 정의와 역사를 매일 새롭게 쓰는 사람이기도 합니다. 앞서 인권교육을 인권활동의 일환으로 추구하면서 놓치고 싶지 않았던 질문들을 소개했습니다. 인권교육가는 그 질문을 구체적인 교육 속에 구현해 내는 사람이지요. 교육이라는 것은 공산품과 달라서 어떤 철학과 질문을 갖고 있는지에 따라 다른 결과물이 빚어집니다. 똑같은 교육안을 갖고 교육을 진행해도 누가 하느냐에 따라서 과정과 결과가 달라지기도 하죠. 그만큼 교육가의 역할이 중요한 것이 인권교육입니다. "누구나 인권교육을 할 수 있고 해야 하지만 아무나 하는 건 고민이다"라고 말하는 이들이 적지 않은 걸 보면, 인권교육가가 견지해야 할 철학과 역할에 대한 정립 없이 인권교육가 양성 과정이 남발되고 있는 것은 아닌지 걱정입니다.

주어진 역할은 큰데, 감당해야 할 조건이 호의적이지만은 않습니다. 교육가는 대개 교육이라는 인권 현장에서 홀로 고군분투해야 합니다. '나, 잘하고 있는 걸까?' 고민이 들어도 해소하기가 쉽지 않습니다. 참여자들의 피드백이 가장 중요하지만, 동료 교육가의 피드백이 필요할 때도 있습니다. 그런데 여럿이 함께 기획하고 진행하는 인권교육의 기회는 많지 않고, 내 교육을 직접 보지 않은 사람에게는 조언을 구해도 한계가 있습니다. 함께 교육을 갔더라도 내가 위축될까 염려되어 동료들이 직접적인 조언을 삼가기도 하고요. 현장에서 문제가 발생했지만 어떻게 대처하면 좋을지 난처한 순간들도 있습니다. 인권교육은 참여자를 인권의 주체로 존중하고 참여자의 변화를 신뢰해야 가능하지만, 때로는 참여자의 반갑지 않은 공격과 편견 앞에서 '변화는 무슨!'이라는 생각에 사로잡히기도 합니다. 이래저래 인권교육을 하는 게 쉽지만은 않습니다.

인권교육은 자꾸만 나를 시험대에 올린다

교육이라는 것이 진공 상태에서 일어나는 것이 아니기에, 아무리 인권교육가가 정성껏 교육을 준비해 간다고 해도 교육 현장의 자체 역학에 따라서 다양한 도전적 상황이 생깁니다.

대표적으로 교육장에 들어서는 순간부터 인권교육가 자신의 사회적 좌표가 명확히 인식되는 교육들이 존재합니다. 인권교육가도 사회가 할당한 위치로부터 자유로울 수는 없는 법이니까요. 50~60대 '전문직' 남성들로만 구성된 참여자들 앞에 그보다 나이 어린 여성 인권교육가가 서게 될 때, 비청소년인 인권교육가가 10대 청소년들 앞에 서게 될 때, 뇌병변 장애인 인권교육가가 달변의 비장애인 인권교육가와 나란히 비장애인 참여자들 앞에 서게 될 때 만들어지는 긴장들을 떠올리면 쉽게 이해할 수 있습니다. 한 인권교육가는 연령대가 높은 남성 참여자들이 자신을 '강사'가 아닌 '나이 어린 여성'으로 바라보며 교육 시간을 대충대충 때우려 하거나 발언의 일부를 꼬투리 삼아 훈계를 늘어놓은 경험을 들려주었습니다. 그런 반응에 여유 있게 대응하거나 대안적 논리를 조목조목 소개할라치면 학습자라는 위치를 내세워 '강사가 무섭다'거나 '친절하지 못하다'고 볼멘소리를 내기도 한다는 것입니다. 또 다른 인권교육가는 인권을 주제로 여성 참여자들 앞에 설 때 '나는 남성으로서 누려 왔던 기득권에 대해 충분히 성찰하고 있는가'라는 질문 앞에 자꾸만 서게 된다고 말합니다. 비장애인 인권교육가가 장애인인 참여자들 앞에 설 때도 마찬가지이겠지요. 이렇듯 교육가와 참여자가 마주 서는 관계 역시 하나의 인권 현장인 셈입니다. 어떤 순간엔 편견에 단호히 맞서야 하고, 어떤 순간엔 사회적 좌표가 만들어 내는 긴장 자체를 교육의 자료로 삼아 이야기를 풀어 나가야 할 때도 있습니다. '이 현장에서 나는 어떤 실천을 만들어 낼 것인가'라는 질문이 인권교육가에게는 늘 따라다닙니다.

원치 않는 교육에 억지로 불려 나온 참여자들과 마주하는 상황 역시 인권교육가들에게는 곤혹스러운 출발입니다. 최근 확대되고 있는 의무 교육 현장에서는 인권(교육)에 대한 부정적 선입견을 갖고 들어오는 참여자들 또는 과중한 업무에 지친 몸을 이끌고 간신히 자리만 채우러 들어오는 참여자들도 자주 만납니다. 그래서 '내가 인권교육을 하는 건지 인권 침해를 하는 건지 모르겠다'는 씁쓸한 마음이 드는 순간들도 있습니다. 퇴근 시간 이후나 휴가 도중에 교육이 잡혔거나 평소 '희생, 양보, 헌신'만이 강조되는 일터에서 이루어지는 교육의 경우엔 더더욱 그렇습니다. 이럴 때 참여자의 마음을 살피고 교육 참여를 이끌어 내려고 안간힘을 쓰다 보면 혼자서 줄곧 술래 역할을 해야 하는 술래잡기를 하고 있는 건 아닌가 하는 생각도 듭니다. 참여자들의 어려운 상황을 고려하면서도 왜 이 인권교육이 참여자들에게도 필요한 이야기를 담고 있는지부터 전할 방안을 궁리해야 하는 조건입니다. 그 시간을 하나의 '수업'으로만 생각하고 수월하게 시간을 흘려보내고 싶다면, 교육 시간을 줄이거나 가벼운 동영상 몇 개를 보여주거나 참여자가 듣고 싶어 하는 이야기만 간단히 전하고 교육을 끝내면 되겠죠. 그러나 인권교육을 사회 변화를 위한 하나의 '실천'으로 생각하는 사람이라면, 교육이 이루어지는 조건 자체를 인권의 시각에서 분석하고 변화의 필요성과 연결하려 애쓸 겁니다.

　　교육을 진행하다 참여자들 내부의 권력 차이가 눈에 들어오는 경우도 있습니다. 긍정적 방향이든 부정적 방향이든, 교육 현장에는 교육의 흐름이나 발언을 주도하는 사람들이 있기 마련입니다. 지배적 통념의 지지를 받는 이야기는 쉽게 발화되는 반면, 성소수자 인권에 대한 옹호처럼 어떤 '각오'가 필요한 이야기는 작게 들리거나 발화되지 못하는 건 아닐까 염려될 때가 있습니다. 시설이나 학교처럼 평소 함께 생활하는 사람들이 모여 있는 교육에선 일상적 권력관계가 교육에서 고스란히 드러나기도 합니다. 힘 있는 사람의 눈치를 보면서 대다수가 자기 검열을 하는 기류가 포착되거나, 권위 또는 권력을 가진 사람의 이야기가 마치 참여자 전체의 의견인 양 자리를 꿰차는 경

우도 있지요. 물론 참여자들 중에서도 목소리가 큰 사람의 의견에 이
견을 갖고 있거나 불편해하는 이들도 있겠지만요. 때로는 특정 단어
나 인권을 방패 삼아 다른 참여자의 의견을 공격하는 데 화력을 집중
하는 참여자를 만나게 되는 순간도 있습니다. 누가 교육을 주도하는
지, 큰 목소리에 밀린 '다른 목소리'는 없는지, 소외된 목소리를 왜 들
어야 하는지를 살펴 발언권을 배분하거나 토론이 가능한 조건을 만
들어 내는 것도 교육 현장에서 인권교육가에게 요구되는 실천입니
다. 때로는 발언권의 균등한 배분보다 용기 낸 작은 목소리에 힘껏 비
중을 실어야 할 때도 있습니다. 비장애인이 다수인 교육장에서 장애
인이 자기 삶의 이야기를 터진 봇물처럼 풀어 놓을 때 그 이야기에 오
히려 비중을 부여하여 '위치의 역전'을 만들어 내는 것이 인권교육의
역할이기도 하니까요. 그 역전이 만들어 내는 배움은 쉽게 잊히지 않
는 법입니다. 그렇다면 억눌린 목소리의 주인공들에게 '말하고 싶다'
는 열망이나 '말할 수 있다'는 용기를 불러일으키려면 어떤 조건이 필
요할까요? 인권교육가가 계속 궁리하게 되는 질문입니다.

인권교육가도 때로 문제를 일으킨다

물론 인권교육가의 고단함이 외부적 요인에서 비롯되는 것만은 아닙
니다. 자기도 모르게 '익숙하지만 지금은 문제적인' 단어나 문장을 사
용했다가 참여자로부터 지적을 받은 경험이 다들 있을 겁니다. "아니
인권교육 하시는 분이 '살색'이 뭐예요?" "몰카가 아니라 불법 촬영이
에요." "양성평등이라는 말을 사용하시는 건 문제가 있습니다. 사람
들이 두 개의 성性으로 양분되지 않으니까요." 이런 지적을 받고 나면
변명을 하느라 진땀을 뺄 수도 있겠지만, 반대로 겸허히 인정하고 어

떤 고민에서 언어를 바꾸려는 노력이 있었는지를 함께 짚어 볼 수도 있습니다. 가능하다면, 그 참여자의 지적 덕분에 모두가 배움과 환기의 기회를 얻었다며 감사를 표하면 좋겠지요. 최근에 법이 바뀐 줄 모르고 있다가 "법이 이미 바뀌었는데 그것도 모르고 교육하세요?"라는 힐난을 받은 경험도 있을지 모릅니다. 이 또한 교육가의 빠른 인정이 필요한 순간이죠. 인권의 중요성을 강조하기 위해 대표적으로 알려진 과거 사건을 예시로 가져갔다가 항의를 받아 본 경험이 있는 이도 있을 겁니다. "그거 다 옛날이야기예요. 지금은 많이 바뀌었어요. 현장을 너무 모르시네." 현장이 정말 변했는지는 모르겠지만, 교육에서 언급한 그 과거의 사건이 왜 현재를 비추는 거울로서도 의미가 있는지를 참여자에게 잘 전달하지 못했기에 나오는 반응일 수도 있습니다. 인권교육가가 자초한 문제적 상황이라면 누구를 탓하기 힘들지요. 다만 지속적인 자기 점검을 해 나가야 할 따름입니다.

인권교육가는 어떤 역할을 하는 사람인가

'나, 잘하고 있나?' '나, 뭐 놓치고 있는 것은 없나?' '교육 현장에서 맞이하는 다양한 도전들에 어떻게 대응하면 좋지?' 이런 고민이 들 때 개인의 '다짐'에만 맡겨 두지 않고 함께 고민의 실타래를 풀어 줄 '동료'들의 존재가 절실합니다. 특히 인권교육을 함께 하는 이들과의 공동 토론과 공동 모색이 중요합니다. 우리가 길을 잃지 않고 잘 가고 있는지 점검할 때 또 하나 필요한 것이 바로 '내비게이션'입니다. 나의 출발점은 어디이고 도착지는 어디인지를 알아야 경로가 탐색됩니다. 인권교육가에게 요청되는 역할을 이정표로 삼아 길 찾기에 나서면, 길을 가다 무엇이 점검되어야 하고 무엇이 궁리되어야 하는지가 좀 더 선명해질 수 있습니다.

먼저 나의 위치를 설정하는 것부터 필요합니다. 오늘날 인권교육이 사회 곳곳에서 확산되기에 이른 것은 오랜 인권운동의 노력 덕분입니다. 한국 사회에서 1990년대 초반부터 본격화하기 시작한 인권운동은 낯설기만 했던 '인권'이라는 단어를 일상적 언어로 만들었고, 인권교육이라는 새로운 영역을 개척해 왔습니다. 국가인권위원회 같은 기구가 설립되게 하고, 인권교육을 제도화하는 법과 조례의 제·개정을 이끈 것도 인권운동입니다. 인권교육 역시 인권운동이 추구하는 가치의 확산과 사회 변화를 위한 방안으로 인권운동 내부에서 시작되었습니다. 지금 인권교육에서 주로 사용하는 언어, 교육 자료, 교육론도, 좁게는 인권교육활동가, 넓게는 인권활동가들이 현장을 발로 뛰며 만들어 온 것들입니다. 현재 인권교육을 하고 있는 이들 가운데 인권(교육)운동에 빚지지 않은 사람은 없을 겁니다. 긴 인권(교육)운동의 역사 속에서 내가 하는 인권교육의 자리가 만들어졌고 그 자리 위에 내가 서 있음을 기억하는 이들은 나의 인권교육 발걸음 또한 인권(교육)운동의 역사를 이어 가는 일임을 잊지 않을 겁니다.

이는 인권교육가에게 요청되는 책임감이면서 동시에 인권교육가가 가질 만한 자부심이기도 합니다. '교육을 한다고 세상이 바뀌냐'는 생각에 인권교육가의 역할을 제한적으로 이해하는 이들도 꽤 많습니다. 교육 현장에서 일어나는 참여자의 역동적 변화를, 인권교육이 단지 '수업'이 아니라 '수업' 전후의 지속적인 실천이기도 함을 이해하지 못하기 때문에 빚어지는 오해입니다. 인권교육가 스스로 인권교육이라는 역동적 실천을 '수업'만으로 만들어 버리고 있지는 않은지에 대한 점검도 물론 필요하겠지요. 그래서 인권교육가가 무엇을 하는 사람인지 자문하기도 하고, 때때로 상호 점검해 줄 동료들을 만들고, 인권(교육)운동과 연결되는 것이 중요합니다.

연출가로서의 인권교육가

기본적으로 인권교육가는 인권교육이라는 무대를 기획하는 '연출가'입니다. 연출가의 주제 의식에 따라 무대에 올릴 이야기와 인물을 선택하고 무대를 펼쳐 보이는 사람인 셈이지요. 이때 인권교육가는 관객을 그저 지켜보는 자리에 내버려 두지 않고 참여시킬 방안을 적극 궁리해야 합니다. 결국 변화를 만들어 내는 주체는 참여자이기 때문이죠. 그래서 인권교육가들에는 참여자를 고려한 교육안을 기획하는 역량을 계속 길러 나갈 필요가 있습니다. 인권교육은 자판기에서 버튼을 누르면 나오는 기성품이 아니기에 고단하지만, 그래서 더 매력적이기도 합니다.

'인권 책'으로서의 인권교육가

인권교육가는 본인이 원하든 원치 않든, 인권이 무엇인지 몸으로 보여 주는 '인권 책' 역할을 수행하게 됩니다. 행동은 말보다 크게 말하는 법입니다. 인권교육가가 보여 주는 행동이 하나의 인권 메시지가 되는 셈이지요. 교육학에서도 교과서와 같은 명시적 교육과정 이외에 교육 환경이나 교육가의 언행, 교실 문화 등에서 만들어지는 '잠재적 교육과정hidden curriculum'이 학습자에게 깊은 영향을 끼칠 수 있음을 주목해 왔습니다. 그래서 인권교육가에게는 '나는 인권적인가'라는 부담스러운 질문이 따라다니게 됩니다. '인권교육가라면 당연히 이 정도는 되겠지'라는 기대가 부담스러워 인권교육을 망설이게 되기도 합니다. '내가 말하는 바를 내 삶에서 실천하고 있나'라는 질문 앞에 부끄러워지는 순간도 있습니다. 인권교육이 추구하는 바를 내 교육에 잘 구현하고 있는지도 자문할 때가 많습니다. 참여자들과 힘겨루기를 하다 결국 인권교육의 지향을 포기하고 힘으로 누르는 선택을 하게 되는 경우도 있습니다. 나만 부족한 게 아닙니다. 완벽해야만 인권교육을 할 수 있다면 인권교육을 시작할 수 있는 사람은 아마 없을 겁니다. 다만 이 질문들을 외면하지 않고 자신의 일상과 인권이 꿈꾸는 이상 사이의 괴리를 성찰해 나가는 게 중요합니다. 인권교육가가 경계해야 할 것은 '부족함'이 아니라 '무감함'일 수도 있으니까요.

통역자로서의 인권교육가

인권교육가는 일종의 '통역자'이기도 합니다. 참여자들 중에는 인권에 대해 처음 이야기해 보는 사람도 있고 인권의 문법이 낯선 사람들도 있습니다. 삶에서 경험한 차별과 폭력에 대한 증언을 처음으로 꺼내 놓는 이들도 있습니다. 인권과의 만남에서 오는 혼란을 고스란히 표현하는 이들도 있고, 인권 침해의 경험이 아직 분명한 '의미'와 만나지 못해 어지럽게 나열될 때도 있습니다. 이때 인권교육가는 기존 사회에서는 제대로 들려지지 못했던 참여자의 말을 경청하고 그 말에 담긴 의미를 추적하여 인권의 언어로 통역하여 되돌려 주는 역할을 수행하게 됩니다. '반영적 경청'을 기반으로 한 통역이 중요해지는 순간입니다. 달변보다 더 중요한 것은 잘 듣는 것이고, 말에 담긴 의미의 씨앗에 조명을 비추는 역량을 계속 연습할 필요가 있습니다.

길잡이로서의 인권교육가

나아가 인권교육가에게는 다른 사회 구성원에 대한 시선이나 문제에 대한 해법을 다르게 볼 길을 안내하는 '길잡이(내비게이터)'의 역할이 주어져 있습니다. 이전에 가 보지 못한 생각의 길을 안내하는 역할, 선택의 갈림길 앞에서 서성이는 참여자에게 눈앞에 어떤 길이 펼쳐져 있는지 다시 보여 주는 역할, 인권에 부정적인 이야기를 꺼내는 참여자가 있어도 그 이야기가 구성된 맥락을 추적하여 구조와 관계를 달리 바라볼 기회를 제공하는 역할을 수행해야 하는 것이죠. 만약 교육가가 자기 내면의 고정 관념이나 확신에 사로잡혀 있다면 섣부른 훈계나 조언을 늘어놓고 싶은 욕망에 더 사로잡힐 겁니다. 반면 참여자의 '곁'으로 자기 위치를 끊임없이 이동시키려는 교육가는 참여자가 꺼내 놓은 이야기에 더 귀를 기울이고 참여자의 변화를 도울 다양한 방법을 모색할 겁니다. 그 과정에서 교육가 역시도 배움을 얻고 자기 인식의 지평을 넓힐 수 있게 되는 것이죠. 이미 누군가 걸어가고 있는 길이라면, 그 길을 더 걸어가 보고 싶은 마음 그리고 걸어가 봐도 괜찮을 거라는 마음이 생깁니다. 참여자는 가 보지 못한 길이지만, 인권교육가가 먼저 그 길을 가 보았거나 가 보지 않았더라도 여행기를 탐독해 보았다면 더 힘껏 그 길을 제안할 수 있을 겁니다. 다양한 현장과 연결되어 있는 인권교육가라면 길잡이 역할이 더 수월하겠지요.

목격자로서의 인권교육가

때로 인권교육가는 교육 현장에서 인권 문제를 발견하는 '목격자'가 되기도 합니다. "지금부터 외부 강사님 모시고 인권교육 진행할 테니까 너희들 똑바로 행동해라. 강사님한테는 너희가 우리 학교 얼굴이다." 담임 교사가 학생들에게 이렇게 말하는 것은 학교로 찾아가는 인권교육에서 가끔 일어나는 일입니다. 담임 교사가 학생들을 윽박지르고 교실에서 나간 뒤, 인권교육가는 어떻게 교육을 시작해야 할까요? 수업 도중에 학생 두어 명이 한 학생을 괴롭히고 있음이 감지됩니다. 이때 인권교육가는 어떤 선택을 내려야 할까요? 참여자들이

나를 '강사'가 아닌 '나이 어린 여자'로 보고 있다는 생각이 스칠 때, 인권교육가는 그 문제를 어떻게 다루어야 할까요? 교육을 주최한 기관에서 참여자와 교육가의 동의도 구하지 않고 사진을 함부로 찍거나 CCTV로 녹화를 하고 있을 때, 인권교육가는 어떻게 대응해야 할까요? 인권교육가에게는 도전적인 순간입니다. 이 순간 어떻게 해야 하는지에 대한 하나의 정답은 있을 수 없습니다. 목격한 것의 의미를 조명하는 것이야말로 지금 현재 가장 필요한 일이라고 판단되면 현장에서 또는 교육 직후에 대응하기도 합니다. 그러나 언제나 즉각적 대응을 할 수는 없는 일입니다. 나의 개입이 효과적인지 아닌지 확신이 서지 않을 때도 있고, 교육이 끝난 후 다른 사람의 대응을 요청하는 것이 더 효과적일 때도 있습니다. 참여자를 다른 불이익으로부터 보호하기 위해 직접적 대응을 삼가야 할 때도 있습니다. 상황에 따라 판단이 달라질 수밖에 없는 일입니다. 다만 '난 상관없다', '난 수업만 하면 된다'가 아니라 '목격자로서 무엇을 할 수 있고 무엇을 해야 하는가' 궁리하기를 멈추지 않는 것이 중요합니다.

활동가로서의 인권교육가

앞서 언급한 연출가, 인권 책, 통역자, 길잡이, 목격자로서의 역할은 주로 교육 내부에서 참여자와의 상호 작용을 하면서 행하는 역할입니다. 그런데 교육이 끝난다고 인권교육가의 역할이 끝나는 것은 아닙니다. 인권교육가는 때로 참여자의 문제 해결을 지원하거나 함께 모색하는 '활동가'로서의 역할을 수행하게 됩니다. 인권교육을 하다 보면 상담을 받게 되는 경우가 있습니다. 참여자들이 해결에 대한 의지를 꺼내 놓는다는 것은 인권교육가에게는 무척이나 반가운 일입니다. 그래서 주변의 많은 인권교육가들이 어떻게 문제 해결을 모색할 수 있는지, 누구와 함께 대응을 시도할 수 있는지에 대한 정보나 조언을 제공하고자 노력합니다. 그런데 때로는 즉각적인 해결이 불가능한 문제도 많고, 교육가 혼자서 감당하기 힘든 문제도 있습니다. 현장의 문제는 중첩되어 있는데 '교육만 마치고 나오면 그만인 걸까?' 고민이 되는 순간들도 많습니다. 인권교육도 인권활동인 것은 분명하지만, 인권교육만으로는 해결되기 힘든 문제들 앞에서 교육가 스스로도 자괴감이나 무력감에 휩싸이기도 합니다. 지금 당장 눈에 보이는 변화를 얻지는 못해도 참여자 가운데 누군가는 새로운 질문을 품고 교육장을 나설 거라고 마음을 토닥여도 자괴감이나 무력감이 말끔히 사라지지는 않습니다. 그래서 교육과 더불어 인권활동을 함께 전개하는 인권교육가들의 발걸음이 중요합니다. 아르바이트와 현장 실습 과정에서 일어나는 청소년 노동 인권 문제를 조사하고 대책을 요구하는 활동을 진행하던 이들이 인권교육에 열심이고, 또 청소년노동인권교육을 시작한 이들이 청소년 노동 인권 활동에 참여하게 되는 까닭이 여기에 있습니다. 다른 영역의 인권교육에서도 마찬가지의 활동이 이어지는 이유이기도 합니다.

전령사로서의 인권교육가

마지막으로 인권교육가에는 '전령사'로서의 역할이 필요합니다. 대개 인권교육은 홀로 진행되기에 역량도 고민도 온전히 개인의 것으로 남아 있기 쉽습니다. 교육 현장에서 무슨 일이 있었는지, 어떻게 참여자와 만났고 어떤 상호 작용이 이루어졌는지, 돌발적인 상황에 대해 어떻게 대처했고 어떤 (잠정적) 해답을 얻었는지, 혹은 어떤 이유로 교육이 미궁에 빠졌는지가 공유되기 어려운 것입니다. 인권교육가들의 경험이 개인의 것으로만 머물러 있다면 인권교육의 역사는 만들어지지 못하고, 인권교육가들 전반의 역량 강화로 이어지기도 힘듭니다. 기억과 역량의 단절도 문제지만, 인권교육가들이 인권교육의 역사를 함께 쓰는 동료가 되지 못하는 것도 아쉽습니다. 알찬 교육을 기획하고 참여자들과 나누는 일만큼이나 교육 현장에서 나온 이야기나 경험을 통해 얻은 고민들을 기록하고 나누는 일에 시간과 에너지를 할애할 필요가 있습니다. 인권교육가들이 늘어나는 것 못지않게 인권교육가들의 네트워크가 중요합니다. '인권교육가' 개인의 역량이 아닌 '인권교육'의 집합적 역량은 동료들과의 대화와 토론을 통해서 길러지는 것이니까요.

인권교육의 '새로 고침'을 위하여

인권에 대한 교육, 인권을 통한 교육, 인권을 위한 교육이라는 세 목적지를 향해 길을 찾아온 우리의 이야기도 이제 마감할 때가 되었습니다. 이 이야기를 끝으로 우리의 길 찾기가 멈추는 것은 아닙니다. 인권교육을 어떻게 '새로 고침' 해야 할지, 인권교육은 어디로 가야 할지, 또 어디에 힘을 쏟아야 하는지에 대한 질문은 계속 이어질 수밖에 없고 또 이어져야 합니다. 인권교육을 통해 세상을 바꾸고자 꿈꾸는 교육가라면 멈출 수 없는 고민과 멈추지 않는 수다가 있을 테니까요.

인권교육을 새로 고침 한다는 건 개별 교육가의 교육안을 발전시킨다는 의미만은 아닙니다. '인권교육운동'의 역할과 방향을 새롭게 모색한다는 의미이고, 이 길을 함께할 동료를 기다린다는 의미이기도 합니다. 이 책에서 자그마한 힌트를 얻었다면, 우리는 이미 연결되기 시작했습니다. 인권교육의 새로 고침이 필요하다고 믿는 여러분의 노크를 기다립니다. 똑똑, 같이 새로 고침 하실래요?

감사의 말

이 책은 '인권교육센터 들'의
창립 10주년을 맞아 인권교육운동이
나아갈 길을 새롭게 모색하기 위해
기획되었습니다.

책에 담긴 매력적인 이야기가 있다면,
수많은 인권교육의 자리에서 만난
참여자들이 우리에게 건네준
영감 덕분입니다.

'들'의 초대에 먼 길 마다않고 달려와
경험을 나누어 준 인권/교육 활동가들도
고민의 방향을 잡는 데 큰 도움을
주셨습니다.

책에 담긴 고민과 지혜들은
지난 2년 동안 '튼튼 인권교육팀'이라는
이름으로 '들' 상임활동가들과
활동회원들이 머리를 맞댄 시간들에
크게 빚지고 있습니다. 덕분에 인권교육
이야기가 더욱 풍성해졌습니다.

'튼튼 인권교육팀'에 함께한 사람들

●

고은채, 날맹, 루트, 림보, 묘랑, 배경내(개굴), 안영선, 양동훈, 양미, 이수정, 이윤경, 이진숙, 조영선(우돌), 채민, 한낱, 홍의표

텀블벅(tumblbug.com)을 통해 '들'의 발걸음을 응원하고 책의 제작에 기여해 주신 후원인들께도 깊은 감사를 드립니다. 기다려 주셔서 감사합니다.

후원해 주신 분들

●

강명윤, 강보미, 강슬기, 강우림, 강진미, 강현정, 견명인, 고대성, 고동주, 고이영, 고지연, 고효완, 공군자, 괭이눈, 권수현, 권혜경, 기이슬, 김경하, 김기오, 김나윤, 김단비, 김대환, 김동균, 김동현, 김두경, 김명섭, 김명수, 김병용, 김성태, 김소영, 김수연, 김수정, 김예린, 김연정, 김영미, 김영진, 김윤희, 김은미, 김인호, 김재현, 김정미, 김중록, 김지나, 김지예, 김지혜, 김진우, 김진진, 김평화&강지혜, 김현, 김현경, 김현정, 김혜미, 김혜은, 김호규, 나동혁, 나랑, 나영정, 남예린, 남정아, 단감, 랑희, 류수민, 만나다, 문아영, 민선, 밀루&이글, 박경수, 박보영, 박선영, 박숙단, 박연지, 박영대, 박옥주, 박재현, 박종훈, 박준영, 박철, 박태양, 박현희, 박호순, 배성임, 백승덕, 변선희, 변정필, 산들바람공부방, 서경숙, 서미숙, 서영주, 석태영, 성가해, 송선아, 송송이, 송우영, 송지선, 신용한, 신중휘, 신은정, 심명선, 심미진, 안동수, 안영선, 여은정, 염규홍, 염창근, 오동석, 오선영, 오주현, 오현희, 옥정은, 우완, 우휘명, 원동업, 유승준, 유원선, 유일영, 유정은, 유훈희, 윤미라, 윤소영, 윤소윤, 윤혜경, 윤혜신, 은사자, 이경림, 이광욱, 이명희, 이민숙, 이민혜, 이상희, 이설희, 이수현, 이용석, 이윤경, 이은정, 이정수, 이정은, 이정주, 이정화, 이조은, 이주영, 이지은, 이진수, 이진숙, 이초롱, 이태형, 이혜선, 이혜인, 이현숙, 이호연, 이호정, 이희옥, 이희진, 임재성, 임재은, 임혜숙, 장경미, 장성희, 장정아, 전성원, 전성호, 전희경, 정다은, 정정임, 정현주, 정혜실, 조규석, 조석영, 조영선, 조창익, 조현아, 주윤아, 진영효, 차유정, 천주교인천교구정의평화위원회, 최미경, 최성규, 최성호, 최수임, 최완욱, 최유선, 최은숙, 최은정, 최준석, 최지혜, 최진아, 최현진, 최혜영, 한국다양성연구소, 한낱, 허건행, 홍성수, 홍재선, 황혜신, Camilo Torres

교육공동체 벗

●

교육공동체 벗은 협동조합을 모델로 하는 작은 지식공동체입니다.
협동조합은 공통의 목적을 가진 사람들이 모여서 만든
권력과 자본으로부터 독립된 경제조직입니다.
교육공동체 벗의 모든 사업은 조합원들이 내는 출자금과 조합비로 운영됩니다.
수익을 목적으로 하지 않기에 이윤을 좇기보다
조합원들의 삶과 성장에 필요한 일들과
교육운동에 보탬이 될 수 있는 사업들을 먼저 생각합니다.
정론직필의 교육전문지, 시류에 휩쓸리지 않는 정직한 책들,
함께 배우고 나누며 성장하는 배움 공간 등
우리 교육 현실에 필요한 것들을 우리 힘으로 만들고 함께 나누고 있습니다.

조합원 참여 안내

●

출자금(1구좌 일반 : 2만 원, 터잡기 : 50만 원)을 낸 후 조합비(월 1.5만 원 이상)를 약정해 주시면 됩니다. 조합원으로 참여하시면 교육공동체 벗에서 내는 격월간 교육전문지 《오늘의 교육》과 조합 회지 〈벗마을 이야기〉를 받아 보실 수 있습니다. 출자금은 종잣돈으로 가입할 때 한 번만 내시면 됩니다. 조합을 탈퇴하거나 조합 해산 시 정관에 따라 반환합니다. 터잡기 조합원은 벗의 터전을 함께 다지는 데 의미와 보람을 두며 권리와 의무에서 일반 조합원과 차이는 없습니다. 아래 홈페이지나 카페에서 조합 가입 신청서를 내려받아 작성하신 후 메일이나 팩스로 보내 주세요.

홈페이지 communebut.com
카페 cafe.daum.net/communebut
이메일 communebut@hanmail.net
전화 02-332-0712, 070-8250-0712
팩스 0505-115-0712

교육공동체 벗을 만드는 사람들

●

※ 하파타 순

후쿠시마 미노리, 황지영, 황정일, 황정인, 황정원, 황이경, 황윤호성, 황봉희, 황기철, 황규선, 황고운, 홍정인, 홍용덕, 홍순성, 홍세화, 홍성구, 홍석근, 현복실, 현미열, 허효인, 허장수, 허윤영, 허성균, 허보영, 허기영, 허광영, 함점순, 함영기, 한학범, 한채ممق, 한지혜, 한은옥, 한영욱, 한소영, 한성찬, 한민혁, 한만중, 한날, 한길수, 한경희, 하주현, 하정호, 하인호, 하유나, 하승우, 하승수, 하순배, 탁동철, 최희성, 최현숙, 최현미, 최진규, 최주연, 최정윤, 최정아, 최은희, 최은정, 최은숙, 최은경, 최윤미, 최원혜, 최영식, 최영미, 최연희, 최연정, 최승훈, 최승복, 최선영, 최선경, 최봉선, 최보람, 최병우, 최미영, 최류미, 최대헌, 최기호, 최광용, 최경미, 최경련, 최강토, 채효정, 채종민, 채윤, 채옥엽, 채민정, 차종숙, 차용훈, 진현, 진주형, 진용용, 진영준, 진낭, 지정순, 지수연, 주유아, 주순영, 조희정, 조형식, 조현미, 조향미, 조해수, 조진희, 조지연, 조준혁, 조주원, 조정희, 조웅현, 조윤성, 조원희, 조원배, 조용진, 조영희, 조영욱, 조영실, 조영선, 조여은, 조여경, 조성희, 조성실, 조성배, 조성대, 조석현, 조석영, 조문경, 조남규, 조경애, 조경아, 조경삼, 조경미, 제남모, 정희영, 정희선, 정홍윤, 정혜령, 정현진, 정현주, 정현숙, 정혜레나, 정태희, 정춘수, 정진영a, 정진영b, 정진규, 정중현, 정종민, 정재학, 정이든, 정은희, 정은주, 정은균, 정유진, 정유숙, 정유섭, 정원탁, 정원석, 정용주, 정예슬, 정영현, 정영수, 정애순, 정수연, 정선영, 정보라, 정민형, 정미숙b, 정미숙, 정명옥, 정명영, 정득년, 정대수, 정남주, 정광호, 정광필, 정광일, 정관모, 정경원, 전혜원a, 전혜원b, 전정희, 전유미, 전세란, 전병기, 전민기, 전미영, 전명훈, 전난희, 장홍철, 장주현, 장원하, 장은하, 장은미, 장윤영, 장원영, 장시준, 장상욱, 장병훈, 장병학, 장병순, 장근영, 장군, 장경훈, 임혜정, 임향신, 임한철, 임지영, 임중혁, 임종길, 임정은, 임전주, 임은우, 임수진, 임성빈, 임성무, 임선영, 임상진, 임동헌, 임덕연, 이희옥, 이희연, 이효진, 이화현, 이호진, 이혜정, 이혜린, 이현, 이혁규, 이향숙, 이한진, 이태영a, 이태영b, 이태구, 이충근, 이진혜, 이진주, 이진숙, 이지혜a, 이지혜b, 이지현, 이지향, 이지영, 이지연, 이중석, 이주희, 이주영, 이충은, 이정희a, 이정희b, 이재형, 이재익, 이재영, 이재두, 이임순, 이인사, 이은희a, 이은희b, 이은향, 이은진, 이은주, 이은영, 이은숙, 이윤정, 이윤엽, 이윤승, 이윤선, 이유미, 이유경, 이유진a, 이유진b, 이월녀, 이원념, 이용환, 이용석a, 이용석b, 이용기, 이영화, 이영혜, 이영주, 이영아, 이영상, 이연진, 이연주, 이연숙, 이연수, 이승헌, 이승태, 이승연, 이승he, 이슬기a, 이슬기b, 이수정a, 이수정b, 이수연, 이수미, 이소형, 이성희, 이성호, 이성숙, 이상수, 이상희a, 이선표, 이선영a, 이선영b, 이선애, 이선애b, 이선미, 이상훈, 이상화, 이상직, 이상원, 이상우, 이상미, 이상대, 이병준, 이병곤, 이범희, 이민아, 이미숙, 이미라, 이문영, 이명훈, 이명형, 이동철, 이덕준, 이남숙, 이난영, 이나경, 이기규, 이근희, 이근철, 이근영, 이광연, 이계삼, 이경재, 이경은, 이경욱, 이경언, 이경림, 이건진, 윤용은, 윤지영, 윤종원, 윤우람, 윤영준, 윤영백, 윤수진, 윤상혁, 윤병일, 윤규식, 유효성, 유재을, 유영길, 유수연, 유병준, 위양자, 원지영, 원윤희, 원성제, 우창숙, 우지영, 우완, 우수경, 오준근, 오정오, 오재홍, 오은정, 오은경, 오유진, 오수민, 오세희, 오민식, 오명환, 오동석, 엄영신, 여희영, 여태진, 엄정숙, 엄지석, 엄재홍, 엄기호, 엄기욱, 양해준, 양지선, 양은주, 양은숙, 양영희, 양애정, 양선형, 양서영, 양상진, 안효빈, 안찬원, 안지현, 안지윤, 안지영, 안군철, 안정선, 안용덕, 안옥수, 안영신, 안영빈, 안순억, 심항일, 심은보, 심승희, 심수환, 심동우, 심경일, 신혜선, 신충일, 신창호, 신창복, 신중휘, 신중식, 신은정, 신은경, 신유준, 신소희, 신미옥, 송호영, 송해란, 송한별, 송정은, 송인혜, 송용석, 송승훈, 송명숙, 송근희, 손현아, 손근스, 손정란, 손은경, 손성연, 손민정, 손미숙, 소수영, 성현석, 성유진, 성용혜, 성열관, 설은주, 설원민, 선휘성, 선미라, 석경순, 서혜진, 서지연, 서정오, 서인선, 서선지, 서우철, 서예원, 서명숙, 서금자, 서강선, 상형규, 변현숙, 백현희, 백영호, 백수범, 배희철, 배주영, 배정현, 배정원, 배이상현, 배영진, 배아영, 배경내, 방득일, 방경내, 반영진, 박희진, 박회영, 박효정, 박효수, 박환조, 박해숙, 박형진, 박형일, 박현희, 박현주, 박현숙, 박춘애, 박춘배, 박철호, 박진환, 박진현, 박진수, 박지교, 박지희, 박지용, 박지혜, 박지인, 박지원, 박중구, 박정아, 박정미b, 박재선, 박은하, 박은경a, 박은경b, 박은경a, 박은경b, 박윤나, 박영숙, 박우영, 박영실, 박신자, 박숙현, 박수진, 박세영a, 박세영b, 박성규, 박복선, 박미희, 박명진, 박명숙, 박동혁, 박도정, 박도영, 박덕수, 박대성, 박노혜, 박내현, 박나실, 박고형준, 박경화, 박경주, 박경이, 박건형, 박건진, 민병성, 문정용, 문용석, 문영주, 문순호, 문수현, 문수영, 문수경, 문성철, 문명숙, 문경희, 모은정, 마승희, 류형수, 류창모, 류정희, 류재향, 류우종, 류명숙, 류경원, 도정철, 도방주, 데와 타카유키, 노영현, 노상영, 노미경, 노경미, 남효숙, 남정민, 남윤희, 남유경, 남원호, 남예린, 남미자, 남궁여, 날맹, 나규환, 김희정, 김희옥, 김용규, 김혼태, 김환희, 김혜성, 김혜림, 김형철, 김혜진a, 김혜진b, 김현주a, 김현주b, 김현영, 김현실, 김현경, 김현택, 김필임, 김태훈, 김춘성, 김천영, 김찬우, 김찬영, 김진희, 김진숙, 김진명, 김진, 김지훈, 김지연a, 김지연b, 김지미a, 김지비b, 김지광, 김중미, 김준연, 김주영, 김종현, 김종진, 김종원, 김종숙, 김종성, 김정희, 김정수, 김정식, 김정삼, 김재황, 김재민, 김인순, 김이은, 김이민경, 김은파, 김은영, 김은아, 김은식, 김은숙, 김용주, 김윤우, 김원예, 김원석, 김우희, 김융, 김용훈, 김용양, 김용분, 김요한, 김영판, 김영진a, 김영진b, 김영진c, 김영주a, 김영주b, 김영아, 김영순, 김영삼, 김연정a, 김연정b, 김연일, 김연오, 김연미, 김애숙, 김아현, 김순천, 김수현, 김수진a, 김수진b, 김수정a, 김수정b, 김수경, 김소희, 김소혜, 김소영, 김세호, 김성탁, 김성진, 김성숙, 김성보, 김선희, 김선철, 김선우, 김선미, 김선구, 김석준, 김석규, 김서화, 김상희, 김상정, 김빛나, 김봉석, 김보현, 김병희, 김병훈, 김병기, 김민희, 김민선, 김민곤, 김민결, 김미향a, 김미향b, 김미진, 김미숙, 김미선, 김문옥, 김무영, 김묘선, 김명희, 김명섭, 김동현, 김동춘, 김동일, 김동욱, 김도석, 김다희, 김다영, 김남희, 김나혜, 김기훈, 김기언, 김규태, 김광민, 김고종호, 김경일, 김경미, 김갑용, 김가연, 기세라, 금현진, 금현옥, 금명순, 권회중, 권혜영, 권혁천, 권태윤, 권자영, 권용해, 권미지, 국찬석, 구자해, 구자숙, 구완희, 구수연, 구본희, 구미숙, 꿩이는, 광효, 곽혜영, 곽현주, 곽진경, 곽노현, 곽노근, 곽경훈, 공현, 공영아, 고춘식, 고진선, 고은미, 고윤정, 고영주, 고영실, 고병헌, 고병연, 고민경, 강화정, 강현주, 강현정, 강한아, 강태식, 강준희, 강인성, 강이진, 강은영, 강윤진, 강영일, 강영구, 강순원, 강수미, 강수돌, 강성규, 강석도, 강서형, 강경모

※ 2022년 3월 8일 기준 774명

* 이 책의 본문은 재생 용지를 사용해서 만들었습니다.